1,700통 편지로 읽는

양반의 초상

1,700통 편지로 읽는
양반의 초상

1판 1쇄 찍음 2024년 8월 5일
1판 1쇄 펴냄 2024년 8월 19일

지은이 하영휘

주간 김현숙 | **편집** 김주희, 이나연
디자인 이현정, 전미혜
마케팅 백국현(제작), 문윤기 | **관리** 오유나

펴낸곳 궁리출판 | **펴낸이** 이갑수

등록 1999년 3월 29일 제300-2004-162호
주소 10881 경기도 파주시 회동길 325-12
전화 031-955-9818 | **팩스** 031-955-9848
홈페이지 www.kungree.com
전자우편 kungree@kungree.com
페이스북 /kungreepress | **트위터** @kungreepress
인스타그램 /kungree_press

ISBN 978-89-5820-892-1 03910

책값은 뒤표지에 있습니다.
파본은 구입하신 서점에서 바꾸어 드립니다.

1,700통 편지로 읽는

양반의 초상

시대는 격변하는데 생계가 들이닥치니

하영휘 지음

궁리
KungRee

일러두기

1. 본문에 나오는 조병덕의 편지 끝에 일련번호를 붙였다. 가령 "6082, 18361105"에서 앞의 네 자리는 현담문고(구 아단문고)의 문서번호를, 뒤의 여덟 자리는 편지를 쓴 날짜를 뜻한다. 현담문고는 고서, 고문서, 근현대 잡지 및 문학 서적을 비롯하여 문인들의 유품을 소장하고 있는 재단법인이다. 날짜를 알 수 없는 것은 앞의 네 자리만 표기했다.
2. 독자의 이해를 돕기 위해 편지에 있는 연도를 간지干支에서 아라비아 숫자로 바꾸었다. 편지의 연월일은 모두 음력이며, 이 중 월일을 정확하게 알 수 없는 것은 △로 표기했다.
3. 글자를 알 수 없는 것은 ○로 표기했다.
4. 간단한 주석은 관련 단어 옆에 괄호로, 꼭 필요한 주석은 각주로 표기했다.
5. 본문에서 다 소개하지 못한 편지는 그 원문을 사진과 함께 뒤에 실었다. 281쪽 '편지선'을 살펴보면 된다.

조병덕의 가서家書

이 책의 자료가 된 편지를 쓴 조병덕은 1800년에 태어났다. 바로 정조가 사망한 해였다. 정조를 가리켜 호학군주라 하고 그의 시대를 르네상스라고까지 하듯이, 정조는 뛰어난 임금이었다. 그의 탁월한 능력과 화려한 업적이 그것을 증명한다. 그러나 그다음이 없었다.

정조 다음 그 자리를 차지한 것이 외척세력이었다. 그리하여 조선의 19세기는 외척의 세도정치와 함께 시작되었다. 세도가가 사익을 추구하는 가운데 사회적 모순은 깊어만 갔고, 그만큼 민중의 반발도 거세어져 갔다. 조병덕은 이러한 시기를 살다가 외세의 본격적인 침략이 있기 직전 1870년에 생을 마감했다.

기존체제가 더 이상 사회를 유지할 수 없을 때, 변화를 요구하는 것은 당연한 일이었다. 그러나 조병덕은 그 반대의 입장에 섰다. 그가 기존질서를 지키려 한 것은 유학자로서 당연한 입장이었다. 신분제가 동요되고 기존질서가 무너져가는 것을 그는 변괴變怪라고 했다. 변화를 거부하는 유학자의 눈으로 그는 사회의 변화를 관찰하고, 그것을 편지로 남겼다. 그것이 이제 와서 역사 이야기가 되었다.

세상일에 대하여 조병덕처럼 적극적으로 발언한 유학자는 드물다. 그것은 그가 유별난 아들 조장희를 두었기 때문이었다. 조장희는 가는 곳마다 패악질을 저질러 토호土豪로 지목되었다. 아들의 패악질을 열거하며 꾸짖고 타이르는 것과 마음대로 되지 않는 세상사에 대한 푸념으로 조병덕의 가서는 이루어져 있다. 역설적이게도, 우리는 이러한 조병덕의 가서를 통하여 19세기 조선사회의 변화를 생생하게 그려볼 수 있게 되었다.

이 책의 초판이 '양반의 사생활'이라는 제목으로 나온 지 16년이 지났다. 그동안 옛 편지 공부를 계속하면서 나는 '가서家書'라는 새로운 개념을 발견했다. 가서는 가족 간에 주고받은 편지를 말한다.

예전에 조선시대의 편지는 대개 쓴 사람의 명성에 따라 평가되었다. 내용이야 어떻든 명사나 명필의 편지를 귀하게 대접했던 것이다. 그런데 그런 편지에서는 당시의 시대상을 찾아보기 어렵다.

조선시대 편지의 내용을 중시하고 거기서 당시의 역사상을 읽어내려고 시도한 것으로는, 내가 조병덕의 편지를 발굴한 것이 처음이 아닌가 싶다. 나아가 이제는 가서라는 개념까지 발견하게 되었다. 가서는 그 내용이 가정이라는 울타리 안의 내밀한 일이라는 점에서, 예의와 형식에 매인 그 밖의 편지들과는 확연히 구별된다. 조병덕 가서의 중요함이 여기에 있다.

10여 년 전 나는 퇴계의 편지를 번역한 『선조유묵 가서先祖遺墨 家書』(한국국학진흥원, 2011)를 단숨에 읽었다. 퇴계의 유묵을 첩으로 묶은 『선조유묵先祖遺墨』 중 앞부분 7첩의 소제목이 '家書'로 아들과 손자에게 보낸 편지들을 묶은 것이다. 1548년 퇴계가 단양군수로 부임한 후 단양 관아로 올 가족과 노비의 명단과 오는 방법을 설명한 편지부터, 1570년 타계하기 전 애전艾田의 초정椒井에 목욕하러 간 손자에게 노복들을 잘 단속하라고 한 편지까지, 모두 123통이다. 이 편지들을 통하여 나는 생활인 퇴계를 만났다. 조병덕이 아들 조장희에게 보낸 가서에 퇴계의 가서를 하나 더 추가함으로써, 나는 가서라는 개념에 확신을 갖게 되었다.

개정판의 간행에 즈음하여 책의 체제를 대폭 바꾸었다. 책 뒤에 부록으로 붙였던 '조병덕의 일생과 편지' 중의 편지는 분산하여 본문의 관련 내용이 나오는 곳에 원본사진, 석문, 번역을 싣는다. 책 뒤에 모았던 주석 중 문서번호는 본문의 인용문 끝에, 간단한 주석은 관련 단어 뒤의 괄호 안에, 꼭 필요한 주석은 각주로 처리했다. 독자들에게 낯설 만한 낱말은 쉬운 말로 바꾸거나, 바꿀 수 없는 경우에는 괄호 안에 간단한 설명을 붙였다.

개정판의 간행을 선뜻 결정해준 궁리출판 이갑수 대표께 감사드린다. 개정판이지만 초판과 다름없는 편집 작업에 심혈을 기울인 편집부의 김현숙 주간과 이나연 편집자께도 감사드린다.

2024년 5월 18일

가회고문서연구소에서

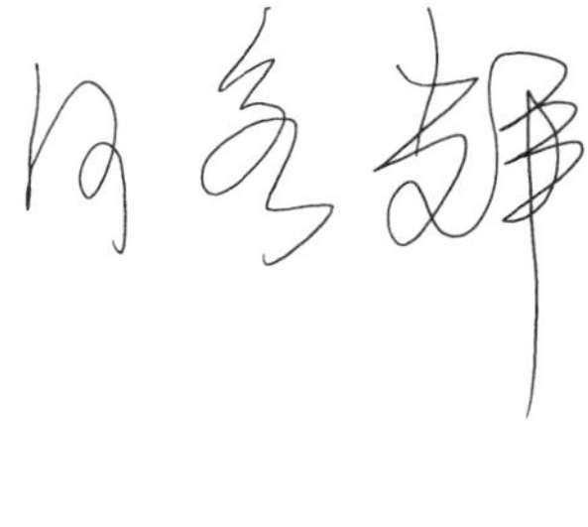

초판 서문

어릴 적 시골에 재실이 마을 앞에 하나, 산 아래 하나 있었다. 재실에서 숨바꼭질이라도 하며 놀다가 간혹 벽장을 열면, 매캐한 곰팡냄새와 함께 옛날 책과 한자가 적힌 낡은 한지가 수북이 쌓여 있는 모습이 눈에 들어오곤 했다. 재 너머 외가에도 가면 그런 것이 들어 있는 궤짝이 여럿 있었다. 고등학교 때 방학하고 혹 시골에라도 가면 그런 것에 호기심이 생겨 꺼내어 펼쳐 보기도 했지만, 이미 양이 많이 줄어 있었다. 그리고 대학 다닐 때 관심을 갖고 보기 위하여 갔더니, 그런 것은 하나도 남아 있지 않았다. 많은 고문서가 무관심 속에 방치되어 있다가 그렇게 없어져 갔다.

지금은 고인이 되었지만, 최길동이라는 고서 상인이 있었다. 학식이 풍부하지는 않았으나, 고서를 보는 눈썰미 하나만은 누구 못지않았다. 그는 원래 전주에서 고물상을 했다. 갖가지 고물 가운데, 폐지가 많이 들어왔다고 한다. 손수레에 가득가득 싣고 오는 폐지를 모아서 재생지를 만드는 공장에 팔았다. 종이가 귀하던 때라 꽤 재미를 봤다고 한다. 그런데 어떤 사람이 이따금 와서 폐지 더미에서 낡은 책들을 찾아와서는 "얼마냐?"고 값을 묻곤 했다. 그러면 그는 그냥 가져가라고 했다. 그러다 보니, '저게 뭐기에 먼지 구덩이에서 애써서 찾는가?'라는 호기심이 생겼다. 그래서 물어보았다. 자세한 설명을 듣고는, 정신이 번쩍 들었다고 한다. 학식이 별로 없는 그도 그 책들의 소중함을 금방 이해할 수 있었다. '내가 도대체 얼마나 많은 소중한 책들을 재생 펄프로 녹여버렸을까?'라는 죄책감에 사로잡혔다. 그길로 그는 고물상을 그만두고 고서를 수집해 고서 상인이 되었다. 그에게 고서와 고문서의 소중함을 가르쳐준 사람은 가람嘉藍 이병기李秉岐였다.

1979년 필자는 영문과에서 사학과로 전과를 했다. 남들이 좋다니까 아무 생각 없이 택했던 영문과보다는 사학과가 그래도 재미있을 것 같았다. 사학과에서도 고문서를 직접 접할 기회는 없었다. 이광린李光麟 선생의 근대사료 강독, 이기백李基白 선생의 금석문 강독, 그리고 전해종全海宗 선생의 동양사적해제東洋史籍解題 등의 강의가 기억에 남는다. 1980년도를 전후하여 공부는 거의 안 하고 주로 데모만 하는 어수선한 분위기 속에서, 우리는 한국의 현실과 그 현실이 있게 된 역사적 배경에 대하여 소주를 마시며 열심히 떠들었다. 고대 노예사회에서 중세 봉건사회를 거쳐 근대 자본주의사회에 이르는 역사발전법칙을 이야기하고, 그 법칙 속에서 한국 역사의 보편성과 특수성을 이야기하기도 했다. 역사이론에 밝은 선배나 친구가 하는 이야기를 주로 듣는 편이었지만, 필자의 마음 한구석에는 늘 공허함이 자리 잡고 있었다. 마지막에 부딪히는 벽은 조선시대의 역사상이었다. 조선시대에 관한 우리들의 얕은 개설적인 지식으로 조선시대에서 근대에 이르는 역사적 흐름을 논하기에는 역부족이라는 사실을 깨달았다. 그 무렵 필자는 고문서연구의 필요성을 어렴풋이 느끼게 되었다.

1983년 필자는 직장을 그만두고 남양주군 수동면에 있는 태동고전연구소에 한문 연수생으로 입학했다. 소장 청명靑溟 임창순任昌淳 선생은 전통 인문학과 사회과학을 겸비한 분이었다. 청명 선생은 정규과정인 사서삼경四書三經 외에 다른 강의도 하셨는데, 『초결가草訣歌』와 『순화각첩淳化閣帖』으로 초서를 가르치기도 했다. 평소에 선생을 모시고 지내면서, 귀동냥을 많이 하며 단절된 전통 인문학의 분위기를 느낄 수 있었다. 무엇보다도, 같은 한문 문장을 두고도 해석의 깊이는 천양지차가 날 수 있다는 것을 선생을 통하여 알게 되었다. 태동고전연구소 생활 3년은 피가 되고 살이 되어, 차후 필자의 공부에 밑거름이 되었다. 지금 그 시절을 생각하면 무릉도원처럼 아련하다.

아단문고와의 인연도 청명 선생 덕분이었다. 청명 선생의 추천으로 1989년부터 아단문고에서 일하게 된 것이다. 재단법인 아단문고는 한 대기업에서 문화사업을 위해 많은 양의 고서와 고문서를 수집해두고 있었다. 처음 필자의 일은 인문학 연구소를 설립하는 계획을 세우는 것이었는데, 이듬해부터는 전적으로 고서와 고문서 정리만 했다. 2006년 그만둘 때까지 아단문고에 소장된 고서와 고문서를 다 정리하고, 아단문고 장서목록 두 권을 발간했다. 아단문고 생활 17년은 나에게 직업이요, 일이요, 공부였다. 비록 깊이 천착하지 못하고 주마간산처럼 훑은 데 불과했지만, 많은 자료를 편안하게 볼 수 있었던 것은 커다란 행운이었다.

이 책의 자료인 '조병덕 편지'는 아단문고 소장 고문서이다. 이 고문서를 처음 발굴하고 하나하나 읽어가면서 느꼈던 감흥은 지금도 잊을 수 없다. 아단문고에는 국보 및 보물을 비롯한 많은 귀중한 자료가 있지만, 그 자료들이 준 감동도 조병덕 편지의 그것에 미치지 못했다. 조병덕 편지의 내용은 금전거래, 빚, 가족 간의 갈등, 아들에 대한 실망, 시국에 관한 언급, 질병 등 개인의 사생활 중에서도 가장 내밀한 영역에 속하며, 결코 남이 알아서는 안 되는 것들이 대부분이다. 이 자료를 통해 우리는 생생하게 살아 있는 인간 조병덕을 만날 수 있다. 과문한 탓인지는 몰라도, 개인의 내밀한 사생활을 말해주는 이렇게 많은 분량의 자료를 필자는 여태 본 적이 없다. 이러한 내용은 권력, 도덕, 이익 등에 의하여 편집된 『조선왕조실록』이나 문집 같은 정통적 자료에는 찾아볼 수 없는 것이다. 고문서 연구의 중요성, 의의, 그리고 재미가 바로 여기에 있다.

조선시대 양반은 도덕과 명분을 지나치게 내세우며 살아, 자신의 세속적인 모습을 남에게 보이는 것을 수치스럽게 생각했다. 그들에게는 몇 가지 금기사항이 있었다. 그중에 대표적인 것이 금전문제였다. 양반은 남과 금전거래를 하지 않았고, 겉으로는 금전을 만지는 것조차 꺼렸다. 금전과 관련된 일은 모두 하인이 대신 처리했다. 또 그들은 금전적 이익을 추구하는 상인을 천시했다. 그렇다고 해서 그들이 실제로 금전을 싫어하거나 금전적 이익을 추구하지 않았던 것은 아니다. 이것은 그들이 이중적일 수밖에 없었음을 의미한다. 겉으로 내세우는 유교적 도덕과 명분 그리고 드러나지 않는 사생활, 이러한 이중성으로 조선시대 양반의 삶은 이루어져 있었다. 우리가 일반적으로 이해하고 있는 조선시대 양반의 모습은 '겉으로 내세우는 도덕과 명분'을 통하여 형성된 것이다. 반면에 이 책에서 다루고 있는 내용은 '드러나지 않는 사생활'이다. 이 책의 출판에 의미를 부여할 수 있는 것이 바로 이 점이라고 생각한다.

2007년 5월 16일 필자는 '가회고문서연구소'라는 간판을 집에 달고 고문서 연구와 강의를 하며, 뜻이 통하는 동학들과 고문서 공동연구를 하고 있다. 이렇게 죽 이야기하고 보니, 필자는 평생 고문서를 만지며 살 팔자를 타고났는지도 모른다는 생각이 든다. 관심 있는 분들의 지도와 협조를 바란다.

2008년 8월

가회고문서연구소에서

河永輝

차례

개정판 서문 — 5

초판 서문 — 9

조병덕은 누구인가? — 18

들어가며 | 아버지가 보낸 편지 — 20

1장 ֍ 조병덕의 가계와 학맥 그리고 생애

노론의 숙명을 타고나다 — 36

◈ 조병덕의 가계와 학맥

슬프고 처량한 유학자 — 54

◈ 조병덕의 생애

2장 ֍ 일상공간으로서의 삼계리와 청석교

호리병 속 아버지 — 90

◈ 삼계리와 조병덕

저잣거리의 아들 — 104

◈ 청석교와 조장희

십리, 아버지와 아들의 거리 — 126

◈ 삼계리와 청석교

3장 ⁂ 생계로서의 도덕경제

가난한 유학자의 점잖은 사치 —— 136
◈ 조병덕가의 지출

밭 가는 유학자 —— 154
◈ 조병덕가의 수입

조경모독, 하나의 이상 —— 162
◈ 조병덕의 생존철학

4장 ⁂ 19세기 조선의 정치 그리고 사건들

천만 뜻밖의 변괴 —— 174
◈ 교졸돌입사건

투장 사건 —— 190
◈ 화산사

아들의 토호질 —— 202
◈ 조장희정배

5장 왕래망 사회

바깥 세상 소식 218
◈ 조병덕의 정보

편지 심부름꾼 232
◈ 전인

더불어 도를 추구하다 246
◈ 조병덕의 왕래망

6장 변고 가득한 세상

· 편지선 281
· 조병덕의 연보 320
· 자료 328
· 참고문헌 332
· 찾아보기 333

조병덕은 누구인가?

본은 양주楊州, 자는 유문孺文, 호는 숙재肅齋다. 그는 1800년 2월 18일 한성漢城 황화방皇華坊 취현동聚賢洞(현 서울시 중구 정동)에서 태어나, 1870년 2월 22일 충청도 남포현藍浦縣 심전면深田面 삼계리三溪里(현 충청남도 보령시 미산면 삼계리)에서 죽었다.

그의 조상은 17, 18 두 세기에 걸쳐 화려한 지위를 누린 노론 화족이었다. 그러나 그의 할아버지, 아버지, 조병덕 삼대가 문과에 급제하지 못했기 때문에 소위 '몰락 양반'의 신세를 면할 수 없었다. 그의 아버지가 한성에서 삼계리로 이사한 것도 몰락 양반으로서는 서울 생활을 버틸 수 없었기 때문이었다.

그도 물론 과거공부를 하여 과거에 응시한 적은 있었으나, 과거에 적극적이지는 않았다. 그 대신 그는 20대 초부터 학문에 열중했다. 그는 노주老洲 오희상吳熙常으로부터 경학을 배웠다. 그리고 노주가 죽자, 매산梅山 홍직필洪直弼을 스승으로 모셨다. 노주와 매산은 당시 노론의 대표적 학자였는데, 조병덕이 그들의 학통을 이었으므로 그를 노론 학문의 적통을 이은 학자라고 할 수 있다.

그가 살았던 삼계리는 사방이 산으로 둘러싸인 호리병 같은 지형이라, 은거하며 학문하기 좋은 곳이었다. 삼계리에 살면서도 그는 바깥 세계와 담을 쌓고 살 수는 없었다. 그는 전국 각지의 사람들과 끊임없이 편지를 주고받았는데, 그의 편지 심부름은 차남 조장희趙章熙가 했다. 조장희는 삼계리에서 고개 너머 십여 리 떨어진 교통이 편리한 청석교靑石橋에 살았다. 그때 아들 조장희가 아버지로부터 받은 편지 1,700여 통이 고스란히 남아 이 책의 자료로 활용되었다.

그의 생애는 세도정치기, 그에 이은 대원군 집권기와 거의 일치한다. 그 시기에는 신분제가 동요되고 민란이 끊임없이 일어났으며, 서양 열강이 조선의 문호를 끊임없이 두드리고 천주교가 확산될 때였다. 이러한 안팎의 변화에 강상綱常과 명분이 존중되는 사회를 추구한 노론 성리학자 조병덕은 있는 힘을 다하여 맞섰으나, 대세의 흐름을 거스르기에는 역부족이라는 사실을 자신도 이미 알고 있었다.

아버지가 보낸 편지

아버지는 세상의 어느 누구보다도 편지를 많이 썼다. 그 많은 편지를 아들을 시켜 부쳤는데, 아들에게 편지 심부름을 시킬 때마다 아버지는 아들에게 편지를 썼다.

> 이 편지 저 편지 막론하고 일일이 전하고 답장을 받아라. 풀로 붙이지 않은 봉투는 풀로 붙여라. 영남, 호남 두 방백에게는 답을 쓰려 했으나 쓰지 못했다. 청송青松에게 보내는 답장은 꼭 전하고 빠뜨리지 마라. 밀가루 한 포는 작은할머님께 드려라.(7028)

편지에는 편지 심부름과 함께 훈계나 꾸지람도 빠지지 않았다. 토호로서 사납기로 소문난 아들도 아버지의 편지는 거부하지 못했다. 아들이 아버지 곁을 떠나고부터 아버지가 죽을 때까지 28년간 아버지의 편지는 아들 집에 차곡차곡 쌓였다.

가장 이른 편지는 1836년 11월 출타 중인 아버지가 집에 있는 아들 형제와 서동생에게 보낸 것이다. 13세, 10세짜리 두 아들이 아직 초서에 익숙하지 않았기 때문인지, 큼직하고 반듯한 해서로 썼다.

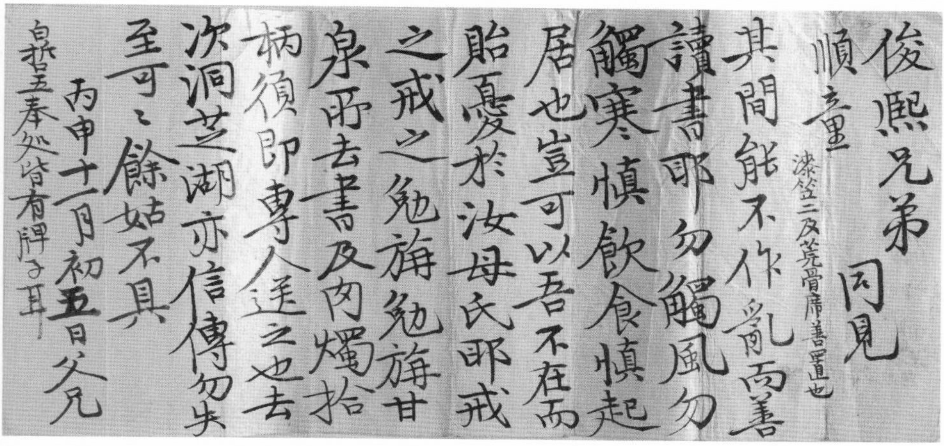

俊熙兄弟順童同見

其間能不作亂 而善讀書耶 勿觸風 勿觸寒 愼飮食 愼起居也 豈可以吾不在 而貽憂於汝母氏耶 戒之戒之 勉旃勉旃 甘泉所去書及肉燭拾柄 須卽專人送之也 去次洞芝湖 亦信傳勿失 至可至可 餘姑不具

丙申十一月初五日 父兄

白哲五奉處 皆有牌子耳

漆笠二及莞骨席 善置也

준희俊熙 형제와 순동順童 함께 보아라.

그사이 장난하지 않고 독서 잘 하느냐? 바람 쐬지 말고, 음식 조심하고, 행동 조심해라. 내가 집에 없다고 네 모씨母氏께 걱정을 끼쳐서야 어찌 되겠느냐? 조심하고 조심하며, 노력하고 노력해라. 감천甘泉에 보내는 편지와 육촉肉燭 열 자루는 반드시 즉시 전인專人을 시켜 보내라. 차동次洞과 지호芝湖에 가는 편지도 반드시 전하고 잊지 말아야 한다. 나머지는 이만 줄인다.

1836년 11월 5일 부형父兄

백철白哲과 오봉五奉에게 다 패자牌子가 있다.

칠립漆笠 두 개와 왕골자리는 잘 두어라.(6082)

편지는 세월이 흐를수록 점점 길어진다. 편지 내용은 훈계와 편지 심부름이다. 훈계는 아들의 기질이 드러나고부터는 꾸지람으로 바뀌지만, 내용은 시종일관 변함이 없다. 아이들의 어머니를 그냥 '모母'라고 하지 않고 '모씨母氏'라고 칭하며 '씨氏'자를 붙인 것은, 생모가 아니고 계모이기 때문이다. 아버지는 2년 전 상처하고 새장가를 들었다.

다음 편지는 3년을 훌쩍 뛰어넘는다.

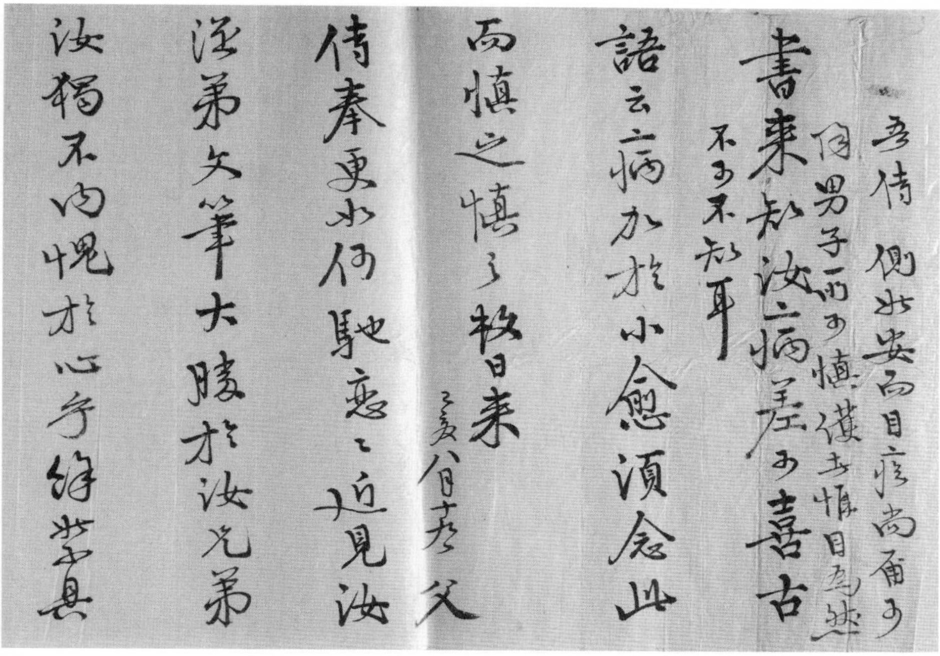

書來 知汝病差 可喜 古語云 病加於小愈 須念此 而愼之愼之 數日來 侍奉更如何 馳戀馳戀 近見汝從弟文筆 大勝於汝兄弟 汝獨不内愧於 心乎 餘姑不具 吾侍側姑安 而目疾尚爾 可悶 男子所可愼護者 惟目 爲然 不可不知耳

己亥八月十九日 父

편지 와서 네 병이 차도가 있음을 아니 기쁘다. 옛말에 "병은 약간 나을 때 악화되기 쉽다."고 했다. 반드시 이 말을 유념하여 조심하고 조심해라. 며칠 동안 어머니 모시고 안부는 어떠하냐? 매우 궁금하다. 요즘 네 종제 문필을 보니, 너희 형제보다 훨씬 낫더라. 너는 마음속으로 부끄럽지 않으냐? 나는 아버지 모시고 별고 없으나, 눈병이 아직 낫지 않아 걱정이다. 남자가 삼가고 보호해야 할 것이 오직 눈이라는 것을 몰라서는 안 된다.

1839년 8월 19일 아버지(6926)

그동안 아버지의 편지가 없지는 않았을 것이다. 편지는 여전히 짧으나, 글씨는 해서에서 행서로 바뀌고 초서도 몇 자 섞였다. 아들의 나이는 이제 13세가 되었다. 편지의 내용은 이 나이 또래가 가장 싫어하는 잔소리와 꾸지람이다. 이 편지 후 삼사 년간은 10여 통의 편지만 남아 있다. 그리고 1843년부터 아버지의 편지는 본격적으로 이어진다.

마지막 편지는 1870년 1월 9일 썼다.

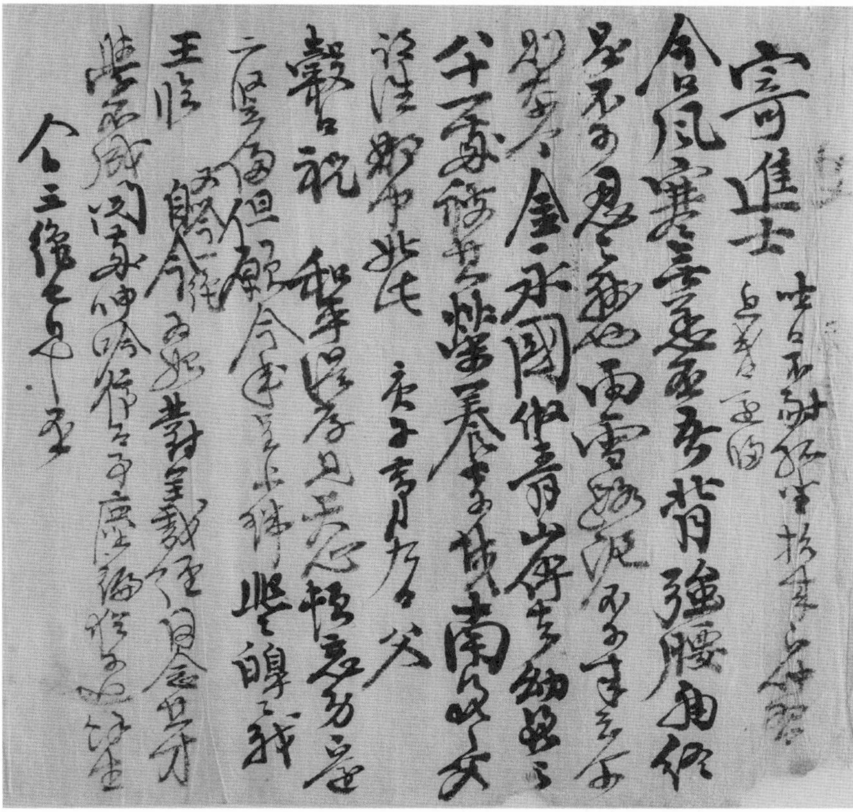

寄進士

今日風寒 無恙否 吾背强腰痛 終是不可忍之病也 雨雪路泥 不可來云爾 則奈何 金永國做青山倅去 幼善之八十一歲 被其榮養 奇哉 南善之父 謂往那中 姑此

庚午第九日 父

穀日祝

和平溫厚見天心 頓忘身邊二竪侵 但願今年呈上瑞 熙熙皞皞我王臨

又吟一絶

自今爲始對義經 罔念其才學不成 閱歲呻吟停百事 塵編猶可近餘生

人日三絶已見之否

昨日不耐孤坐 招來白仲習 迫昏還歸

진사 보아라.

오늘 바람이 찬데 별 탈은 없느냐? 내 등의 강요통强腰痛은 죽을 때까지 참을 수 없는 병이다. 비와 눈으로 길이 질어 올 수 없다니, 무슨 수가 있겠느냐? 김영국金永國이 청산靑山 고을 원이 되어 부임하고, 유선幼善이 81세에 아들의 봉양을 받으니, 얼마나 좋으냐? 남선南善의 아버지가 그리로 간다기에 몇 자 쓰고 이만 줄인다.

1870년 정월 초아흐레 아버지

정월 초여드렛날의 기원

화평함과 온후함에서 천심天心을 보고
몸에 침범한 병마를 바로 잊었네
다만 바라니, 올해는 높은 상서로움 드러나
우리 임금 밝고 맑게 다스리시길

또 일절一絶을 읊다

이제부터 시작하여 주역을 보며
재주나 학문의 성취는 생각하지 않으리
일 년 내내 신음하며 모든 일은 그만두고

고서나 뒤적이며 여생을 보내리

초이렛날 지은 절구 세 수는 보았느냐?

어제는 혼자 앉아 있다가 참을 수 없어 백중습白仲習을 데려왔는데, 날이 어두워 돌아갔다.(6604)

죽기 한 달 전에 쓴 편지인데, 조용히 인생의 마감을 기다리는 사람의 편지라는 느낌을 준다. 『주역』만 읽겠다는 시를 보면 자신의 운명을 이미 점치고 있는 것 같기도 하다. 편지는 도로 짧아졌으나, 글씨는 여전히 흐트러짐이 없다. 심심하여 아들을 불렀으나, 아들은 길이 질다는 핑계를 대고 오지 않았다. 아버지는 다가가고 아들은 물러나고, 늘 그런 식이었다. 청산靑山 수령이 된 아들의 봉양을 받을 유선幼善에 관한 언급은 축하하는 마음도 없지 않겠지만, 그보다는 부러운 마음이 더 컸을 것이다. 수령이 된 아들의 봉양을 받아보는 것이 소원이었으나, 그는 그 소원을 이루지 못했다.

조병덕 편지는 우선 그 양이 많다. 남아 있는 편지만으로 대략 계산해봐도, 그는 6일에 한 번씩 아들에게 편지를 썼다. 그는 삼계리를 떠난 적이 거의 없었지만, 수신자 조장희는 과거공부와 과거시험을 위하여 서울에서 생활한 기간이 꽤 길었다. 아들이 서울에 머물 때도 그의 편지는 끊임없이 아들을 찾아갔다. 그리하여 아버지가 보낸 편지 1,700여 통이 아들에게 쌓이게 되었다. 조선시대 개인의 편지가 이처럼 많이 발굴된 예는 아직 없다. 조선시대 편지는 문집이 간행된 인물의 경우에 극히 일부가 문집에 수록되어 있을 뿐이다. 최근 각 연구 기관에서 옛 편지를 정리한 자료집들을 출판하고 있으나, 양적으로 조병덕의 편지에 비교될 만한 편지는 없다. 게다가 아버지가 한 아들에게만 이렇게 많은 편지를 보낸 사례는 앞으로도 발견되기가 쉽지 않을 것이다.

동시에 조병덕의 편지는 내용이 다양하고 풍부하다. 그의 편지를 읽어가다 보면, 19세기의 관혼상제, 과거, 종계宗禊, 농사, 가계생활, 음식, 생활도구, 교통, 통신, 탈것, 서적, 조명, 문방구, 부채, 역曆, 질병, 의약, 민간처방, 지방행정, 마을, 화폐, 고리대 등 일상생활의 모든 분야가 우리 앞에 펼쳐진다. 그리고 서얼, 노비, 비부婢夫, 청지기, 선달, 한량, 무뢰배, 상놈, 잡류, 첩, 토호, 아전 등 다양한 인간들의 생생하게 살아 있는 모습도 만날 수 있다.

조병덕은 유선儒選에 오른 인물이다. 유선은 뛰어난 학자를 천거에 의하여 선발하여 국가에서 대우한 제도다. 그는 국가에서 인정한 학자였다. 뿐만 아니라 그는 사회적으로도 인정받은 학자였다. 그에게 글을 받으러 오는 사람들이 많았는데, 그는 대부분 거절하여 돌려보냈다. 그것을 그는 이렇게 말한다.

> 예천醴泉 삼탄三灘에 영안서원永安書院을 세우는데, 그 봉안문奉安文과 두 정제丁祭(3월과 8월의 丁日에 지내는 공자 제사)의 축문을 와서 청하기에, 평소의 경계에 따라 거절하여 물리쳤더니, 순순히 듣고 가더라. 그런데 어제 또 점店(여관)에서 자고 도로 왔다가 달산達山으로 갔다. 그 청이 더욱 간절하니 정말 하나의 액운이지만, 이런 일에 대하여는 어쩔 수 없다. 죽어도 할 수 없다. 홍경문洪景文이 청한 공자 영정, 화양서원華陽書院, 청음淸陰(김상헌)을 문묘에 종향從享하는 일 등에 모두 와서 글을

청했으나 응하지 않았다. 그 밖에 허다한 일은 그만두고라도 이런 것이 어찌 쉽게 할 수 있는 일이겠느냐? 감역은 이러한 곡절도 모르고 이름만 빌려주라고 하기에, 그렇지 않음을 분명히 해두었다. 이런 일을 일체 거절하여 물리치고부터, 지필묵 또한 지극히 귀해지고 내 마음도 맑고 상쾌하다.(6426, 18610721)

조병덕은 대학자이면서도 그의 편지글은 고답적이지 않고 구체적이다. 마치 아들을 옆에 앉혀놓고 타이르고 꾸짖는 것처럼 이야기한다. 조선시대 말을 한자로 쓴 구어체 한문이다. 그래서 쉽고 자연스럽게 읽힌다. 꾸밈이 없이 자연스럽게 썼기 때문일 것이다.

3월 18일, 네 3월 7일 편지를 보고 네가 수감된 줄 알았다. 그 후 다시 전인專人(편지 심부름꾼)을 보내려 하다가 못 보냈다. 4월 21일 예술禮述이 와서 네 소식을 대강 들었다. 16일 네 처자는 청교에서 이곳으로 이사했다. 이제 비로소 전인을 시켜 안부를 전한다. 돌아오는 전인 편에 평안하다는 소식만 들어도 다행이겠다. 근자에 또 이양선이 덕산德山(지금의 예산군 덕산면)에 정박하여, 충청도 전체가 소요상태다. 이 전인이 가는 도로도 막힐까 걱정이다. 옥중에 갇혀 책을 읽고 글을 보는 사람이 옛날에 많았다. 그렇게 하며 마음을 편안히 갖도록 해라.(6746, 1868윤401)

토호질을 하다가 체포되어 수감된 아들에게 쓴 편지인데, 감정을 절제하며 옆에서 조근조근 이야기하는 것 같다. 또 고사, 명언名言, 속담 등을 인용한 것이 재미를 더한다.

> 지금 바야흐로 집일을 시작하고도 양식 걱정을 한 지 오래되었다. 김석이金錫伊가 산 보리는 열 말이 차지 않더라도 반드시 너희 행랑 하인에게 지워서 김석이와 함께 와야 된다. 옛사람이 '자제가 부형을 모시는 것처럼〔如子弟之衛父兄〕'이라고 했는데, 너희들이 부모 일을 보는 것은 '월越 나라 사람이 앙상한 진秦 나라 사람을 대하는 것〔越人之於秦瘠〕'과 다름이 없으니, 내가 슬프지 않겠느냐. 정말 이른바 '이웃집 개가 들어서는 안 되는 이야기'다.(6720, 18620711)

이 인용문에 나오는 '자제가 부형을 모시는 것처럼〔如子弟之衛父兄〕'은 송宋 범조우范祖禹가 『맹자』에 단 주석에 나오는 말로, 지극히 사랑하고 공경한다는 의미다. '월越 나라 사람이 앙상한 진秦 나라 사람을 대하는 것〔越人之於秦瘠〕'은 당唐 한유韓愈의 『쟁신론爭臣論』에 나오는 말로 무관심하다는 의미다. '이웃집 개가 들어서는 안 되는 이야기'는 당시의 속담으로 보이는데, 몹시 창피하다는 의미다.

조병덕의 편지에는 또 "하늘 높이 훨훨 날아 멀리 달아나고 싶을 뿐", "오직 빨리 죽고 싶을 뿐", "조물주의 옛 물건으로 잘 돌아가기를 바랄 뿐" 등의 죽고 싶다는 표현이 많이 나온다. 평소 집에서 하는 말투를 한문으로 옮겼을 뿐이지만, 이런 표현이 이 편지가 아주 사적이라는 것을 말해준다. 남에게 쓰는 편지에 누가 이런 투의 말을 쓰겠는가.

조병덕의 생활을 공과 사로 나눈다면, 이 책에 실린 편지의 내용은 모두 사적인 영역에 속한다. 그가 벼슬에 나가지 않았기 때문에 학문 활동과 교우관계를 공적인 영역에 포함시킬 수 있는데, 조병덕의 공적인 영역은 그의 문집 『숙재집』으로 남아 있다. 『숙재집』에도 많은 편지가 실려 있으나, 사적인 내용은 없다. 더욱이 조병덕 가서에 가득한 내밀한 사생활은 전무하다. 문집의 편집 과정에서 사적인 내용이 있는 편지는 모두 빠졌기 때문이다. 애초에 조병덕이 편지를 쓸 때 공사를 분명히 구분하여 썼을 것이다. 그런데 자신의 사적인 편지가 고스란히 남을 줄을 꿈엔들 생각했겠는가?

이런 몇 가지 점, 즉 양이 많고 내용이 다양하고 풍부하며 사적이라는 점에서 조병덕의 가서는 상투적인 편지*들과는 확연히 구별된다. 조병덕만큼 편지를 많이 쓴 사람이 어찌 없겠느냐만, 그들의 사적인 영역을 보여주는 편지는 남아 있지 않다. 수신자가 본 후 태워버렸거나, 문집의 편집 과정에 걸러진 후 없어져버렸을 것이다. 그리하여 명분과 의리만 내세우는 점잖은 편지나 상투적인 편지만 대부분 남게 되었다. 이런 점에서 조병덕의 가서는 두고두고 참고하고 곱씹어볼 수 있는 자료가 될 것이다.

이 책은 조병덕 편지를 재구성한 것인데, 모두 6장으로 이루어져 있

* 고관을 지낸 김창집金昌集에게 연말에 선물과 편지가 많이 왔다. 김창집이 일일이 답을 할 수 없어 아우 김창협金昌協에게 답장을 대신 좀 쓰라고 했다. 김창협이 하루 꼬박 썼으나, 10여 통밖에 못 썼다. 치밀하고 꼼꼼한 성격이라 편지의 사연에 맞추어 답장을 쓰다 보니, 그렇게 될 수밖에 없었을 것이다. 그 일이 김창업金昌業에게 미루어졌다. 김창업은 한나절도 안 되어 그 많은 편지의 답장을 다 썼다.
노촌老村 이구영李九榮 선생님께 들은 이야기다. 김창협과 김창업의 대조적인 면을 보여주는 일화지만, 상투적인 편지들이 어떻게 양산되는지를 엿볼 수 있다.

다. 제1장에서는 조병덕이 어떠한 인물인지를 알아볼 것이다. 그는 노론의 화려한 집안 후손으로 태어나 노론 학자들의 교육과 영향을 받았다. 노론은 그에게 숙명적인 울타리였다. 그리고 그의 생애를 사적인 영역을 중심으로 살펴볼 것이다. 지금까지의 인물연구에서 공적인 영역을 중심으로 생애를 재구성했던 것과는 달리, 여기서는 좀 더 생생하고 구체적인 조병덕의 모습을 볼 수 있기를 기대한다.

2장은 이 책의 공간적 배경이다. 삼계리와 청석교, 두 지역은 고개 하나를 사이에 두고 십여 리밖에 떨어지지 않았으나, 지극히 대조적이었다. 호리병처럼 생겨 은거하기 좋은 삼계리와 교통이 편리하고 시장이 있어 많은 사람이 붐빈 청석교, 학문하며 은거한 아버지와 토호질을 하는 세속적인 아들, 두 사람도 삼계리와 청석교만큼이나 가까우면서도 대조적이었다. 이 두 지역과 이 두 사람을 연결해준 것이 바로 조병덕의 편지였다.

3장은 조병덕의 경제생활을 살펴본다. 다시 말하면 조병덕은 어떻게 먹고살았는지를 알아본다. 조병덕은 멋과 풍류를 추구하는 소위 '선비'도 아니었고, 이슬을 먹고 사는 신선도 아니었다. 그도 기본적인 욕구를 가진 평범한 사람이었다. 자신의 생계문제를 이렇게 솔직하고 절실하게 말하고 있는 자료는 없다. 아울러 19세기 조선의 시장은 어느 정도 수준이었는지를 엿볼 수 있게 될 것이다.

4장은 정치에 해당된다. 조병덕은 교졸돌입사건校卒突入事件, 화산사花山事, 조장희정배趙章熙定配 등 세 사건을 겪었다. 이 세 사건의 경과와 해결 과정을 통해 당시의 정치를 이해할 수 있게 될 것이다. 조병덕의 생애는 세도정치기와 대원군 집권기에 걸치는데, 중앙의 정치가 시골에 은거한 양반에게 어떻게 작용하는지를 이해할 수 있게 될 것이다.

5장은 사회에 해당된다. 조선시대 사람들의 고통 가운데 우주여행 시대에 살고 있는 현대인들이 도저히 느낄 수 없는 것이 바로 '부재不在'로 인한 고통 즉 그리움, 궁금함, 답답함 등이었다. 병인양요 때 통신이 두절되자, 조병덕은 "약수삼천리弱水三千里 건너에 있는 것 같다."고 하고 "높은 두 벽 사이에 앉아 있는 것 같다."고도 했다. 이 장은 조병덕이 공간적인 제약을 어떻게 극복하는지를 살펴본다. 아울러 지금까지 주목하지 않은 '전인專人'이라는 독특한 심부름꾼에 대하여도 알아볼 것이다. 이 장의 고찰을 통하여 조선 사회를 '왕래망 사회'라고 조심스럽게 정의해본다.

6장은 이 책의 결론에 해당한다. 조병덕의 생애는 안팎으로 밀어닥치는 변화의 물결이 최고조에 달했던 시기였다. 역사적 전환점이었던 것이다. 이 변화에 조병덕은 유교적 의리와 명분으로 강하게 맞섰다. 그리고 그 변화의 물결을 '세상의 변괴世變'라고 했다.

이 책의 목적은 우선 19세기를 살고 간 조병덕이라는 인물의 실존적, 구체적 삶을 서술하는 데 있다. 유학자 조병덕은 과연 어떻게 먹고살았나? 그의 고민은 무엇이며 무슨 생각을 하며 살았나? 그에게 닥친 문제는 무엇이며 어떻게 해결했나? 이런 점들이 담겨 있다. 나아가 이를 통하여 조선 사회의 결을 엿볼 수 있기를 기대한다. 역사는 사람의 역사며, 사람의 실존적, 구체적 삶이 역사에서 가장 중요하다고 생각하기 때문이다.

1장

조병덕의 가계와 학맥 그리고 생애

조병덕이 태어난 해는 순조의 즉위년과 일치하는데, 그것은 세도정치의 시작을 의미한다. 세도정치로 인하여 전정, 군정, 환곡 등 삼정의 부패가 심해지자, 곳곳에서 민란이 들불처럼 번졌다. 1811년 홍경래의 난과 1862년의 진주민란이 그중 큰 것이었다. 1863년 고종이 즉위하고, 대원군이 정권을 잡았다. 1866년에는 프랑스 함대가 쳐들어와 강화도를 침입한 병인양요가 일어났다. 이러한 사건들을 조병덕은 생애에 직접 겪었다. 이렇게 안팎에서 밀려오는 어지러운 변화를 그는 '세상의 변고', 즉 '세변世變'이라고 했다.

조병덕의 가계와 학맥

노론의 숙명을 타고나다

네 형은 이미 문필이 없어서 과거에
응시하지 못했다. 과거에 응시하지 못한 것은
부끄러운 것이 아니나,
문필이 없는 것이 크게 수치스러운 일이다.
너는 반드시 열심히 공부해서
네 형처럼 되지 마라.

조병덕의 가계도

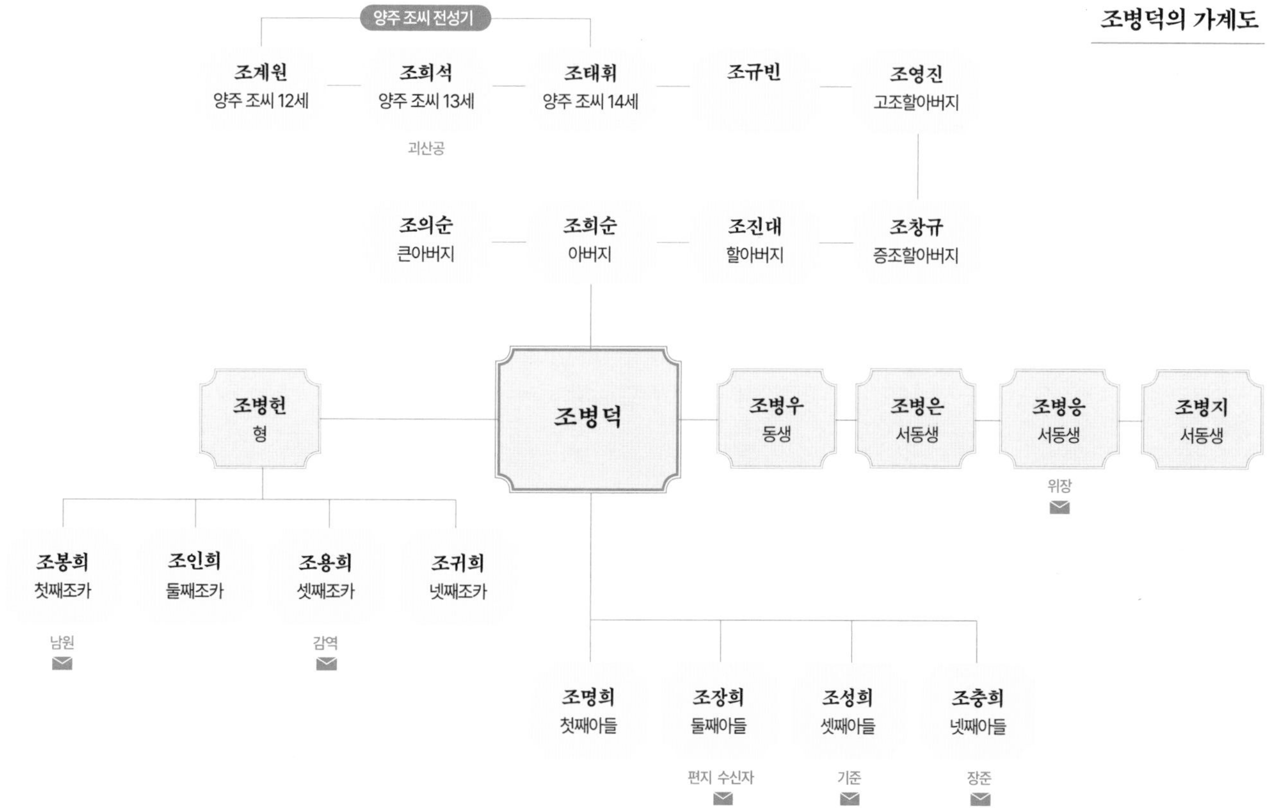
양주 조씨 전성기
조계원
양주 조씨 12세
조희석
양주 조씨 13세
괴산공
조태휘
양주 조씨 14세
조규빈
조영진
고조할아버지
조의순
큰아버지
조희순
아버지
조진대
할아버지
조창규
증조할아버지
조병헌
형
조병덕
조병우
동생
조병은
서동생
조병응
서동생
위장
조병지
서동생
조봉희
첫째조카
남원
조인희
둘째조카
조용희
셋째조카
감역
조귀희
넷째조카
조명희
첫째아들
조장희
둘째아들
편지 수신자
조성희
셋째아들
기준
조충희
넷째아들
장준

『양주조씨족보楊州趙氏族譜』는 1세 잠岑에서 시작하지만, 여기서는 11세 조존성趙存性부터 설명하기로 한다.

조존성은 성혼成渾의 제자로 문과에 합격하고, 벼슬은 호조참판에 이르렀다. 조존성은 아들이 셋인데, 둘째 조창원趙昌遠은 딸이 인조의 계비繼妃로 간택되면서 국구國舅가 되었다. 셋째 조계원趙啓遠은 이항복李恒福의 문인으로 문과를 거쳐 벼슬이 형조판서에 이르렀고, 다섯 아들이 모두 등과登科한 것으로 유명하다. 조계원의 다섯 아들 중에서 조병덕의 직계 조상은 조희석趙禧錫이다. 조희석은 네 아들을 두었는데, 모두 현달했다. 이른바 '노론 4대신老論四大臣'의 한 사람인 조태채趙泰采도 그의 아들이다. 아들들이 현달했을 뿐만 아니라 자손이 번성했기 때문에 조희석은 하나의 파派를 이루었는데, 그가 괴산군수를 지냈으므로 '괴산공파'라고 한다. 괴산공의 둘째 아들 조태휘趙泰彙는 영천군수를 지냈는데, 조병덕의 직계조상이다. 가계도를 보면 12세 조계원으로부터 13세 조희석을 거쳐 14세 조태휘에 이르는 3세대가 양주 조씨의 전성기였음을 알 수 있다.

조태휘의 장남 조규빈趙奎彬은 진사시에 합격하고 벼슬길에 올랐으나, 1722년 건저위建儲位 사건으로 노론 4대신이 사사되자 한때 한산韓山의 농장에 은퇴해 있다가, 1725년 영조가 즉위하자 다시 벼슬길에 올라 부평부사를 지냈다. 그는 민진후閔鎭厚의 사위였는데, 민진후는 송시열의 문인으로 인현왕후의 오빠이기도 하다.

조규빈의 장남 조영진趙榮進은 조병덕의 고조부로, 문과를 거쳐 벼슬이 형조판서에 이르렀다. 조병덕의 증조부 조창규趙昌逵도 문과에 급제하고 대사간의 벼슬에 올랐다. 조부 조진대趙鎭大는 영천군수를 지냈다. 그는 네 아들을 두었는데, 조병덕의 아버지 조최순趙最淳은 둘째 아들이다. 첫째 조의순趙毅淳은 문과에 급제하고 벼슬에 나갔으나, 조최순은 과거에 합격하지 못했고, 셋째 조후순趙厚淳은 27세 젊은 나이에 죽었으며, 막내 조이순趙頤淳은 진사시에 합격하고 현령을 지냈다.

조병덕의 어머니 은진恩津 송씨(1772~1819)는 율수재聿修齋 송후연宋厚淵의 딸로, 동춘당同春堂 송준길宋浚吉의 6대손이다. 조병덕의 조부와 외조부는 친구 사이로 조부는 늘 외조부의 학행을 칭송했으며, 양가의 자녀가 어릴 때 이미 서로 혼인을 약속했다. 자기 조상을 자랑한 것은 찾아볼 수 없으나, 외가가 동춘당의 후손이라는 것을 조병덕은 자랑스럽게 생각했다. 그리고 조병덕은 「선비숙부인은진송씨행록先妣淑夫人恩津宋氏行錄」에 외가의 훌륭한 교육을 받은 어머니의 집안 살림과 예의범절을 하나하나 구체적으로 써놓았다. 이러한 점에서 볼 때, 조병덕은 외가와 어머니의 영향을 많이 받았음을 알 수 있다. 그리고 자신이 학문을 하게 된 것도 동춘당의 영향이라고 조병덕은 말하고 있다.

조병덕의 백부 조의순은 한창 나이인 48세에 죽고, 이어서 2년 간격으로 며느리와 하나뿐인 아들 조병소趙秉素도 죽었다. 그리하여 조병덕의 아버지 조최순은 조병소의 7세 외아들 조기희趙夔熙를 데려다 길렀다. 나중에 조기희에게 아들이 없자, 조병덕은 자기의 봉사손奉祀孫인 장남 조명희趙明熙의 외아들 조중엽趙重燁을 조기희의 계자系子로 보냈다. 서운하지만 자신의 제사보다는 조상들의 제사가 더 중요하다는 생각에서였다.

조병덕의 형제는 셋인데, 그는 둘째였다. 형 조병헌趙秉憲은 생원시에 합격하고 수령을 역임하다가 평양 서윤庶尹으로 부임한 지 얼마 되지 않아 1844년 임지에서 죽었다. 아우 조병우趙秉愚는 17세로 요절했다. 그리고 아버지의 소실에게서 난 서동생이 셋이었다. 서동생 중 맏이 조병은趙秉恩은 편지에 몇 번 언급되다가 1852년 이른 나이에 죽었다. 둘째 조병응趙秉應은 오위장五衛將 벼슬을 했기 때문에 편지에는 '위장衛將'이라고 불린다. 그는 조병덕에게서 심한 적서차별을 받았으나, 조병덕과 가장 가까운 인물 중 하나였다. 막내 조병지趙秉志는 별로 언급되지 않는다.

조병헌 슬하에는 4형제가 있었다. 장남 조봉희趙鳳熙는 생원시를 거쳐 남원부사까지 지냈다. 편지에는 그를 '남원南原'이라고 부른다. 조병덕은 집안의 자제들을 지칭할 때, 관직을 지낸 사람은 이름으로 부르지 않고 관직으로 불렀다. 둘째는 조인희趙麟熙다. 셋째 조용희趙龍熙는 조병덕의 동생 조병우趙秉愚에게 출계出系했는데, 편지에서는 주로 '감역監役'으로 불린다. 그리고 넷째 조귀희趙龜熙는 23세에 일찍 죽었다.

조병덕은 두 번 결혼하여 아들을 넷 두었다. 첫째 부인 광산光山 김씨는 사계沙溪 김장생金長生의 후손으로 장남 조명희趙明熙와 차남 조장희趙章熙를 낳고 35세에 일찍 죽었다. 둘째 부인 덕수德水 이씨는 편지에서 기준起俊으로 불리는 셋째 조성희趙聖熙와 편지에서 장준壯俊으로 불리는 넷째 조충희趙忠熙를 낳았다. 조병덕은 조충희를 후손이 없는 셋째 삼촌 조후순趙厚淳의 아들 조병위趙秉瑋의 계자系子로 보내어 조후순의 제사를 잇게 했다. 셋째 삼촌에 대한 의리 때문이었다.

조병덕의 넷째 삼촌 조이순趙頤淳은 진사과에 합격하고 임피臨陂 현령을 지냈다. 조이순의 아들 조병로趙秉老는 진사과를 거쳐 나중에는 호조참판까지 지내, 조병덕의 할아버지 조진대의 후손 중에서 가장 높은 벼슬에 올랐다.

젊어서부터 조병덕은 5대조 조규빈 이하 집안의 대소사를 도맡아 처리했다. 5대조의 종손인 사촌형 조병소는 일찍 병으로 죽었고, 친형 조병헌은 벼슬을 따라 각 지방을 돌아다녀 종사宗事를 볼 여유가 없었다. 종사는 자연스럽게 5대조 이하 산소가 모여 있고 집안이 모여 사는 삼계리三溪里를 떠난 적이 거의 없는 조병덕의 몫이 되었다. 게다가 해박한 그의 예학은 많은 사람들의 신뢰를 받기에 충분했다. 모든 통과의례의 절차는 그의 감수를 거쳤으며, 대부분의 제문은 그의 손에서 작성되었다. 1854년 아버지 조최순이 죽자, 조병덕은 5대조 이하의 친척 중에서 가장 어른이 되었다. 사람들은 그를 '산림山林(벼슬하지 않고 은거하여 학문하는 학식과 덕망이 높은 학자) 어른'이라고 불렀다.

조병덕과 동당同堂(한 고조부 자손)은 아니지만 같은 괴산공파의 친척으로 언급하지 않을 수 없는 인물이 있으니, 심암心菴 조두순趙斗淳이다. 조두순은 노론 4대신의 한 사람인 조태채의 5대손으로 조병덕에게는 아저씨뻘이 되며, 조병덕보다 네 살이 많았다. 그는 문과에 급제하고 빠르게 출세하여 1853년에 우의정에 1865년에는 영의정에 올랐으며, 정치적으로는 노론을 대표하는 종주宗主가 되었다. 평생 학문에만 종사하여 산림이라 불린 조병덕과 세속적으로 출세한 조두순은 서로 대조적인 삶을 살았지만, 두 사람의 교제는 끊이지 않았다. 특히 조병덕은 현실적으로 벅찬 어려움에 처할 때에는 조두순에게 도움을 청하지 않을 수 없었다.

이렇게 조병덕의 가계를 살펴보면, 그의 선조들은 높은 관직을 누린 화족華族이었음을 알 수 있다. 특히 12세, 13세, 14세의 3대가 가장 전성기였으며, 후대로 내려올수록 정치적으로 점점 몰락하고 있다. 조병덕도 이 점을 자각하고 있었다. 과거를 처음 보러 간 둘째 아들 조장희에게 자극을 주기 위하여 그는 다음과 같이 말했다.

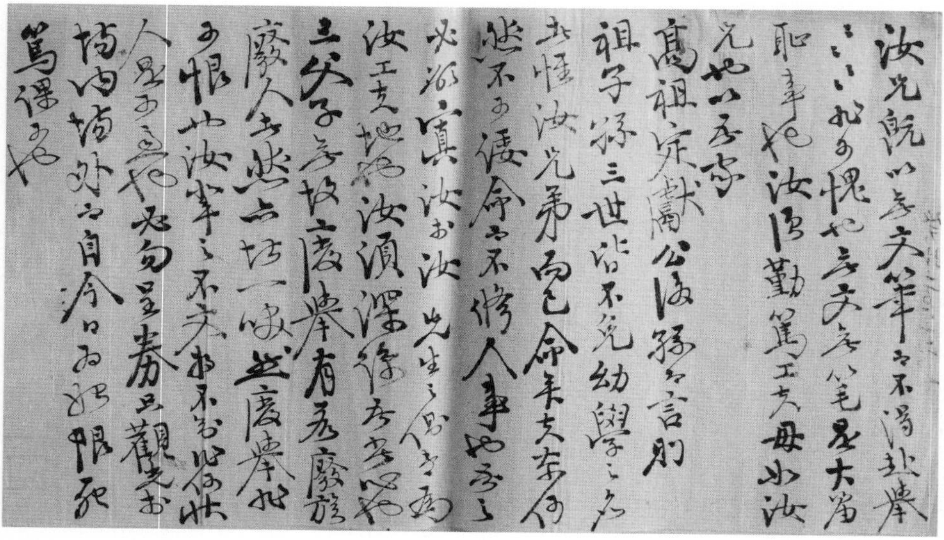

汝兄旣以無文筆 而不得赴擧 不得赴擧 非可愧也 無文無筆 是大羞恥事也 汝須勤篤工夫 毋如汝兄也 以吾家高祖定獻公後孫而言 則祖子孫三世皆不免幼學之名者 惟汝兄弟而已 命矣夫 奈何 然不可諉命而不修人事也 吾之必欲寘汝於汝先生之側 專爲汝工夫地也 汝須深諒吾苦心也 三父子無故廢擧 有若廢族廢人者然 亦堪一咲 然廢擧非可恨也 汝輩之不文 將不知作何狀人 是可慮也 必勿呈券 只觀光於場內場外 而自今日爲始 限死篤課可也

> 네 형은 이미 문필文筆이 없어서 과거에 응시하지 못했다. 과거에 응시하지 못한 것은 부끄러운 것이 아니나, 문필이 없는 것은 크게 수치스런 일이다. 너는 반드시 열심히 공부해서 네 형처럼 되지 마라. 우리 집 고조부 정헌공定獻公의 후손을 두고 볼 때, 조祖·자子·손孫 3대에서 유학幼學이라는 명칭을 면하지 못한 자는 오직 너희 형제뿐이다. 운명일진대, 무슨 수가 있겠느냐. 그러나 운명에 핑계 대고 사람이 할 수 있는 일을 닦지 않아서는 안 된다. 내가 너를 반드시 네 선생 곁에 두려는 것은 전적으로 네 공부를 위해서다. 너는 모름지기 나의 고심을 깊이 헤아려라. 삼부자가 까닭 없이 과거를 그만두어 폐족廢族이나 폐인처럼 된 것 또한 한번 웃을 만한 일이다. 그러나 과거를 그만둔 것은 한스럽지 않다. 너희들이 글을 하지 않아 장차 어떤 인간이 될지 몰라 걱정스럽다. 반드시 시권試券을 바치지 말고 과거시험장 안팎을 관광해라. 그리고 오늘부터 시작하여 죽도록 열심히 공부해야 된다. (6552, 18430212)

또 조병덕의 집안이 유력한 노론 가문 중 하나였다는 것도 지적할 수 있다. 그 대표적 인물이 이른바 '노론 4대신'의 한 사람인 조태채다. 그리고 조병덕가의 혼맥婚脈과 학맥學脈도 모두 노론 일색이었다. 사색당쟁 하에서 대개 당색이 다른 사람 사이에는 교류가 없었지만, 은거하여 학문에 종사한 조병덕은 더욱 노론을 제외한 소론, 남인, 북인 등의 사람들과는 일체 교류가 없었다. 그는 노론 가문에서 태어나 노론 학자 밑에서 공부하고 노론의 학통을 이었다. 말하자면 노론은 조병덕에게 숙명이었던 것이다.

조병덕은 7세 때 처음으로 아버지에게 『십구사략十九史略』을 배웠다. 그해 가을부터 외가에 가서 외할머니의 양육을 받았는데 학문의 법도를 익히 듣고 외할아버지 율수재聿修齋 송후연宋厚淵이 지은 『독서요결讀書要訣』을 공부했다. 이듬해 그는 책을 읽다가, "옛사람은 8세에 『소학小學』에 들어갔는데, 나는 올해 8세인데 아직 『소학』을 익히지 못했으니, 재주가 옛사람에 미치지 못하기 때문에 그렇다."라며 한탄하기도 했다.

조병덕은 외가에서 7년여를 보내고 14세에 본가로 돌아왔다. 그리고 다음해에 과거공부를 시작하여 부모의 뜻에 따라 몇 차례 과거에 응시했지만 실패했다. 그런 가운데 17세에는 관례冠禮를 올리고 결혼도 했다. 그가 만약 꾸준히 과거공부에 매달렸다면 문과에 급제하고 관리가 되어 전혀 다른 길을 걸었을지도 모른다. 그러나 그에게 인생의 일대 전기를 마련해 준 사건이 닥쳤으니, 바로 어머니의 죽음이었다. 그의 어머니는 그가 20세 때인 1819년에 48세로 세상을 떠났다. 어머니 상을 당했을 때의 심경을 조병덕은 둘째 부인 이씨가 죽었을 때 슬픔에 잠긴 이씨 소생 막내아들 충희에게 말했다.

> 동춘당同春堂 상소문에 이르기를, "선유先儒는 '부모상을 당하여 곡하며 눈물 흘리는 날을 선善의 실마리가 발현되는 때'라고 생각했는데, 제가 직접 겪어보고 그 말이 정말임을 알았습니다."라고 했다. 내가 기묘(1819)년 어머니 상을 당했을 때 우연히 동춘당의 이 상소문을 보고 갑자기 감동한 바 있어, 『소학』을 읽으며 이 학문에 몸을 바쳐 종사할 뜻을 갖게 되었다.(7089)

어머니의 죽음이 계기가 되어 그는 과거공부를 그만두고 학문에 전념하게 되었다.

『소학』에 이어 그는 『심경心經』, 『근사록近思錄』, 『성학집요聖學輯要』 등을 공부했다. 그 후 사서四書와 『성리대전性理大典』을 공부하면서 의문점이 많아지자, 그는 매산 홍직필을 찾아갔다. 그리고 매산의 지시로 노주 오희상을 찾아가서 배웠다.

> 내가 노주老洲, 매산梅山 두 선생을 미처 뵙기 전에는 율곡栗谷과 농암農巖의 글을 얻어서 밤낮없이 공부했는데, 어려운 곳이 있어도 보고 또 보면 어렴풋이나마 혼자서 그 요점을 얻을 수 있었다. 그러다가 심성心性과 이기理氣의 여러 설說을 거의 궁구하여 갈 즈음에 두 선생께 가서 많은 의문점을 물었다. 두 선생의 가르침을 받고도 끝내 이룬 바가 없어 이렇게 되고 말았지만, 내가 선생께 의지하여 도움을 받은 것은 오로지 그때였다. 집에만 있었을 때는 나의 의문을 풀어줄 사람이 어찌 한 사람이라도 있었겠느냐. 이것이 바로 혼자 노력하다 고생만 하는 쾌활하지 않은 공부다. 네가 이미 『농암집農巖集』을 빌렸으니, 이해하기 어려운 곳은 일일이 적어두었다가 수시로 부쳐라. 아는 것을 안다고 하는 것도 진실로 나 자신이요, 모르는 것을 모른다고 하는 것도 진실로 나 자신이다. 그냥 지나치지 마라.(6976)

그로부터 10여 년 동안은 두 선생 사이를 오가며 수학했지만 조병덕은 주로 오희상의 영향을 많이 받았다. 오희상은 경설經說에 뛰어난 학자였는데, 조병덕은 그를 매우 높이 평가했다. 오희상이 죽자, 조병덕은 전적으로 홍직필을 스승으로 모셨다. 율곡이 죽자 율곡의 문인들이 우계牛溪의 문하에 들어가 수학한 예가 있다는 오희상의 명에 따른 것이었다. 조병덕은 홍직필을 30년간 스승으로 모셨는데, 의리로는 사제지간이었지만 은혜로는 부자지간과 같았다. 특히 조병덕은 홍직필 생시에 이미 그로부터 자기를 위하여 「행장行狀」을 쓰라는 부탁을 받았다. 오희상이 경학經學에 밝은 반면에 홍직필은 예학禮學에 밝았다. 조병덕과 함께 두 선생 문하에 출입하며 수학한 사람들로는 유신환兪莘煥, 신응조申應朝, 홍일순洪一純, 임헌회任憲晦, 소휘면蘇輝冕 등이 있다.

오희상과 홍직필 외에도 조병덕은 영서潁西 임로任魯(1755~1828)와 금계襟溪 이봉수李鳳秀(1778~1852)의 문하에도 출입했다.

노주, 매산, 영서, 금계 네 사람은 학문적으로나 정치적으로 같은 노론의 입장에 있던 사람들이었는데, 모두 근재近齋 박윤원朴胤源(1734~1799)의 제자들이었다. 박윤원은 김원행金元行의 제자고, 김원행은 이재李縡의 제자며, 이재는 김창협金昌協의 제자다.

그러나 이것은 노론의 인맥과 결합된 학맥이라고 할 수 있고, 학문의 내용을 중심으로 볼 때 조병덕은 좀 더 단순하게 말하고 있다.

> 공자孔子 후에 세상의 도리는 주자朱子에 이르러 한 번 더 정리를 거쳤기에, 그 공이 만세에 미치게 되었다. 우리나라의 선현先賢은 거의 모두 주자의 학설을 따랐다. 그러나 성명性命의 근원을 꿰뚫어 보아 적전嫡傳이 되기에 부끄러움이 없는 자로는 율곡栗谷 이후 농암農巖이 최고며, 농암을 이어 일어난 자는 오직 노주老洲 선생일 따름이다.(『숙재속집』 권5 「숙재선생묘지」)

조병덕은 자기 학문의 계승을 '주희→율곡→농암→노주'로 말하고 있다. 농암을 높이 평가한 것이 당시 노론 학자들에게서 흔히 볼 수 없는 그의 특징이다. 그것은 그의 선생 오희상을 따른 것이었다. 오희상은 김창협을 높여 퇴계와 율곡에 견주기까지 했다.

> 농암의 사단칠정설四端七情說은 정밀하고 심오하며 깊은 의미를 밝혔는데, 퇴계와 율곡이 이르지 못한 의리義理에까지 나아간 것이 많다. 무궁한 것이 의리라고 할 수 있으며, 전현前賢이 쌓아둔 것을 후현後賢이 펼친 것이라고 할 수 있다.(『노주집』 권24 「잡지」)

조병덕이 그의 사승 관계에서 볼 수 있는 많은 이름난 학자들을 제외하고 선생 노주의 견해에 따라 농암을 높이 평가한 기준은 무엇이었을까? 그것은 경학, 즉 사서삼경*이었다. 앞에서 언급한 바 있지만, 그의

* 사서四書는 『논어』, 『맹자』, 『대학』, 『중용』이다. 『대학』과 『중용』은 원래 각각 『예기禮記』 중의 글 한 편씩이었는데, 송宋 유학자 주희朱熹가 『대학장구大學章句』와 『중용장구中庸章句』를 지어 독립시켜 『논어』, 『맹자』와 함께 사서에 포함시켰다. 『논어』는 공자와 그 제자들의 어록으로, 유가儒家의 정치, 윤리, 교육 등의 사상을 담고 있다. 『맹자』는 맹자와 그 제자들의 정치, 철학, 교육 등의 사상을 표현했다. 『대학』은 수기修己(개인의 수양)를 강조하는데, 그것은 치인治人(남을 다스림)을 전제한 수기다. 『중용』은 중용이 도덕적 행위의 최고 표준임을 강조한다.
삼경三經은 『시경』, 『서경』, 『주역』을 말한다. 『시경』은 서주西周 초(기원전 11세기)부터 춘추春秋 중엽(기원전 6세기)까지의 시가詩歌 311수를 공자가 편찬한 것이다. 『서경』은 『상서尙書』라고도 하는데, 우虞, 하夏, 상商, 주周(대략 기원전 2천 년부터 기원전 5백 년까지)의 중국 상고사가 기록되어 있다. 『주역』은 『역경易經』이라고도 하는데, 이 세상 사물의 배후에는 지고무상至高無上의 신적인 존재가 있다고 생각한 데서 발전한 것이다.

두 선생 노주와 매산을 말하면서도 노주는 경학에 매산은 예학에 장점이 있다고 한 적이 있다. 그러면서도 그는 학문적으로 노주를 우위에 두었다. 경학을 중시했기 때문이다.

> 전에 나의 노주 선생께서, "사서삼경은 이 세상의 대들보가 되어야 한다."고 늘 말씀하셨다. 아마 삼강오상三綱五常의 의리가 모두 경서經書에 있기 때문일 것이다. 어찌 하루라도 그것을 손에서 놓을 수 있겠는가. 어찌 하루라도 그것을 손에서 놓을 수 있겠는가.(6299, 18610220)

조병덕이 볼 때 경학은 이 세상을 유지하고 지탱하는 대들보였다. 그리고 경학의 중심 내용인 삼강오상은 이 세상의 기본원리였다. 양학洋學이 번성하는 것은 나라가 제구실을 못하고 사람이 사람답지 못하기 때문인데, 나라와 사람이 제구실을 못하는 것은 모두 삼강오상의 도가 쇠퇴했기 때문이라고 그는 생각했다.

나아가 그는 유학이 국가의 근본과 직결되어 있다고 보고, 유학이 쇠퇴하면 국가의 근본도 흔들릴 수밖에 없다고 했다. 상소문에서 그는 다음과 같이 말한다.

조선시대는 유가 사상을 국가의 이념으로 채택하고, 사서삼경을 과거시험의 주요 과목에 넣었다. 학문을 하건 벼슬을 하건, 사서삼경은 가장 중요하고 기본적인 교과서였다. 사대부가의 자제들은 누구나 7, 8세부터 사서삼경을 공부하기 시작하여 15세쯤 되면 마쳤다. 사서삼경의 영향력이 얼마나 막대했는지를 이로써 알 수 있다.

가만히 생각해보건대 본조本朝가 입국立國할 때 오로지 유학을 숭상하여 다스림과 교화가 그로인하여 밝았고, 백성과 나라가 그로 인하여 오래 혜택을 입었습니다. 그 후 유학의 교화가 점점 쇠퇴하여 예의와 법도는 조종祖宗의 훌륭하던 때와 비교할 수 없게 되었습니다. 근자에 이르러 시대가 더욱 멀어지자 영향은 이미 끊어지고, 독서종자讀書種子도 따라서 완전히 말라버렸습니다. 그리하여 나라의 근본이 그 폐해를 입게 되었습니다.**(6754 상소문)**

독서종자가 끊어진 것은 그가 보기에는 무엇보다도 후대로 내려오면서 벼슬을 추구하는 양반들이 과거공부에만 몰두하여 학문이 끊어졌기 때문이었다. 과거에 응시하려는 아들에게 그는 다음과 같이 썼다.

청교에 뒤이어 전한다.

네 편지 오기 전에 편지를 써서 부치려 하다가 네 편지 보니 위로가 된다. 다만 네 편지에 "과거에 응시하여 시권試券을 바치는 것은 동방유자東方儒者의 일"이라고 한 것은, 나로 하여금 실없이 웃게 하는구나. '유자儒者' 두 자는 '반명班名(양반명색)'이라고 고쳐야 옳다. 그러나저러나 두 아이가 노자가 없어 과거 보러 갈 수 없다고 하는데, 어떻게 하면 좋으냐? 이미 과거 보러 가지 않을 양이면 응강應講하지 않아도 이상할 것 없다. '양두讓頭' 운운하는 것은 더욱 말할 필요가 없다. 다만 과거시험장에 들어가는 것을 그 아이들이 꼭 해야만 하는 일로 삼는 것이 좋다. 그러나 무슨 수로 반드시 들어가게 할 수 있겠느냐? 저희 하는 대로 내버려둘 뿐이다. 내게 만약 변통할 수 있는 돈 수십 냥이 있으면 과거 보러 보냄으로써 '과거를 그만두었다.'는 이름이 붙는 것을 피할 수 있을 텐데, 장담할 수 없다. 소위 진천鎭川(조용희)이 고부古阜로 자리를 옮기는 것은 확실하다. 지금 들른 고부 문안사를 만났더니, 조치鳥峙와 대양동大陽洞과 홍산鴻山에서 영소榮掃(과거 급제나 벼슬 등 경사가 있을 때 조상의 무덤에 고하는 것)한다고 하는데, 다만 그때를 기다릴 뿐이다. 장준壯俊의 일은, 이 아이 생각을 나는 헤아릴 수 없다. 이 아이는 어이하여 나를 이렇게 심히 골치 아프게 하느냐?(6482, 18660804)

양반은 으레 학자라고 보통 생각하던 것을 조병덕은 아들에게 분명하게 고쳐주고 있다. 과거공부는 '양반 명색[班名]'이 하는 것이고, 유자가 하는 것이 학문이라고 그는 구분하고 있다. 요컨대 조병덕에게 학문이란 사서삼경을 통하여 삼강오상*의 도를 배우는 것이었다. 그리고 이 도를 모르는 사람은 그에게는 짐승과 다름이 없었다.

조병덕은 일찍이 자신이 거처하는 방의 사방 벽면에 '소학실小學室'

* 삼강三綱은 '임금은 신하의 벼리고(군위신강君爲臣綱), 아버지는 자식의 벼리고(부위자강父爲子綱), 지아비는 지어미의 벼리다(부위부강夫爲婦綱).'고 한 세 구절을 말한다. 이것을 임금과 신하, 아버지와 아들, 지아비와 지어미 관계에서 전자에게 후자가 절대적으로 복종해야 한다고 한 해석이 있으나, 잘못된 해석이다. 벼리(綱)는 그물의 코를 꿴 줄로 그물을 펴고 오므리는 역할을 한다. 벼리처럼 임금, 아버지, 지아비의 역할이 크기 때문에, 모범을 보임으로써 신하, 자식, 지어미가 따르게 한다는 의미다.
오상五常은 인, 의, 예, 지, 신이다. 인은 동정하고 사랑하는 마음이다. 의는 공정하고 정의로운 마음이다. 예는 양보하고 예절을 지키는 마음이다. 지는 선악을 판단하는 지혜다. 신은 이 네 가지를 성실히 실행하는 것이다.
이 두 가지는 유가儒家의 대표적 인륜人倫(인간관계) 개념으로, 천리天理라고까지 한다. 조선시대에 국가와 사회를 유지하는데 핵심적 역할을 해왔다.

이라 써 붙이고 지냈다. 자신의 몸가짐에 잠시도 긴장을 늦추지 않기 위해서였다. 그리고 송시열이 지은 김수항金壽恒의 묘문墓文에 "석실노선생石室老先生(김상헌)께서 몸소 천하의 강상綱常을 짊어져 명성이 중국과 오랑캐에 자자하지만, 그 근본을 살펴보면 주자朱子의 『소학』이다."라고 한 것에서도 크게 자극을 받았다. 자신이 김상헌의 외손이라는 자긍심도 있었기 때문에, 김상헌의 학문적 바탕이 『소학』이었다는 것은 조병덕에게 좋은 본보기가 되었다.

『소학』은 우선 수신서修身書였다. 이에 관하여 조병덕은 아들에게 다음과 같이 말했다.

> 청교에 즉시 전한다.
>
> 어제 편지 보았느냐? 『소학본주小學本註』는 남한산성판(南漢板)이다. 『소학본주小學本註』는 『소학집성小學集成』에서 나왔다. 이 책은 소순여蘇純汝(소휘면)의 종제 집에 있었다. 늘 빌리고 싶었으나 못하다가, 작년 봄 비로소 그 주인을 만나 빌려 보니 과연 좋더라. 다만 한 질 베껴두고 싶었으나 그 소주小註와 그림이 베끼기가 어려워 그러질 못했다. 너는 모름지기 이 네 책을 꼼꼼히 읽어야 한다. 『소학』은 사람다운 사람을 만든다. 사람으로서 『소학』을 읽으려 하지 않으면, 그것은 사람이 되지 않으려는 것이다. 사람이 되려고 아니하는 것은 짐승이 되기를 꺼리지 않는 것이다. 그러므로 '『소학』은 사람과 짐승 사이의 관문이다.'라고 할 수 있다. 이 책은 마땅히 평생토록 외고, 평생토록 실행해야 하는 것이다. 어찌 어린아이에게만 맡기겠느냐. 선배들이 모두 평생토록 신봉하고 실천한 것도 바로 이 책이다. 책보는 돌려보내라. 임사윤任士胤은 이

미 출발했느냐? 사윤이 머물고 있는 것은 무엇 때문이냐? 심히 괴이하다. 이만 줄인다. (7601, 18620203)

수신서일 뿐만 아니라, 『소학』은 또한 유학의 입문서였다. 공자를 배우기 위해서는 주자를 먼저 배워야 한다고 율곡은 말했다. 또 다행히 주자 후에 태어나 학문에 틀림이 없기를 바랄 수도 있다고도 했다. 학문은 단계를 밟아야 하며, 공자의 앞 단계는 주희임을 강조한 것이다. 다시 말하면, 사서삼경을 공부하기 위해서는 그전에 주희가 지은 『소학小學』과 『근사록近思錄』을 먼저 봐야 한다고 말한 것이다. 이것을 조병덕이 그대로 받아들였다. 주희의 학문에 대한 조병덕의 생각을 제자 조진학趙鎭鶴은 다음과 같이 전한다.

평소 저술을 좋아하지 않으시며, "정주程朱 이후로 의리가 밝혀져 남김이 없기 때문에, 후학은 단지 받들어 믿고 토론하여 밝혀야 할 뿐이다. 반드시 저술을 하여 후세에 남기려는 것은, 망령된 일이고 쓸데없는 일이다."(『돈간재집敦艮齋集』 권10 「숙재조선생묘지」)

거기에다 그는 율곡의 저술을 더했다.

지금까지 살펴본 조병덕의 학문관은 다음 편지에 잘 요약되어 있다.

5월 더위에 어른 모시며 학문하시느라 안부가 어떠하신지 궁금합니다. 우리들의 궁극적인 방법은 단지 궁리窮理와 수신이며 전적으로 독서에 의지합니다. 책은 다름 아닌 『소학小學』, 『근사록 近思錄』 및 사서삼경四

書三經, 『주자대전朱子大全』일 뿐입니다. 우리나라의 율곡은 주자의 적전嫡傳이니 반드시 『성학집요聖學輯要』와 『격몽요결擊蒙要訣』 두 가지도 마음을 다하여 공부하시기를 천만번 간절히 바라고 또 바랍니다. 천하에 더없이 좋은 일에 학문만 한 것이 없으며, 세상에 더 없는 즐거움에 독서만 한 것이 없습니다. 책은 막연하게 읽어서는 안 됩니다. 반드시 궁리窮理를 위주로 해야 합니다. 이理는 특별한 것이 아닙니다. 단지 삼강오상의 이理일 뿐입니다.(7601, 18620203)

요컨대 조병덕의 학문은 『소학』과 경학으로 요약할 수 있다. 자신이 거처하는 곳을 '소학실'이라고 할 정도로 조병덕은 『소학』을 중시했다. 나아가 그는 『소학』을 사람과 짐승 사이의 관문이라고까지 했다. 이것은 그가 일상생활에서의 실천적 윤리를 강조한 것이라고 할 수 있다. 그는 또 경학을 중시했는데, 그가 경학을 통하여 추구한 것은 삼강오상이었다. 사서삼경을 이 세상의 대들보에 비유한 것으로도 알 수 있지만, 그는 삼강오상을 이 세상을 지탱하는 가장 중요하고 기본적인 원리로 보았던 것이다.

슬프고 처량한 유학자

— 조병덕의 생애

'자그마한 마을에 생원이라 불리고
한 권 책 속에 학구적인 열정'
이 말은 내가 평생 스스로 기약한 것으로,
화상찬이다.
1852년 동짓달에 쓰다.

한성漢城 황화방皇華坊 취현동聚賢洞에 살던 조병덕의 아버지 조최순 일가는 1811년 삼계리로 낙향했다. 흉년이 들어 서울에서 생활하기가 어려웠기 때문이다. 흉년에는 물가가 오르고 높은 물가에서는 서울보다는 시골이 비교적 생활하기 쉬웠다. 게다가 조병덕의 어머니가 근검절약으로 살림을 잘 살아, '시골에 살면 의식주 걱정은 없을 것'이라고 그의 할아버지가 일찍이 며느리를 평한 적도 있었다.

당초 조최순은 결혼하던 1788년 무렵에는 넉넉하게 생활했다. 그의 장인 송후연이 몇몇 고을의 수령을 연달아 지냈고, 그의 아버지 조진대趙鎭大도 1789년 이후 서너 고을의 수령을 역임해서, 양가의 후한 녹봉으로 풍족하게 생활할 수 있었다. "할아버지와 할머니 살아 계실 때 일가의 상하, 노소, 노비 등이 모두 백 명에 가까웠다."고 조병덕은 당시 상황을 말한다. 그러나 아버지와 장인이 모두 죽고 녹봉이 끊어지자, 조최순의 생활은 더 이상 넉넉할 수 없었고 결국 낙향할 수밖에 없었던 것이다.

삼계리는 조병덕의 5대조 조규빈의 무덤이 있는 곳이다. 1722년 노론이 실권했을 때 조규빈은 삼계리와 가까운 한산韓山 농장에 와서 지낸 적이 있었다. 그때 이미 삼계리에 자신의 묏자리와 터전을 잡아놓았는지도 모른다. 그리고 조병덕의 고조 조영진, 증조 조창규, 조부 조진대 등의 무덤도 모두 삼계리에 있었다. 세력가 4대의 무덤이 있는 삼계리에 적지 않은 터전이 있었을 것이다.

조병덕이 베껴놓은 '병오(1846) 심전면 삼계리 1통 2호 조최순 호적'(후손 조원창 소장)에는 호주 조최순, 아들 조병덕 부부, 손자 조봉희 부부, 종손자 조맹희 부부, 손자 조인희 부부, 손자 조용희 부부, 손자 조명희 부부, 손자 조장희 부부, 손자 조귀희 부부, 서자 조병은 부부, 서자 조병응 부부 등 어른 가족 21명과, 솔노率奴 용이 등 39명, 솔비率婢 명애 등 41명 모두 101명이 기록되어 있다. 이 호적이 작성된 1846년에는 호주 조최순은 이미 은진현恩津縣의 유산鍮山에서 장남의 가족과 살고 있었고, 조병덕의 처 김씨는 1834년 이미 죽었으며, 조최순의 자손은 모두 가정을 이루어 뿔뿔이 흩어져 살았기 때문에, 이 호적은 1846년 당시의 사실을 반영하고 있지 않다. 그러나 모두 모여 살았던 한때의 모습을 반영하고 있다고 볼 수 있다.

아버지가 삼계리로 이사한 2년 후 외가에 머물던 조병덕도 삼계리로 가서 식구들과 합류했다. 이듬해 15세부터 과거공부를 시작한 조병덕은 17세에 광산 김씨 재선在宣의 딸과 결혼했다. 사계沙溪 김장생金長生의 후손이었다. 그리고 1819년 20세에 어머니 상을 만났다. 이미 언급한 바 있지만, 어머니 상을 계기로 그는 학문에 전념하게 되었다. 과거공부를 시작하고부터 어머니 상을 만날 때까지 그는 몇 번 과거에 도전했다가 실패했다. 어머니 상 후 학문에 전념하던 조병덕은 1825년 26세에 노주, 매산 두 선생을 만났다. 같은 해에 외할머니 상을 만났는데, 길러준 은혜에 보답하기 위하여 '심상기년지례心喪期年之禮'(상복을 입은 것과 같은 마음 자세를 1년 동안 지키는 예)를 행했다. 1828년 29세 때 조병덕은 서울에서 삼계리로 이사했다.

조병덕이 삼계리로 이사한 데에는 두 가지 이유가 있었다. 하나는 조상의 산소가 있는 삼계리에 살면서 초하루와 보름에 조상의 묘에 성묘하는 평소의 소원을 이루는 것이었다. 다른 하나는 위기지학爲己之學을 하면서 경제적인 자립을 이루는 것이었는데, 사실은 이것이 낙향한 근본적인 이유였다. 그것을 그는 훗날 다음과 같이 말했다.

"'독신호학수사선도篤信好學守死善道'("성인의 가르침을 굳게 믿고 배우기를 좋아하며, 죽을 각오로 바른 길을 지킨다."(『논어』「태백」) 여덟 자를 밤낮 외며 생각하지만, 마음에 부끄러운 점은 많다. 학자가 말세에 태어나서 즐거운 일은 하나도 없다."고 하신 삼연三淵(김창흡) 선생의 말씀은 정말 내 마음을 먼저 표현한 것이다. 서유자徐孺子(동한東漢 서치徐穉)는 몸소 농사를 짓고 자기가 농사지은 것이 아니면 먹지 않았으며, 늘 공부하기를 원했으나 공부할 수 없었다. 노주 선생께서 늘 유자孺子의 일을 칭찬하여, "이런 고상한 풍격風格이 어디 있겠는가? 책에서 보고 늘 멀리 우러러 감탄하고 칭찬하지만, 내가 그렇게 하지 못해서 안타깝다. 세상에 허다한 이익과 권세를 따라 부산하게 오고 가는 것은 모두 분수 밖의 욕심 때문이다. 진실로 사람마다 각각 자기 노동으로 먹고사는 의미를 지켜 실천하게 한다면, 백성의 풍속과 사회의 도덕이 삼고三古와 같지 않다고 어찌 걱정할 필요가 있겠는가?"라고 하셨다. 삼연三淵 선생께서는 "세상만사는 모두 허위다. 오직 봄날 들에서 소를 부리며 직접 밭 가는 일만이 사람의 뜻을 약간 강하게 한다. 학자가 실제적인 일에 힘씀이 이와 같아야 한다."고 하셨다. 이 말씀을 노주 선생께서도 예로 들어 가르치시며 "나는 정말 이 말씀에 맛을 느낀다."고 하셨고, 또 "지금 세상의 참된 사대부는 조경야독朝耕夜讀하는 사람 가운데 구해야 한다."고 하셨다.

내가 고향에 거처를 정한 것은 오직 이것을 위해서였다. 그런데 너희 형제 중 내 마음을 아는 자는 하나도 없고, 독서하지 않아 불안하면 오직 이익만을 쫓아 오고 가는 것을 배우지만, 이익에는 반드시 운명이 존재하여 사람의 힘을 털끝만큼도 용납하지 않으니, 이익은 없고 헛되이 모욕만 당할 뿐이다. '고궁안분固窮安分[곤궁함을 고수하고 분수에 만족한다.]' 네 자를 이마에 붙이고 죽으면 죽고 살면 사는 것이 옳다.

벼슬하여 녹을 먹지 않으면, 서울에서 살 길이 없었다. 굳이 서울에서 살겠다면, '이익과 권세를 따라 부산하게 오고 갈' 수밖에 없지 않겠는가. 조병덕이 보기에 그것은 학자의 길이 아니었다. '자식기력自食其力', 즉 자기 힘으로 먹고 살아야 학문도 바로 설 수 있는 법이다. 그러기 위해서는 시골로 가서 농사를 지을 수밖에 없었다. 이른바 '조경야독'이 바로 그것이었다.

그러나 삼계리에 안주하려는 조병덕의 계획은 결국 실패로 돌아가고 서울과 고향의 터전을 거의 다 잃고 말았다. 친정아버지의 부임지 부여에서 삼계리로 왔던 처는 다시 부여로 돌아가고, 조병덕은 서울로 올라갔다. 1830년 가을 식구가 다시 서울에서 하나로 합쳤지만, 조병덕의 처는 병이 든 데다 마마까지 앓았고, 그동안 이리저리 왔다 갔다 하는 바람에 재물도 십분의 일밖에 남지 않은 상황이 되었다. 1832년 아버지를 뵈러 홀로 시골로 내려온 조병덕은 다시 상경하지 못했다. 큰 흉년이 들어 서울 생활은 도저히 불가능하다고 보고, 그는 병상에 있는 아내와 식구들을 장인의 반대를 무릅쓰고 시골로 불러 내렸다.

장인어른께 올리는 답서

돌아오는 가노家奴 편으로 전후로 내리신 편지 두 통을 받아 요즘 서리 내리는 추위에도 평안하시며 집안 모두 안녕하신 것을 아니, 매우 위로가 됩니다. 처의 시골행이 어찌 그만둘 수 있는 일이겠습니까? 지금 형편으로는 몸을 일으켜 원행遠行을 하기가 몹시 어려우며 은암隱巖에 살며 지낼 일이 한때의 걱정이기도 하지만, 만약 이 기회를 놓치면 이후에는 내려오려고 해도 길이 없습니다. 그래서 노자奴子 4, 5명과 말 삯과 노자路資를 마련하여 보내니, 이들이 서울에 당도하는 대로 반드시 즉시 보내시기 바랍니다. 반드시 털끝만큼이라도 만류하지 마시고 편안하게 떠날 수 있도록 해주시기를 천 번 만 번 빕니다. 저도 서울에 올라가고 싶으나 왕래하는 비용을 마련하기 어려워 조카로 하여금 모시고 내려오게 하니, 달리 걱정할 만한 일은 없을 겁니다. 저는 아버지께서 갖가지 병으로 편찮으셔서 걱정이 이루 말할 수 없으며, 또 전에 없던 큰 흉년을 만나 온 식구가 굶어 죽어 골짜기에 버려질 날을 눈앞에 두고 있어, 장차 어떻게 계획을 세워야 좋을지 모르겠습니다. 그러니 이번 내행內行이 아내에게는 큰 계획이라고 할 수 있으며, 명희明熙와 장희章熙 형제도 데려오지 않으면 안 됩니다. 떠나보내기 어려워 섭섭함도 없지 않으리라 생각하지만, 형편이 이러하니 또한 어떻게 하겠습니까. 나머지는 바빠 이만 줄이니 헤아리시기 바라며 편지를 올립니다.

1832년 9월 23일 외생外甥 조병덕 올림(6273)

그리고 2년 후인 1834년 그는 아내의 임종을 보게 된다. 아내가 죽은 후 조병덕의 삶은 더욱 어려워졌다. 게다가 그의 형이 논산에 집을 마련하여 아버지까지 모셔가버렸다. 1836년 장인에게 보낸 편지는 힘들고 쓸쓸한 자신의 모습을 그리고 있다.

저의 가형은 이미 논산에 집을 마련했고, 아버지께서도 그리로 가셔서 합쳤습니다. 그곳은 호중湖中의 대도회라 사방에 집을 알아보다가, 장조카가 그 집이 칸수가 많아 많은 식구를 수용할 수 있다고 선택했으나, 양식을 댈 만한 땅 한 조각 없어 잘한 일은 아니라고 생각되지만, 이미 지난 일이라 제가 간여할 바가 아닙니다. 저는 홀로 삼계에 머물며 종질과 서로 의지하며 지낼 터인데, 종질 내외는 시골 생활이 편치 않고 난처한 일이 많아 생각이 어떻게 바뀔지 모르겠습니다. 인생이 얼마 남지 않았는데 아직 한 몸을 안돈할 만한 곳이 없으니, 죽은 아내가 세상을 떠난 것이 산 사람의 고생보다는 유쾌할 것 같습니다.(필자소장, 18361008)

삼계리에서 실천하려고 했던 조병덕의 '자식기력自食其力'은 하나의 이상일 뿐이었다. 그는 생활고에서 벗어날 수가 없었다. 특히 양식이 떨어지는 것이 가장 괴로운 것이었다. 그럴 때는 하는 수 없이 형 병헌에게 도움을 청했다. 생활고를 호소하는 동생에게 쓴 형의 답장은 다음과 같다.

그 사이 두 번 편지를 받아보았으나, 인편이 없어 답을 하지 못하여 안타깝기 그지없었다. 근래 더위가 더욱 혹심한데 안부는 어떠하며, 유산鍮山에 내왕한다고 하는데 더위는 먹지 않았느냐? 매우 궁금하다. 형편이 절박하다니 몹시 걱정이 되나 많이 보내지 못하니, 어떻게 하겠느냐. 겨우 20냥을 구해서 보내며 또 백철白哲에게 패자牌子를 썼으니, 액수가 많건 적건 우선 끌어다 써서 보리죽 먹는 고생을 면하는 것이 어떠냐? 형이 태수太守인데 동생의 쌀독이 자주 빈다면, 그것이 어찌 말이 되겠느냐? 나는 여전하며, 포제褒題(관찰사가 관내 수령의 치적을 조사하여 근무 성적을 임금께 아뢰는 글)는 온당하다고 할 수 있다. 전최殿最(성적을 심사하여 우열을 매길 때, 하下를 전殿, 상上을 최最라고 했다. 여기서는 전최의 구체적 근거를 쓴 구절을 가리킨다)는 아이들을 시켜 베껴 보낸다. 참핵관參覈官으로서 급히 감영에 가려던 참이라 길게 쓸 수 없다. 삭례朔例와 모종耗種 약간을 건기件記로 만들어 보낸다. 큰조카 앞으로는 답장을 못 쓴다. 나머지는 몹시 바빠 이만 줄인다.

유두일 밤 가형家兄(7862)

그러던 조병덕의 형 병헌秉憲은 1844년 평양 서윤에 부임한 지 얼마 되지 않아 갑자기 죽었다. 조병덕에게 평생 고질병인 체설이 편지에 자주 보이기 시작한 것도 이 무렵부터다. 큰집 조카 형제에게 보낸 편지에 그는 다음과 같이 썼다.

접때 형수님이 서울 가셨다고 듣고는 편안히 도착하셨다는 소식은 듣지 못했다. 극심한 더위와 장마 중에 어떻게 가셨는지, 마음을 놓지 못했다. 그리고 너희 외가댁 환후는 이미 완쾌되었으며, 어른 모시고 너희 형제 안부는 안녕하냐? 이곳은, 아버지 안부는 일전에 들러 간 인편으로 들었으며, 나는 설사로 오래 고생하고 피골이 상접하여 지탱하기가 어렵다. 사람들이 모두 인삼을 써야 한다고 하지만, 양식 대기도 어려운데 어찌 약 먹을 생각을 할 여유가 있겠느냐? 그리고 매일 먹는 것은 토장土醬(된장)일 뿐인데, 이것이 진실로 안분지족安分知足에 합당하나, 병중에 밥맛이 없어 감내하기 어렵다. 이러다가는 어찌 세상에 오래 살 수 있겠느냐? 위로 부형이 있고 아래로 처자가 있으나, 목숨이 경각에 달려 있어도 누가 그것을 당기거나 미룰 수 있겠느냐? 다만 공손히 기다릴 뿐이다. 사람 사는 세상이 자고로 그러한데, 무슨 수가 있겠느냐? 백철白哲은 이미 죽고 전답 문제는 분부했으나 사뢰는 바가 없으니, 내가 재촉할 일이 아니다. 50을 바라보는 나이에 병약함에 시달리어 모든 일을 포기한 마당에, 대사가 걸린 일이라 서너 차례 명령했건만 전혀 응답이 없으니, 무엇 때문이냐? 다른 일이 있어 그런 것이냐? 마침 인편이 있어 잠시 몇 자 쓰고 이만 줄인다. 노강老江(노량진)의 안부는 들을 길이 있느냐? 사동寺洞과 정동貞洞에 보낸 편지는 중간에 뜨지 않았느냐? 지난번 편지에 답장이 없어 몹시 답답하다.

1844년 6월 그믐 중부仲父

아버지께서 열흘쯤에 행차하겠다고 말씀하셨다. 형님께서도 설사로 편찮다고 하여, 몹시 걱정이다. 서울 소식 알려주면 좋겠다. 진사는 거기 계속 머무는데, 언제 시골에 돌아오느냐? 삭례朔例(달마다 예에 따라 주는 돈)도 끊어졌다. 거기에 명맥이 달려 있다고 할 수 있지만, 또한 어떻게 하겠느냐?(7398, 18440630)

자신의 체설, 즉 체증과 설사에 대하여 그는 형의 대상大祥을 앞두고 상중에 있는 조카에게 보낸 편지에 다음과 같이 진단했다.

내가 늘 체증과 함께 설사로 고생하는 것은, 오직 걱정과 고민 속에 좋은 상황은 하나도 없는 데서 비롯되었다. 단지 죽음이 오기만을 기다릴 뿐이다. 다시 무슨 말을 하겠느냐?

자신의 체설을 걱정과 고민 때문이라고 말한다. '신경성' 체설이었던 것이다. 체설 때문에 그는 평생 음식을 절제하지 않을 수 없었다. 때로는 밥밖에 먹은 것이 없는데도 체하여 설사를 했고, 잔치에서 조금만 절제를 늦추어도 밤에 뒷간을 수없이 드나들었다. 회갑을 넘기며 그는 자신의 건강을 다음과 같이 말했다.

> 청교에 즉시 전한다.
>
> 며칠 동안 무고하며, 아이들과 그 어멈은 잘 지내느냐? 궁금함이 끝이 없다. 나는 어제와 오늘 계속 죽을 먹으며 겨우 지내, 다행히 체증과 설사는 그쳤다. 대개 조금만 과식을 해도 반드시 밤에 변소를 갔는데, 음식을 절제하는 것이 가장 좋은 처방임을 비로소 알았다. 사람의 병과 요절은 전적으로 식색食色을 조심하지 않는 데서 비롯된다. 색色에 대하여 나는 폐정閉精(성생활을 끊음)한 지 이미 오래되었으나, 오직 휴량승休糧僧(승려가 선을 수련하며 단식하는 법. 당唐 시인 주하周賀가 같은 제목으로 쓴 시가 있다)을 배우지 못하여 종종 병이 나 몹시 걱정이다. 내가 어렸을 때 사람들이 모두 요절을 면하기 어렵다고 했는데, 지금 훌쩍 회갑에 이르도록 죽지 않은 것은 오직 집 밖에서는 평생 여자를 범하지 않았기 때문이다. 그런데 오직 이 음식 절제 한 가지 일은, 아침저녁으로 늘 먹는 밥도 조금만 지나치면 반드시 병이 나니, 어찌하면 좋을지 모르겠다. 육촉肉燭이 거의 다 떨어져서, 돈 한 냥을 이방에게 보내며 사오라고 패자牌子를 만들어 보냈다. 이것을 과연 어떻게 하겠느냐? 이 한 가지 일은 몹시 괴롭다. 나머지는 이만 줄인다.
>
> 1860년 11월 19일 아버지(**6774, 18601119**)

그가 요절할 것이라고 사람들이 생각한 것은 일찍이 21세에 심장병을 심하게 앓은 적이 있었기 때문이었다. 그 밖에도 그는 화증火證, 해수咳嗽, 협담挾痰, 각혈咯血, 외감 外感, 천급喘急, 이질痢疾, 목질目疾, 이통耳痛 등의 질환을 앓았는데, 그중에서도 귓병은 60세 무렵부터 죽을 때까지의 고질이었다.

1854년 아버지 조최순이 죽자 조병덕은 당堂 안의 어른이 되었다. 종조부들이 있었지만 그들은 서출庶出이었다. 계장禊長으로서 종계宗禊의 살림을 살고 당내堂內의 대소사를 챙기는 것도 그의 주요 임무 중 하나였다. 고묘문告墓文이나 축문祝文까지도 일일이 그가 직접 썼다. 한편 아버지의 죽음은 조병덕에게 경제적으로도 하나의 타격이었다. 급할 때 기댈 수 있는 유일한 언덕이 없어진 상황을 그는 아들에게 다음과 같이 썼다.

> 나는 1854년 이후로 양식이 떨어지고 양식 살 돈이 없으면 전적으로 볏섬을 빌려 먹는데, 볏섬 수가 금년에는 작년보다 많고, 작년에는 재작년보다 많고, 재작년에는 삼작년보다 많다. 금년에는 꼭 20여 섬이 되고도 오히려 모자랄까 걱정이니, 내년 사정 또한 알 수 있다. 장차 반드시 살을 베어 배를 채우고, 배는 부르나 살은 다하고, 살이 다하여 죽을 뿐이다. 죽으면 죽었지, 누가 다시 돌아보고 동정이라도 하겠느냐? 양식이 이미 이러하니, 다른 일은 오히려 무슨 말을 하겠느냐. 옛말에 "빈천하여 가진 것이 하나도 없다가 임종 때 '염厭(가난에 진저리가 난다는 의미)'자 한 자를 벗는데, 염자를 벗으면 마치 무거운 짐을 벗는 것과 같다.〔貧賤之人 一無所有 及臨命終時 脫一厭字 如釋重負〕"(『소창유기小窓幽記』)

고 했다. 나의 사망이 얼마 남지 않았으니, 죽는 날이 바로 내가 짐을 벗는 때다. 어찌 서글프지 않겠느냐? 명희明熙가 과거 보러 간다고 하면, 또 3, 40냥이 들 것이니 이것을 장차 어떻게 하면 좋으냐? 문장도 없고, 글씨도 없고, 또 돈도 없고, 게다가 기댈 권세도 없는데, 하필이면 과거에 응시하려 하느냐?(6158)

1859년 무렵 조병덕가의 식구는 가내식구家內食口 25명, 객구客口 최소 2명 그리고 외객外客도 있었다. 그해에 족숙族叔 좌의정 조두순이 방문했을 때, 조두순과 겸상을 한 조병덕의 밥그릇에는 행주를 깨끗이 빨아서 넣고 그 위에 쌀밥을 덮기만 할 정도로 어려웠다고 전한다. 서울에 있는 조카 용희와 아들 장희에게 쓴 편지에 당시의 식량 사정이 자세히 묘사되어 있다.

양식으로 말하면, 보리는 벌써 떨어졌다. 오직 동곡東谷 이자우李子羽에게 꾼 벼 예닐곱 석으로 근근이 연명하는데 이것도 오늘내일 끊어지려 한다. 남원南原이 보낸 돈 중 서너 냥으로 시장에서 피보리[皮牟]를 살 계획이지만, 이것도 몹시 어렵다고 한다. 그밖에 다시는 입을 떼어볼 곳이 없으니, 햇곡을 먹을 때까지 기다리지 못하고 굶어 죽을까 걱정이다. 소자邵子(송宋 소옹邵雍)의 시에 "하늘이 나를 낳고 하늘이 나를 죽이니, 오직 하늘의 말만 들으면 안 되는 일이 어디 있으랴?"고 했는데, 날마다 읊고 생각하는 것은 이 몇 구절뿐이다. 집 사당에 모신 세 분 조상 신위에 망참望參을 행하기는커녕 삭참朔參 다섯 그릇도 마련하기 힘들며, 그밖에 절일의 시식時食도 감히 하나라도 폐하고 행하지 않아서는 안 된다. 보성寶城이 6월 5일(5대조 규빈奎彬의 기일)에 쓸 포脯와 촉燭을 보내지 않아 제사 임박하여 낭패를 보았다. 저에게도 5대조가 되는데 어찌 그리 소홀할 수 있느냐? 분노를 누를 수 없다.

게다가 경상적인 생활비 외에도 양반의 신분과 체면을 유지하는 데 많은 돈이 들었다. 생활비 외의 지출 항목으로는 제사, 장례, 혼인, 여행, 외출, 과거, 통신, 의료 등을 들 수 있는데, 조병덕에게는 이러한 지출이 생활비보다도 더 벅찬 것이었다. 그리하여 빚은 늘어만 갔다. 편지에도 아들에게 빚의 규모에 대하여 쓴 것이 있다.

내 이미 돈 '전錢'자를 편지에 쓰지 않으려 했는데, 지금 어찌 이 결심을 깨뜨릴 수 있겠느냐. 내 죽을 날이 멀지 않아 다시는 재물을 만들 길도 없고 사방 어디에도 도와주는 사람이 없으니, 그저 앉아서 죽음만 기다릴 뿐이다. 오직 이 종계전 200냥과 이자를 올 10월 10일 전까지 반드시 360냥(260냥의 오기로 보인다)을 채우고 난 후라야 비로소 종중宗中의 큰 죄인이 됨을 면할 수 있다. 또 달마다 이자가 붙는 60여 냥 화급전火急錢이 있는데, 8월이나 9월 사이에 구하면 난처함을 면할 수 있으나 역시 옴짝달싹할 수 없다. 나는 늘 이 생각 때문에 밤에도 잠을 이루지 못하며, 내간內間의 부채도 산과 같고 바다와 같아서 지금은 손가락 하나 꼼짝하지 못하고 머리카락 하나 꼼짝할 수 없으며, 동서남북의 빚 독촉이 끊이지 않는 것도 실로 하루하루 큰일이니 어떻게 해야 좋을지 모르겠다. 내간의 빚은 얼마건 남원에게 힘을 쓰라고 하고 싶지 않다. 그러나 종계전 260냥과 화급전 60여 냥 합하여 모두 330여 냥을 만약 나로 하여금 벗어나게 해준다면, 그것은 바로 나를 기사회생시키는 것이지만 차마 편지로는 쓰지 못하겠구나.(6537, 18590709)

1862년 7월 조병덕은 김우증金友曾의 도움으로 집일을 시작했다.

어제 김군소金君素를 통하여 너에게 몇 자 답을 썼다. 성동星洞 오吳 상인喪人이 부고도 보내지 않고 부의賻儀도 받지 않는 이유를 상세히 알았느냐? 이 일은 가볍게 보아 넘겨서는 안 된다. 어이하여 다시는 말이 없느냐? 동림洞林에 보내는 편지는 전했느냐? 안 전했느냐? 네가 이른바 "닭 두 마리가 있다."고 한 것은 임시로 둘러댄 말이지 참말이 아니기 때문이 아니냐? 그 시비가 분명치 않은 것도 이상하다. 지금 바야흐로 집일을 시작하고도 양식 걱정을 한 지 오래되었다. 김석이金錫伊가 산 보리는 열 말이 차지 않더라도 반드시 너희 행랑 하인에게 지워서 김석이와 함께 와야 된다. 옛사람이 '자제가 부형을 모시는 것처럼'이라고 했는데, 너희들이 부모 일을 보는 것은 '살찐 월나라 사람이 앙상한 진나라 사람을 보는 것'과 다름이 없으니, 내가 슬프지 않겠느냐. 정말 이른바 '이웃집 개에게 들리게 해서는 안 되는 것'이다. 상소上疏 문제는 나의 대사大事인데, 잘 상의할 만한 사람이 없다. 감역도 글을 짓기에 부족하니, 무슨 수가 있겠느냐? 내 스스로 취한 바가 아님이 없으니, 오히려 누구를 원망하겠느냐? 이만 줄인다.

1862년 7월 11일 아버지

벼룩과 빈대 때문에 밤새 잠을 이루지 못했다. 급한 곤궁함도 또 구제할 길이 없다. 비록 쓰러지더라도, 장차 공판公判(공주 판관)에게 구걸해야 되느냐? 아니냐? 심란하고 심란하다. 속히 번뇌 없는 곳으로 돌아가 눕고 싶지만, 그것도 쉽지 않다. 염라대왕이 이 목숨을 왜 이리 오래 허용하는지 모르겠다. 만약 김우증이 아니면 어찌 집일을 시작할 수 있었겠느냐? 집일은 하지 않으려 해도 이제는 어쩔 수가 없다. 이것이 무슨 신세냐? 김석이에게는 장부를 하게 해야 된다. 석류황石硫黃도 사야 된다. 김석이에게 그렇게 말해라. 비록 전후로 얼마 안 되는 돈이지만, 어찌 장부가 없어서 되겠느냐? 백자형白子亨에게서 구걸하여 겨우 벼 한 가마니 얻었다. 어찌 가련하고 부끄럽지 않으냐.(6720, 18620711)

집을 짓고 싶지도 않고 지을 형편도 안 되었지만, 집을 하나 마련하지 않을 수 없었다. 고부간의 갈등 때문이었다. 묵은 갈등이 이때 폭발했던 것이다.

네 편지에 이른바 '눌러서 안정시키고 기필코 무사하기를 바란 것'이 어제오늘의 일이 아니다. 일마다 그러하고, 때마다 그러하고, 곳곳에서 그러한 것을, 너희들이 어찌 다 알겠느냐? 오직 네 형수에 대해서는 어찌할 수가 없고도, 또 어찌할 수가 없다. 무엇 때문에 그러는지 모르겠다. 그래서 하는 수 없이 제 하는 대로 내버려둘 뿐이다. 가운家運이 걸린 것이지만 그것을 어찌하겠느냐? 기준의 잔말은 다름이 아니라, 제 어머니가 제집에 오지 않도록 나더러 말리라는 이야기다. 이것 때문에 병 덩어리가 생긴 것은 그만두고라도, 집안일의 어려움이 이보다 심할 수가 없다. '화목한 분위기는 복을 부르고, 사악한 분위기는 재앙을 부른다.〔和氣致祥 乖氣致異〕'는 한漢 유향劉向의 옛말은 반드시 믿을 만한 것이다. 우리 집에 화기和氣 없어진 지가 오래되었다. 그것이 재앙을 부를 것은 뻔하다. 재앙이 반드시 오든 안 오든, 지금 이 모양이 바로 하나의 큰 재앙이다. 독서했다고 하는 자가 수신제가修身齊家를 못 하여 한 집안에 화기 하나 없게 했으니, 정말 불학무식한 상놈보다 못하다. 이것은 선생님의 가르침을 부끄럽게 저버린 것이다. 유자有子가 '사람이 몸을 의탁할 만한 곳이 없으면, 그것은 무슨 팔자인가?'라고 했는데, 내가 바로 이른바 '팔자가 슬프고 처량한 사람'이다. 나에게 첩 명색이라도 있었으면, 그 화는 여기에 그치지 않았을 것이다. 네 어머니 신세 또한 어찌 가련하지 않으냐? 비록 그 성격이 편협하여 걱정이지만, 단지 얕고 좁을 뿐이다. 평소 몹시 미워하던 사람이라도 자기에게 진실로 좋은 말로 호의를 보이면, 즉시 노여움을 풀고 지난날의 원한을 잊는다. 그래서 다른 사람에게 심한 원망을 듣지 않는다. 그러나 이 일에 이르면 크게 참을 수가 없으니, 무슨 수가 있겠느냐? 어떻게 처리해야만 안돈시킬 수 있을지 모르겠다. 나머지는 이만 줄인다.

1861년 7월 16일 아버지

이 편지는 반드시 즉시 태워야 된다.(6233, 18610716)

당초 첫째 부인 소생 명희와 장희는 조병덕의 둘째 부인 덕수 이씨를 어머니로 깍듯이 모시지 않아서 조병덕의 걱정을 여러 번 들은 바 있다. 이씨와 큰며느리, 즉 장남 명희의 처 임씨와의 나이 차이가 불과 8년밖에 나지 않았다. 그리고 며느리 임씨는 안주安州 목사 임익상任翼常의 딸로 친정의 배경으로 볼 때 이씨는 비교될 바가 아니었다. 게다가 임씨는 개인적 돈까지 적잖이 소유하고 있었다.("네 형수 돈을 변통할 길이 있으면,

땅을 팔아 갚기로 하고 먼저 얻어 서울 가는 노자로 써도 안 될 것이 없지만, 변통할 수 없으니 어쩔 수가 없구나. 정말 이른바 꼼짝달싹할 수 없는 것이 평생 처음 있는 일이다."(6208, 18481023)) 이러한 며느리와 성격이 부드럽지 않은 시어머니 사이에 화목한 관계를 기대하기는 어려운 형편이었다. 갈등이 폭발한 것은 1861년 여름이었다. 그리고 불편한 관계가 1년쯤 지속되었다. 이씨는 며느리를 피하여 자기 소생 성희聖熙의 집에 자꾸 가 있으려고 했다.

청교에 즉시 전한다.

별고 없느냐? 나는 흙 방바닥에 도배지가 없어서 빈대와 벼룩이 기승을 부려 밤새 편히 눕지 못했고, 성희는 차가운 마루에서 잤다. 나이 예순 셋에 무슨 액운이 있어 한 몸 안돈할 곳도 없이 이 지경에 이르렀느냐? 삼연三淵(김창흡)의 시에 "관을 덮은 후에도 알기 어려운 일 있으니/ 자식이 출세하고 손자가 많은데도 무덤이 파헤쳐 옮겨지네/ 살아서 화려한 집에 오래 편안하더니/ 죽어서 정처 없이 떠도니 어찌 슬프지 않은가"라고 했는데, 이것은 풍수설에 미혹되어 그 아버지와 할아버지를 천장遷葬하느라 백골白骨을 편하게 두지 않는 사람들을 경계하여 지은 시일 것이다. 이제 네 형은 참봉이 되었고 너는 진사가 되었고 네 아우는 분가를 했으니, 겉으로 보는 사람들은 내가 아들이 많고 팔자가 좋다고 생각할 것이다. 그러나 사실, 정착할 곳 없는 내 신세는 죽어서 정처 없이 떠도는 백골보다 심하다. 그제와 어제 겪은 것은 정말 이른바 사람을 크게 부끄럽게 하는 일이다. 장차 내가 어떻게 처신해야 하느냐? 그런데도 너희 형제는 과연 침식이 편하냐?

1862년 6월 6일 아버지

> 작년 여름 너는 네 형수 본심을 모르고 네 어머니를 집에 돌아가게 했다가, 오늘의 곤경을 초래했다. 그리고 한집안이 모두 속았으나, 무슨 수가 있겠느냐? 너는 모름지기 내가 편히 거처할 수 있는 방법을 깊이 생각하여 알려라. 용곡龍谷 가는 편지 보낸다.(6397, 18620606)

결국 조병덕은 장남과 함께 살기를 포기하고 새로 집을 지을 수밖에 없었다.

며느리들 가운데 조병덕이 말년에 가장 가련하게 여겨 마음에서 지우지 못한 것이 셋째였다. 그녀는 추사秋史 김정희金正喜의 양자 김상무金相懋의 딸로 태어나 경제적으로 무능한 남편에게 시집와서 갖은 고생을 했다. 게다가 그녀는 병약하기까지 하여 1859년 초부터는 크게 앓기 시작했다. 조병덕은 의약을 쓸 형편이 되지 않아 메밀 삶은 물만 먹이다가, "차라리 본가에서 데려갔으면 좋겠다."고 했다.

> 희제憙弟가 금명간 서울에 입성할 것 같은데, 날씨가 작년 겨울보다 춥고 그가 먼 길에 초행이기 때문에, 걱정이 많이 된다. 그 편으로 부친 편지는 이 편지에 앞서 보았을 것이다. 요즘 별고 없느냐? 과장科場 출입은 과연 어떻게 하느냐? 벽동碧洞, 재동齋洞, 장동壯洞, 풍계楓溪 여러 곳은 모두 평안하시냐? 이곳은 여전히 그럭저럭 지내나, 기준의 처는 그제부터 크게 아프다. 감기 같으나, 의원도 없고 약도 없어 단지 메밀 삶은 물로 화해시킬 뿐이다. 그러나 자주 병이 나서 몹시 걱정이다. 그 본가에서 데려가도 무방하다. 가난이 나만 한 사람이 없고, 걱정이 나만 한 사람이 없다. 병이 났으나 약은 없는데, 세상사는 즐거움이 어디 있

겠느냐? 한번 웃음에 부치고 말아야 되느냐? 나는 체설滯泄에다 이풍耳風으로 여전할 뿐이다. 2월 초열흘 제사에 또 참례하지 못했다. 살아도 죽은 것만 못하다. 돈 두 냥 여기 미리 보낸다. 반드시 산적 고기 값으로 쓰도록 때맞추어 보내라. 서포西浦 사람이 보성寶城이 할봉관割封官(과거 응시자의 성명 등을 써서 봉한 봉미를 뜯는 관원)이 된 덕택에 합격했으나, 어찌 반드시 그렇게 되겠느냐? '만사는 모두 운명이니, 마음을 쓸 필요는 없다.'는 이 말을 항상 염두에 두는 것이 좋다. 돌아가신 아버지 생신에 또 성묘하지 못했고, 네 형이 어제 산소에 가서 성묘하고 그 길로 은적동銀積洞 관희觀熙 집에 갔다가 이제야 돌아왔는데, 차동次洞에 들렀다가 "권돈인權敦仁이 이유원李裕元의 논박을 당하고 견책되었다."고 들었다는데, 과연 그러하냐? 이조참판은 아직 교체되지 않았느냐? 첨정僉正이 수령 되는 것이 늦어 걱정이다. 이달 27일 소삼계小三溪 사람들과 나라의 경사에 기쁨을 표하는 잔치를 열고 싶으나, 동네가 모두 심히 가난하여 모양이 나지 않으니 무슨 수가 있겠느냐? 9일에는 본관이 만나러 와서, 당堂을 내려가 문 밖에서 맞아들여 '내가 아직 감영의 죄인 신세를 면치 못해서 감히 세의歲儀를 받을 수 없다.'는 뜻을 조용히 알렸다. 네 형과 네 아우는 안에 있으면서 나와서 만나지 않았다. 홍산가鴻山家는 희제憙弟가 떠난 후 김석이金錫伊에게 와서 머물며 "그믐께 혹 상경할지도 모른다."고 하더니, "우연히 서울 간다."고 하더라는 백성오白聲五의 말을 전해 듣고, 잠시 쓰고 이만 줄인다. 나는 이제 꼭 예순이다. 옛사람이 이른바 '예순에 죽기를 어찌 바라리오.'라고 한 나이인데, 오직 바르게 죽기를 원한다. 달리 무엇을 구하겠느냐? 생사와 화복도 내 마음을 움직이지 못한다. 오직 군자로서 죄를 얻을까 두려울 뿐이다. 너희들은 그것을 아느냐?

1859년 정월 19일 아버지

『방외소책方外疏冊』(지방의 상소문을 모은 책)을 함께 부친다. 베끼지 못하여 아쉽지만, 베꼈어도 잘 되지 않았을 것이다.(7710, 18590119)

1865년 결국 그녀는 남편과 함께 친정이 있는 예산의 용산龍山으로 돌아갔다. 인편이 있을 때 조병덕은 그녀에게 편지를 쓰기도 했다. 만년에 쓴 다음의 편지를 보면 그의 마음을 잘 알 수 있다.

기준起俊 처가 예산에 간 지 벌써 3년이 되었다. 이것 또한 꼴이 아니고 체면이 아니라, 마음에서 지울 수 없다. 이 점은 제쳐두고라도, 저를 위하여 슬프고 가련하여 차마 잊을 수 없으며, 어찌해야 좋을지 모르겠다. 그 여식이 또 요절한 것 또한 어찌 처참한 일이 아니냐? 나의 운명이 기구하기 때문이 아님이 없다.(6746, 18680401)

집을 지은 후 조병덕은 장남과 따로 살게 되었다. 그 무렵부터 그의 처 이씨는 몸져누워 있는 날이 많았다. 그때는 옆에 사는 셋째 성희의 처가 와서 시아버지 시중과 시어머니 간호를 했다.

청교에 즉시 전한다.

별고 없느냐? 덕술悳述 모자와 딸은 모두 무사하냐? 나는 어제와 다름없으며, 너희 어머니 병에는 방금 나羅 노인 약을 썼으나 효험은 아직 알 수 없다. 내 망건은 산 지 오래되었으나, 아직 꾸미지 않았다. 여기 만옥萬玉으로 하여금 여러 도구를 사서 너희 집에 갖다 주게 하니, 네 딸로 하여금 꾸미게 하는 것이 좋겠다. 기준起俊의 처가 아래위 집을 왕래하며 시아버지 밥 수발과 시어머니 병구완에 힘이 들어 전혀 틈이 없어서, 시킬 수가 없기 때문이다. 너는 기분이 나빠 올 수 없느냐? 나머지는 이만 줄인다.

1862년 12월 21 아버지

망건건져른꾸미개, 망건웃당줄아래당술 값은 이미 줬다. 망건 꾸며 온 후 낡은 망건에 달린 것을 옮겨 달 생각이다. 우선 돈 한 푼으로 뿔관자를 사서 달게 해도 무방하다.(7773, 18621221)

그러다가 이씨의 병이 더욱 악화된 것은 1863년 8월 무렵이었다. 그녀는 무남독녀로 남의 둘째 부인으로 시집을 와서 아들을 둘 낳았다. 친정의 배경이 없는 것과 친정에 후계가 없는 것이 그녀에게 부담이자 고민이었다. 게다가 자기 소생의 막내 충희가 혼기가 되었지만 돈이 없어 결혼은 생각도 못하고 있었다. 자기 생전에 충희를 결혼시키지 않으면 안 된다는 생각 때문에 이씨는 가슴을 앓고 있었고, 그 때문에 병은 더욱 악화되었다. 보다 못한 조병덕은 충희의 결혼 비용을 조두순에게 구걸할 생각까지 하게 되었다. 아내가 죽기 9일 전에 쓴 편지는 아내 병구완하는 그의 모습을 잘 보여준다.

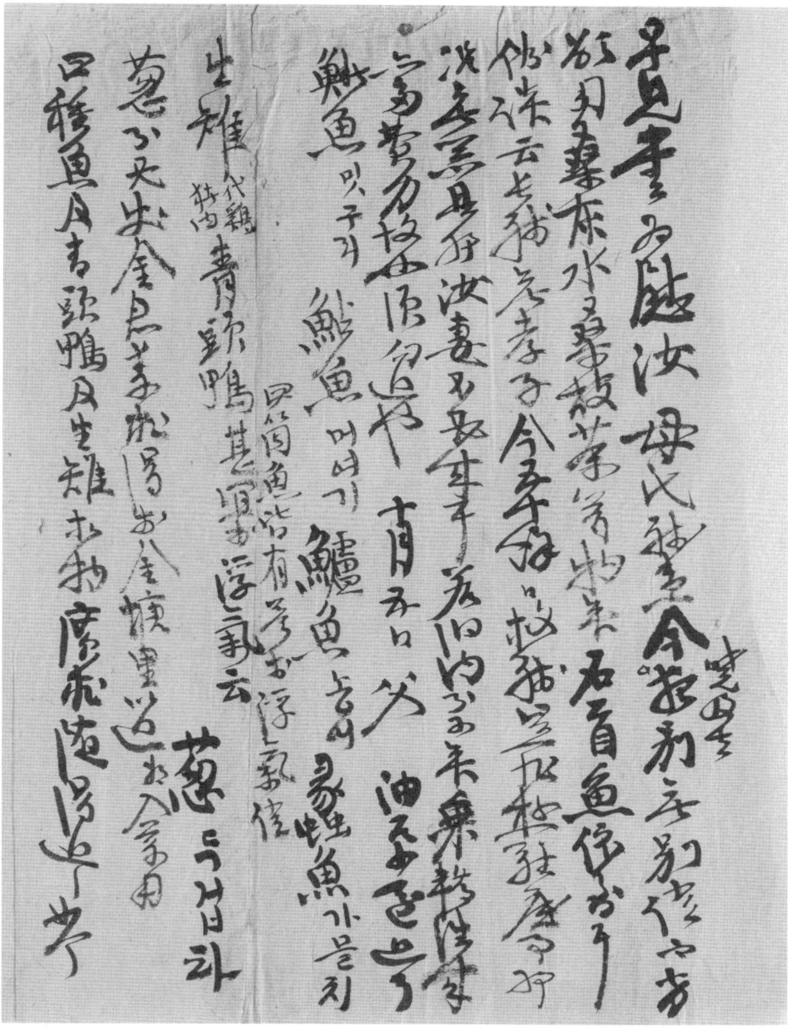

早見書爲慰 汝母氏病患 今曉及去夜 別無別證 而方欲用桑灰水桑枝茶等物矣 石首魚依到耳 俗談云 長病無孝子 今五十餘日救病 豈非極難底事耶 況無器具耶 汝妻不必來耳 若洞內則可矣 乘轎往來 亦多費力故也 須勿送也

十月五日 父

油紙還送耳

鰍魚밋구리 鮎魚머여기 鱸魚농어 鰲魚가믈치 四箇魚 皆有益於浮氣證

生雉【代鷄猪肉】靑頭鴨甚宜於浮氣云

葱두겁파 葱則必使金君素 求得於金塘里以送【將入藥用】

四種魚 及靑頭鴨 及生雉等物 廣求 隨得送之 如何

일찍 네 편지를 보니 위로가 된다. 네 어머니 병환은 오늘 새벽과 어젯밤에는 달리 특별한 증세가 없다. 지금 상회수桑灰水(뽕나무 잿물)와 상지차桑枝茶(뽕나무 가지 차) 등을 쓰려 한다. 조기는 잘 받았다. 속담에 '오랜 병에 효자 없다.'고 했듯이, 지금까지 50여 일 병구완이 어찌 지극히 어려운 일이 아니겠느냐. 게다가 가마도 없음에랴. 네 처는 올 필요 없다. 동네 사람이 해도 될 것이다. 가마를 타고 왕래하는 것은 낭비가 많기 때문이다.

(1863년) 10월 5일 아버지

유지油紙는 돌려보낸다.

밋구리(미꾸라지), 머여기(메기), 농어, 가믈치(가물치), 이 네 가지 물고기는 모두 부기증浮氣證에 좋다.

생치生雉【닭고기와 돼지고기 대신】 청두압靑頭鴨(청둥오리) 이 둘은 부기에 아주 좋다고 한다.

葱두겁파(굵은 파), 파는 김군소金君素를 시켜 금당리金糖里에서 구해 보내라. 약에 넣을 것이다.

네 가지 물고기와 청두압과 생치 등은 널리 구해서 얻는 대로 보내라.(7072, 18631005)

조병덕이 평생 꾸준히 노력하여 마지않았던 것이 독서와 강학講學이었다. 그는 동시대인들이 학문에서 점점 멀어지는 것을 보고 사문斯文(크게는 유학을 말하고 작게는 자기 학파가 전해온 유학을 말한다)이 단절될까 걱정했다. 그리하여 특히 '문종文種', 즉 '글종자'를 많이 양성하여 사문을 이어야 한다고 생각했다. 그는 자신이 거처하는 소학실에서 인근의 아동들이나 멀리서 책 상자를 지고 와서 배움을 청하는 사람들을 가르쳤다. 멀리 함경도 홍원洪原에서 오는 사람도 있었다. 소학실에는 많은 책을 비치하여 학생들에게 읽게 하고 빌려주기도 했다.

그러나 강학을 통하여 글종자를 기르는 것이 쉽지 않았다. 바로 경제적인 어려움 때문이었다. 조병덕에게 강학이 목적이라면 경제는 수단이었다. 그런데 양자는 서로 모순관계에 있었다. 자신이 학문을 하게 된 계기가 되었던 것이 『소학』이었고, 공부방의 이름을 소학실이라고 하여 『소학』을 그렇게도 중시했던 조병덕이었다. 그런데 다음 편지를 보면, 경제적 어려움 때문에 수단과 목적이 전도된 모습을 발견할 수 있다.

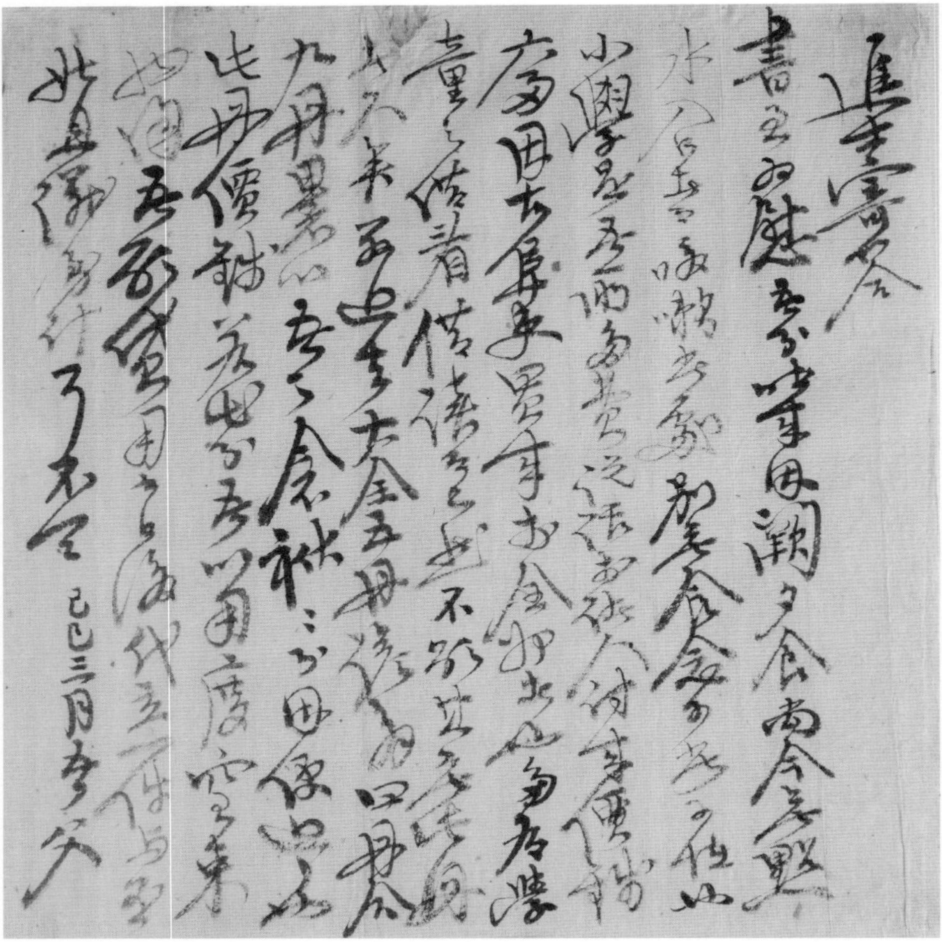

己巳三月

進士寄答

書至 爲慰 吾則昨來因闕夕食 尙今無點水入口者 而咳嗽苦劇 別無食念 可苦可愧也 小學 是吾所多費說話於諸人 討來價錢六兩 因古阜吏買來於全州者也 多有學童之借看借讀而已 然不欲其無此冊者久矣 玆送去大全五冊諺解四冊合九冊 裹以吾之衾袱 袱則因便送之也 此冊價錢若出 則吾以用度窘束 納悶吾欲貸用 而日後代立一件與否 姑且議到計耳 不一一

己巳三月五日 父

진사에게 부치는 답장

편지 와서 위로가 된다. 나는 어제 이후로 계속 저녁도 거르고 여태 물 한 방울 입에 넣지 않았다. 기침이 몹시 심하고 음식 생각이 별로 없으니, 괴롭고도 이상한 일이다. 『소학小學』은 여러 사람에게 말품을 많이 팔아 얻어낸 돈 6냥으로 고부古阜 아전을 통하여 전주에서 사 온 것이다. 학동들이 많이 빌려 보고 빌려 읽을 뿐이지만, 이 책은 없어서는 안 된다고 생각한 지 오래되었다. 여기 『소학대전小學大全』 5책과 『소학언해小學諺解』 4책 도합 9책을 내 이불보에 싸서 보내니, 이불보는 인편으로 보내라. 이 책값이 나오면 내가 그 돈을 쓰고, 번민을 잊기 위해서는 책을 빌려 볼 생각이다. 차후에 이 책 대신 한 건을 마련할지는 의논해 볼 생각이다. 이만 줄인다.

1869년 3월 5일 아버지(7543, 18690305)

생활고 때문에 책을 파는 이야기를 쓰고 있는데, 그렇게 아끼던 『소학』 책을 파는 것을 볼 수 있다.

강학이 학생들을 일방적으로 가르치는 것이라면, 강회는 주제를 두고 서로 토론하는 방식을 취했다.

이번 강회講會는 불시에 열었기 때문에 제생諸生이 그리 많지 않으나, 홍산鴻山 현감은 기어이 와서 참석하려고 윤 참봉과 김은경金殷卿에게 신신 당부하기에, 서원에서 통기하여 그도 왔다. 윤 참봉은 상복을 입었고 장례식 전이기 때문에 강장講長을 하지 않으려 해서 홍산 현감에게 강장을 넘겼더니, 홍산 현감은 강회 때에 더욱 신이 나서 '가을에 반드시 한 번 더 열자.'고 했다. 그 사람이 털털한 호인이어서 심심하지 않아 다행이었다.

강회는 조용하고 경치가 좋은 중대사中臺寺(조병덕이 가끔 강회를 열거나 머문 절. 그 승려가 조병덕에게 왕래하고 조장희가 거기서 과거공부를 하겠다고 한 것으로 보아 조병덕가의 원찰이거나 관계가 깊은 절이었던 것으로 보인다. 보령시 미산면 아미산에 있다)와 도해각蹈海閣(삼학사三學士를 모신 부여 창렬사彰烈祠에 있는 전각) 같은 곳에서 삼사 일간 열렸는데, 멀리 영남의 학자들까지 참석했다.

진사 보아라.

어제 용곡龍谷 종씨가 돌아갈 때 바빠서 미처 편지를 쓰지 못했다. 그간 별일 없느냐? 나는 해수咳嗽로 몹시 괴로운 데다 또 체설滯泄이 나서 지탱하기 어렵다. 서울에서 전인을 통하여 선사先師 묘문墓文을 내게 보내고치라고 하는데, 고칠 곳이 많아 괴로움과 걱정이 전보다 심하다. 내일이나 모레 보내지 않으면 안 되는데. 나 대신 정서할 사람이 없다. 용곡 종씨에게 간곡히 부탁했으나 심히 난색을 보이더라. 설령 허락한다고 해도 종씨는 내일 돌아오니, 백중습白仲習은 만사 제쳐두고 여기 와서 내가 이 일 마무리하는 것을 돕지 않으면 안 된다. 반드시 권하여 보내라. 신 참판(신응조)이 삭제하라고 찌를 붙인 곳이 많은데, 그것을 그대로 따른다 해도, 그 밖에 고칠 곳들은 공정하기가 지극히 어렵다. 게다가 신병으로 현기증이 나고 정신이 부족함에랴. 이만 줄인다.

16일 아버지

홍洪 시흥始興 (홍일순)의 행장行狀도 이번 인편에 독촉했으나, 그것은 감히 생각도 못한다. 17일 도해각蹈海閣에서 강회를 열려고 했으나, 전인을 보내 취소했다. 서울은 소와騷訛(소요와 유언비어)가 대단하다고 한다. 종씨가 오건 안 오건 물을 필요는 없지만, 중습은 반드시 와서 나를 도와야 한다. 경옥고瓊玉膏 한 단지를 보낸 것은 지금 거의 반이 남았으나, 맛이 내 입에 심히 맞지 않아 먹을 때마다 체하고 그 때문에 체설이 난다. 어제부터 먹지 않고 그냥 두었다.[7048 1860년 무렵]

1863년 10월 14일 이씨는 세상을 떠나고, 조병덕은 홀아비가 되어 큰아들 집과 작은아들 집을 오가며 생활했다. 때때로 동산리東山里 연당蓮堂에 기거하거나 중대사에 머무르기도 했다. 아들 장준이 가서 공부하고 있는 홍산 좌촌 녹간서당鹿澗書堂의 친구 윤필현尹弼鉉에게 쓴 편지에 자신의 처지를 다음과 같이 쓰고 있다.

초이틀에 주신 답장으로 위로와 감사가 지금도 여전합니다. 5월 더위와 보리 수확에 안부가 어떠하신지요? 저는 어느덧 동가식서가숙東家食西家宿을 해도 아무렇지 않은 사람이 되었습니다. 처량한 신세를 또 무엇으로 말하겠습니까? 겉으로 보면 큰아들과 둘째 아들 집을 돌아가며 거처하는 것이 팔자가 좋은 것처럼 보일 것입니다. 다만, 육가陸賈처럼 재산을 나누어 주지 못하고(한나라 육가가 한漢 고조高祖의 명을 받고 남월왕南越王 위타尉佗에게 사신 갔다가 위타로부터 천금千金을 받아, 그것을 만년에 다섯 아들에게 이백금二百金씩 나누어주었다는 고사(『몽구蒙求』「육가분탁陸賈分橐」)) 단지 음식과 의복만 두 아이에게서 토색질하니, 정말 이른바 '남의 아비된 것이 부끄러운 것'입니다. 그리고 모두 양식 걱정을 면치 못하는 형편이라 더욱 심란하지만, 단지 그대로 두고 볼밖에 무슨 수가 있겠습니까?(7416, 18640505)

아들 집을 돌아가며 기식하는 것이 겉으로 보기에는 팔자가 좋은 것 같지만 물려준 재산이 별로 없었던 그로서는 마음에 부담이 가는 일이었다. 그 무렵 그가 친구들에게 보낸 편지봉투에는 자신을 '동서객東西客'이라고 썼다. '동가식서가숙東家食西家宿하며 떠도는 나그네'라는 의미로 자신을 자조적으로 지칭한 말일 것이다.

조병덕은 국왕이 여러 차례 벼슬을 주며 불렀으나, 한 번도 나간 적은 없었다. 신응조申應朝는 조병덕의 행장에서 다음과 같이 말한다.

공은 자신의 묘지에 벼슬은 쓰지 말고 '징사숙재徵士肅齋'라고만 쓰라고 유언했다. 징사는 임금이 벼슬을 주며 불러도 나가지 않은 학자를 말한다. 숙재肅齋라는 호는 노주 선생이 지으신 것이다. 이것으로 공의 뜻을 알 수 있다.

조병덕이 편지에 간혹 사용한 관용구가 세 개 있다. 가장 많이 사용한 것은 "손에 동전 한 푼 없어 꼼짝달싹 못한다[手無尺銅 措手足不得]."인데, 이 말은 자신의 경제적 곤궁을 나타낸 것이다. 그리고 "만사는 사람의 계산대로 되지 않고, 일생은 모두 운명이 안배해놓은 것이다.〔萬事不如人計較 一生都是命安排〕"(이 두 구절은 육방옹의 시다. 내가 평생 암송하며 생각한 것이다.〔二句乃陸放翁詩也 吾所誦念於平生者也〕(6142, 18600618))라고 한 것은 잘 풀리지 않는 자신의 인생을 운명으로 미룬 것이다. 또 "인간 만사에 좋은 자손만 한 게 없다.〔人間萬事 莫如有好子孫〕"(이 구절은 동춘당 송준길이 말한 것인데, 조병덕이 소과에 급제한 차남 장희의 이름이 올라 있는 『사마방목』에 써두었다)고 한 것은 넷이나 되는 자식에 대한 기대와 실망을 표현한 말이다.

이계성李季成의 비부婢夫 완이完伊 편으로 보낸 편지는 보름께 전해졌을 것 같다. 13일 갑자기 전월 22일 죽곡竹谷 편으로 보낸 편지를 받아보았다. 어제 또 이달 5일 편지를 기성夔成이 와서 전했는데, 여관汝寬 편 편지 후에 보낸 것이다. 너희 형제 모두 큰 탈이 없음을 자세히 아니, 매우 기쁘다. 기준은 나아간다니 더욱 다행이다. 사우당四友堂 후손이 그 조상을 위하여 이러쿵저러쿵하는 것은, 이후로는 나는 간섭하고 싶지 않으니 감역과 너희들도 반드시 간섭하지 마라. 어떻게 결말이 나는지는 세상 사람의 공론에 맡길 뿐이다. 설사 시비가 뒤집힌다고 해도 가타부타하고 싶지 않다. 이 말을 감역에게 전해라. 합천은 작은어머니 생신 후 떠날 것 같은데, 영백嶺伯(경상도관찰사)은 이미 출발했으며 위장衛將도 따라갔느냐? 나는 큰 탈은 없으나, 괴질로 소란스런 이야기가 난리보다 심한데, 괴질은 이미 판교板橋, 갈치葛峙, 판사동判事洞에 이르러 사망이 끊이지 않는다고 한다. 위급하지만 가만히 운명을 기다릴 뿐, 무슨 수가 있겠느냐? 박朴 사과司果 집 『서흥공유고瑞興公遺稿』(근재 박윤원의 아들 박종여朴宗輿의 문집)을 교감하는 일은 속히 마무리하여 보내야 하지만, 그 묘지는 내 아버지 묘지와 힘을 합하여 지석을 구울 계획이니 유념해야 한다. 그러나 돌아가신 매산梅山 선생 묘지는 아직 쓰지 못해 홍애洪哀(홍일순)의 독촉을 여러 번 받으니, 얼굴이 두껍고 등에 땀이 나 몸 둘 바를 모르겠다. 홍종서洪鐘序 대감에게 조문편지 써 보낼 때 감역에게는 위문편지를 잊고 하지 못했다. 이것이 무슨 정신이며, 이것이 무슨 꼴이냐? 만사를 모두 혼자서 처리하자니, 그렇다. 보은의 최목最目(인사고과)은 과연 좋으며, 충주는 거수居水(인사고과에서 최하등급을 받는 것)며, 남원은 혹 다른 자리로 옮길 수 있느냐? 이번 그 종숙모 상부의와 작고한 금산錦山의 위문에 반드시 적잖은 돈이 들어갔을 것이다. 나에게는 윤삼월 이후로 요전料錢도 보내지 않으니, 환수還收(자신의 급료에서 얼마씩 보내라고 아전에게 지시해놓았던 것을 도로 철회한 것을 말한다)해서 그런 것이 아니겠느냐? 동전 한 푼 없어 꼼짝달싹 못한들 무슨 수가 있겠느냐? 광주光州 사는 박이휴朴頤休가 사암思庵 문충공文忠公(박순)의 부조지전不祧之典 일로 주사主祀를 정하는 것 등을 물었으나, 예서禮書를 훑어봐도 참고할 만한 것이 전혀 없으니, 누가 억지로 근거 없는 글을 지어 예가禮家의 죄인이 되겠느냐? 박생朴生이 베껴온 『통전通典』과 『통고通考』의 여러 설은 모두 인용할 수 있는 명확한 증거가 될 수 없으니, 무슨 수가 있겠느냐? 호서우도湖西右道 소과(생원진사시) 초시 문제는 모두 그들이 하는 대로 맡기는 것이 낫다. 관찰사가 만약 집과 수를 분배하면(과거 합격자를 '어느 집에 몇 명' 식으로 분배한다는 뜻으로, 19세기의 공공연한 부정행위였다), 너희들도 그 안에 들어가면 된다. 그렇지 않으면 입을 열어 부탁할 필요는 없다. 가령 향시鄕試에 응시하는 문제는, 네 형이 응시하든 안 하든 너와 기준은 향시에 응시해서는 안 된다. 내가 너희들에게 해줄 수 있는 말은 이것뿐이다. 나머지는 알 바가 아니다. "만사는 사람의 계산대로 되지 않고, 일생은 모두 운명이 안배해놓은 것이다.〔萬事不由人計較 一生都是命安排〕"라는 두 구절은 육방옹陸放翁(宋 陸游)의 시다. 내가 평생 외며 음미하는 것이다. 하필이면 마음을 쓰고 걱정을 하겠느냐? 속담에 이른바 '수인사대천명修人事待天命'도 역시 도리가 있는 말이라고 할 수 있다. 한시라도 빨리 진댁眞宅(무덤)에 돌아가 누워 걱정과 즐거움 모두 잊어버리면 좋겠다. 예술禮述 문제는, 감역은 정단呈單해서는 안 된다고 운운하지만, 진사 집에서 그 아이를 가을에 내려 보내지 않으면 내가 상경해서 데려오든지, 아니면 네 형 내외가 상경하여 진사와 한 마을에 살든지, 그도 아니면 진사와 그 처가 하향하면 내가 거처를 다른 데로 옮기고 네 형 부부와 진사 내외를 동거하게 하는 것이 좋을 것 같다. 그러나 네 형이 다시 아들을 낳지 못하면 『대전통편大典通編』의 예에 따라 양자를 파기하는 것밖에는 다른 길이 없다. 내가 이 문제를 잘 처리해야 큰 수치를 면하고 집안을 망하지 않게 할 수 있다. 천 번 만 번 헤아리고 생각하여 꺼낸 말이다. 너는 그것을 알아라. 네 형과 형수 마음은 나는 모른다. 그러니 어찌 인륜의 큰 변괴가 아니겠느냐. 슬프다! 나는 어이하여 늘 인륜의 변괴와 난처한 일만 당하는가? 그 또한 운명일진저! 그 또한 운명일진저! 전편轉便(두 단계 이상 거치는 인편. 대개 이런 경우는 중요한 사연은 쓰지 않았다)으로 보내는 편지인데도, 붓을 들자 저절로 이런 말이 나오니 걱정스럽기 그지없다. 동춘당同春堂이 "인간 만사에 좋은 자손이 있는 것만 같은 것은 없다.〔人間萬事 不如有好子孫〕"고 했고, 또 "사람의 집에 좋은 자손이 없으면 만사는 모두 헛일이다."라고 했다. 우리 집 일을 단적으로 알 수 있는 말이다. 장준壯俊은 장난만 일삼고 공부는 전혀 하지 않으니, 이 또한 가운이다. 무슨 수가 있겠느냐? 나머지는 이만 줄인다. 금산錦山(조두순의 아들)의 상은 슬프다. 곧 교동에 위문편지를 보낼 생각이다.

1860년 6월 18일 아버지

광주光州 읍내 30리 소촌 손마리. 광주 손마리, 자는 군양君養인 생원 박이휴朴頤休에게 편지를 써서 반드시 피봉을 잘 만들어 잘 보내라. 소위 경주인京主人이라고 하는 광주 저리邸吏 집에 엄히 훈계하여 편지를 전하고, 반드시 답장을 받게 해라. 감역과 상의하는 것이 좋겠다. 반드시 허술하게 하지 마라. '은대직중후서銀臺直中候書', 혹은 '직중후서直中候書'라고 쓰고 도장을 찍어 보내는 것도 하나의 예다.(6142)

세속적으로 볼 때 그의 인생은 결코 성공적이었다고 볼 수는 없다. 그는 자신의 화상찬畵像讚을 다음과 같이 썼다.

三家邨裏生員號 자그마한 마을에 생원*이라 불리고

一卷書中學究情 한 권 책 속에 학구적인 열정

이 말은 내가 평생 스스로 기약한 것으로, 화상찬이다.

1852년 동짓달에 쓰다.(7150, 18521100)

* 당시에는 생원시에 합격하지 않아도 독서하는 사람이면 생원이라 불렀다.

2장

일상공간으로서의 삼계리와 청석교

산으로 둘러싸인 호리병 같은 삼계리에 은둔한 아버지 조병덕, 수많은 사람이 붐비는 시장이 있어 도회지 같은 청석교에서 세속적인 삶을 사는 아들 조장희, 불과 십리 거리를 사이에 두고 두 사람은 극히 대조적인 삶을 살았다. 그리고 이 두 사람을 이어준 것이 바로 편지였다. 아들이 적당한 거리를 유지하고 싶었다면, 아버지는 아들에게 다가가고 싶었다. 적당한 공간적 분리와 편지를 통한 소통, 그것이 이상적인 타협점이었다.

호리병 속 아버지

삼계리와 조병덕

몇 달 소식 막혀 늘 궁금했으나
인편을 구할 길이 없고 전팽專伻도 보내기 어려워
내내 걱정만 하다가, 어제 유산鍮山에 도착하여
갑자기 네가 쓴 편지 보니 기쁘기 그지없다.
삼계가 세상과 동떨어진 것이
아주 심함을 비로소 알았다.
그리고 객지에서 잘 지냄을 아니,
더욱 마음이 후련하다.

삼계리는 현재 행정구역으로는 충남 보령시保寧市 미산면嵋山面에 속하고, 조병덕이 살았던 때에는 남포현藍浦縣 심전면深田面에 속했다. 삼계리는 넓은 의미로 쓰일 때가 있고 좁은 의미로 쓰일 때가 있다. 미산면 남부에 남북 길이가 4~5킬로미터쯤 되는 긴 분지가 있는데, 이 분지 전체를 삼계리라 부르기도 했다. 그리고 좁은 의미로는 그 분지 안에 있던 일곱 리, 즉 심동리深洞里, 태봉리胎峯里, 농소리農所里, 삼계리三溪里, 내기리內基里, 동산리東山里, 신풍리新豊里 가운데 하나의 '리里'인 삼계리를 가리키기도 했다. 조병덕은 삼계리라는 고유명사를 주로 넓은 의미, 즉 분지 전체를 가리키는 것으로 사용했다.

삼계리는 사방이 산으로 둘러싸인 분지다. 낮아야 200미터 높아도 400미터 정도의 야트막한 새앙산, 양암산, 옥녀봉, 매봉, 장태봉, 태봉, 주걱봉, 동달산 등으로 이어진 능선에 싸여, 삼계리는 하나의 별천지를 이루고 있다. 단 한 곳 북쪽에 아주 좁게 터진 곳이 있어 분지 가운데를 흐르는 내에 물길을 터주고 있는데, 이곳을 '좁은목'이라고 한다. 삼계리를 호리병에 비유한다면, 좁은목은 그 목에 해당하는 셈이다. 내와 나란히 분지를 좌우로 가르며 길게 누워 있는 것이 경작지이고, 경작지 좌우로 약간 높은 지대의 골짜기마다 마을이 들어차 있다. 삼계리는 산으로 둘러싸여 있기 때문에 19세기에는 외부에서 접근하기가 쉽지 않았을 뿐 아니라, 외부로 나가는 것도 쉽지 않았다. 바깥 세계와 격리되어 있어서, 바로 조병덕이 말한 "조경모독朝耕暮讀 고사궁산枯死窮山"(예전에 선사先師 노주와 매산의 가르침을 들었는데, 모두 '아침에 밭 갈고 저녁에 독서하며 궁벽한 산골에서 말라 죽는 것'을 안신입명의 첫째 의미라고 생각했다.[昔聞先師老洲吳文元公梅山洪祭酒之誨 皆以朝耕暮讀枯死窮山 爲安身立命之第一義](6093, 18580516))의 '궁산窮山'에 해당하는 곳이었다. 지금도 삼계리는 한갓진 시골로 남아 있다.

삼계리와 바깥 세계 사이의 교통에는 재가 이용되었다. 남쪽에 있는 고개가 갈현葛峴(가로고개)인데, 심동리深洞里에서 서천군 판교면으로 통하며 판교장을 보러 다니는 길이었다. 갈현 서북쪽에 있는 간치艮峙(간재)는 주산珠山과 비인庇仁으로 통하는데, 재 밑에 간치장이 있었고 조병덕의 아들 조장희가 살았던 청석교靑石橋가 간치장 옆에 있었다. 간치장은 삼계리에서 십여 리밖에 되지 않아 삼계리에서는 가장 가까운 바깥 세계이기도 했다. 간치 북쪽의 판수굴재는 장고개라고도 하는데, 간치장을 보러 다니던 길이었음을 알 수 있다. 판수굴재 북쪽의 용우리고개는 바람재라고도 했는데, 곰재를 넘어 웅천과 무창포로 통했다. 평지 통로로는 유일한 좁은목을 나가서 오른쪽에 처음 나오는 골짜기를 따라 들어가면 봉성리鳳城里가 나오는데, 조치鳥峙라고도 했다. 조치는 아버지 최순의 묘가 있어, 조병덕이 자주 찾던 곳이다. 조치를 넘고 아홉사리고개를 넘으면 홍산鴻山과 부여扶餘로 통했는데, 1840년대에 유산鍮山에 살던 아버지를 뵈러 갈 때 조병덕은 이 길을 자주 이용했다. 골짜기로 들어가지 않고 십여 리쯤 더 가면, 조병덕의 첫 무덤이 있던 도화담桃花潭이 나온다. 도화담에서 길은 좌우 두 갈래로 갈라지는데, 왼쪽으로 가면 성주사지聖住寺址로 들어가거나 바래기고개를 넘어서 대천大川으로 나가고, 오른쪽으로 가면 부여나 청양으로 나갈 수 있다. 좁은목에서 도화담에 이르던 옛날 길은 1998년 완공된 보령호保寧湖 속에 잠겼다.

양주 조씨가 보령 지역과 인연을 갖게 된 것은 조존성趙存性이 사패지賜牌地를 오천烏川에 받으면서부터였다. 조존성의 둘째 아들 조창원趙

昌遠의 지석誌石이 오천에서 발견되기도 했다. 그리고 조창원의 아우 조계원趙啓遠은 현종 3년 형조판서가 되자 은퇴하여 보령 탑동에 살았는데, 그는 조병덕의 8대조였다.

양주 조씨가 삼계리와 직접적인 인연을 갖게 된 것은 조병덕의 5대조 조규빈趙奎彬에 이르러서였다. 조규빈은 은퇴 후 삼계리에 살았을 뿐 아니라 양주 조씨로서는 처음으로 자신의 묘를 삼계리에 썼다. 조규빈의 아들, 즉 조병덕의 고조부 조영진趙榮進은 은퇴하여 보령 청라靑蘿에 살았지만, 묘는 삼계리 아버지 묘 옆에 있다. 조병덕의 증조부 조창규趙昌逵의 터전은 삼계에서 멀지 않은 부여 용전리龍田里에 있었다. 할아버지 조진대趙鎭大의 묘도 삼계리에 있다. 조존성趙存性 이하 조병덕의 조상들은 젊어서 벼슬할 때 서울에서 살고 은퇴해서는 삼계리나 삼계리와 가까운 부여나 보령 등지에서 살았던 것이다.

삼계리를 비롯한 충남 서해안 지역에 사는 양주 조씨들을 조병덕은 '내포조가內浦趙哥'라고 불렀다. 이것은 내포內浦 지역에 분포되어 사는 조씨들이 바람직한 인간상과는 거리가 먼 것을 자조적으로 표현한 말이기도 하다. 이 '내포조가'의 중심지가 바로 삼계리였다. 조병덕이 자기가 사는 지방의 양반을 '향족鄕族', '향반鄕班' 등으로 부르며 자신과 구분하는 데서도 엿볼 수 있듯이. 양주 조씨는 내포지역에서 향반과는 구분되는 세력 있는 호족이었다.

삼계리에 조병덕이 낙향한 것은 1832년 무렵이었다. 그리고 1836년 장조카 봉희가 논산에 집을 마련하고 할아버지를 모셔갔다. 머지않아 또 장조카가 은진恩津의 유산鍮山으로 이사했다. 그 무렵 1837년 형 병헌은 태인현감으로 나갔다. 벼슬살이하는 형을 대신해 조병덕은 유산에서 아버지를 모시고 지내는 때가 더 많았다. 하지만 조병덕은 1845년, 때때로 아버지를 찾아뵙기로 하고 거처를 다시 삼계리로 옮겼다. 건강 때문이었다. 그 무렵 장인께 보낸 편지에 그는 다음과 같이 쓰고 있다.

> 연초에 한 번 문안편지 올린 후 계속 문안 올리지 못하여 늘 죄송스럽고 서글픕니다. 2월 12일 내리신 편지를 지금도 책상에 모셔두고 때때로 읽으며 우러러 사모하는 마음을 달랠 뿐입니다. 초여름 더위에 건강이 어떠하신지 몰라 매우 궁금합니다.
>
> 장희章熙의 서울행은 전적으로 그 아이의 공부를 위한 것입니다. 원래 생각이 얕고 경박한 아이라 참을성이 없어 편안한 마음으로 독서와 작문을 하는지 몰라, 멀리서 자식 걱정하는 자잘한 마음을 놓을 수 없습니다. 장인어르신의 조카는 상중에 예서禮書를 읽으며 건강한지요? 늘 궁금합니다.
>
> 저는 맏형의 산변山變(산송)을 만나 놀라움과 슬픔은 초상 때보다 심하며, 전월 보름날 또 완전한 매장을 했습니다. 의지할 데 없는 슬픔이 북받쳐도 어른을 모시고 있어 감히 마음대로 목 놓아 곡할 수 없으며, 세상 사는 즐거움이라고는 한 점도 없으니, 이러고서 어떻게 스스로 살아갈 수 있겠습니까?
>
> 몸이 늘 건강치 못한데 몸조리가 편하지 않아, 할 수 없이 삼계리로 와 처자에게 의탁함으로써 구차하나마 세월을 보내며 병든 몸을 쉬게 하는 방편으로 삼았습니다. 그러나 아버지 곁을 떠난 것이 정리 상 감당하기 어려워 잠을 자거나 밥을 먹어도 실로 마음이 편하지 않습니다. 어떻게 하면 좋을지 모르겠습니다.

그 사이 인편이 한둘이 아니었으나 여태 편지를 드리지 못하여 늘 허물을 자책했으니, 그 부담감이 어떠했겠습니까? 감히 이렇게 짧은 편지를 잠시 올리니, 깊이 헤아리셔서 크게 꾸짖지 마시기를 천만 번 바랍니다. 나머지는 이만 줄이니 헤아리시기 바라며, 문안편지를 올립니다.

1845년 4월 25일 사위 기복인朞服人 조병덕 올림(6894, 18450425)

삼계리로 돌아온 조병덕은 삼계리가 세상과 격리되어 있다는 사실을 새삼 느꼈다. 서울에 가 있는 아들 조장희에게 편지를 보내려 해도, 삼계에서는 인편을 구하기가 쉽지 않았다. 아들에게 보내는 편지에 이러한 사정을 썼다.

장희에게 답장 보낸다.

몇 달 소식 막혀 늘 궁금했으나 인편을 구할 길이 없고 전팽專伻도 보내기 어려워 내내 걱정만 하다가, 어제 유산鍮山에 도착하여 갑자기 네가 쓴 편지 보니 기쁘기 그지없다. 삼계가 세상과 동떨어진 것이 아주 심함을 비로소 알았다. 그리고 객지에서 잘 지냄을 아니, 더욱 마음이 후련하다.(6107, 18450529)

삼계리가 외부와 통신하기에 아주 불편한 곳이라는 것과 함께, 무료함을 달랠 말동무가 없는 것도 조병덕에게는 힘든 일이었다. 그의 유일한 말동무는 제자이자 먼 족조族祖뻘 되는 조진학趙鎭鶴이었는데, 조진학이 사는 용곡龍谷은 삼계와 거리가 있어 자주 오갈 수 없는 형편이었다. 그럴 때면 조병덕은 그에게 자주 편지를 보내곤 했다.

견디기 힘든 무료함에서도 그가 내포지역의 향교, 향청, 서원 등에 출입한 흔적은 없다. 조상의 산소가 있고, 삶의 터전이 있고, 생애의 대부분을 내포지역에서 살았어도, 조병덕은 내포지역의 양반사회와는 담을 쌓고 살았다. 경제적으로나 사회적으로 그들보다 나을 것이 없는 처지였지만, 조병덕은 향족과 어울리지 않았다. 향족들과 어울리는 것은 스스로 향족이 됨을 의미하기 때문이었다. 그의 사승관계와 교우관계는 애초에 모두 서울에 뿌리를 두고 있었다.

그러나 바깥 세계와 동떨어진 삼계리도 시대의 풍조로부터 자유로울 수 없었다. 1850년대 한때에 벌어진 풍경을 조병덕은 다음과 같이 묘사하고 있다.

> 죽목동竹木洞 득순得淳의 아들 선달先達 병오秉五가 달산達山에 와서 여러 날 머물며, 선달·한량배閑良輩·무뢰배無賴輩 등을 모으고, 창부倡夫로 하여금 창가唱歌하게 하고, 날마다 술을 내어 성대한 연회를 하고, 남포 경내의 잡류는 모두 투전판의 짝이 되며, 삼계에 사는 상놈도 몇이나 되는지 알 수 없다고 하니, 그것을 누가 금지하겠느냐? 그밖에도 평민平民을 잡아와서 백주에 겁탈할 계획을 하는데, 위장衛將은 막지 않을 뿐 아니라 도리어 나쁜 짓을 교사하고, 소위 백성오白聲五도 그중에 뛰어든 지 오래되었다. 임사윤任士胤도 제집에 가다가 위장에게 붙잡혀 며칠 머물며 노름을 하고 술을 먹었다고 한다. 그래서 어제 해거름에 임사윤과 홍산 그의 집에 편지를 써서 보냈다. 위장 내외는 지금 무량사無量寺에 가고 없다고 한다. 병희秉熹의 처가 와서 '열흘가량이나 사랑에 술과 음식을 대는 것은 사람으로서 감당할 수 없는 일'이라고 하고, '병응

과 병희는 도리어 자기가 나에게 와서 이르는 것을 싫어할 것'이라고 한다. 내 힘으로는 금지할 수 없으니, 삼계三溪가 장차 어떤 지경에 이를지 모르겠다. 사람들은 모두 '내가 가르친 것들'이라고 하니, 이것을 어떻게 하면 좋으냐?(6086)

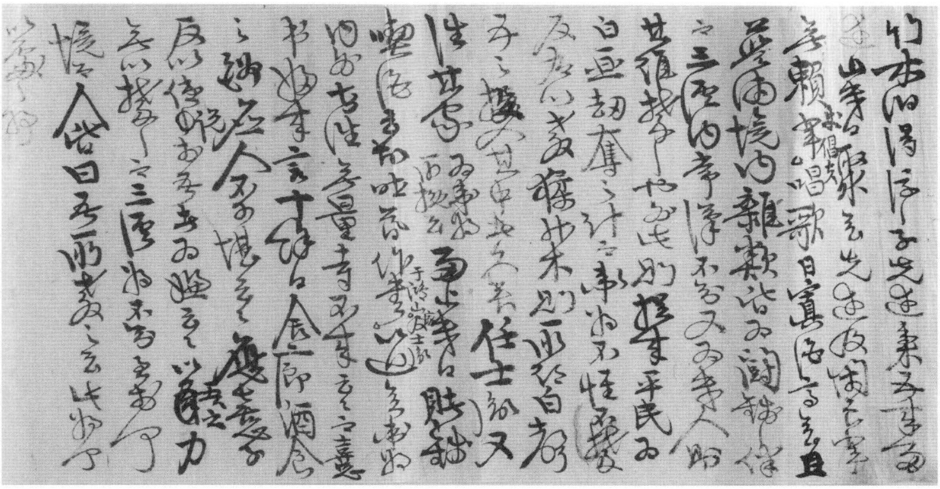

竹木洞得淳之子先達秉五 來留達山幾日 聚會先達及閑良輩無賴輩使昌夫唱歌 日寘酒高會 且藍浦境内雜類 皆爲鬪錢之伴 而三溪内常漢 不知又爲幾人 則其誰禁之也 外此則捉來平民 爲白晝刦奪之計 而衛將不惟不禁 反有以敎猱升木 則所謂白聲五之投入其中者 久矣 任士胤又往其家【爲衛將所挽云】留止幾日 賭錢喫酒云 故昨暮作書于鴻山家及士胤以送矣 衛將内外 方往無量寺 不來云云 而憙弟婦來言 十餘日舍廊酒食之酬應 人不可堪云云 應憙則反以傳說於吾者爲嫌云云 以吾之力無以禁之 而三溪將不知至於何境 而人皆曰 吾所敎之云 此將何以處之耶

조병덕의 서동생 조병응과 조병희, 그리고 집안 서동생 조병오 등을 주축으로 선달, 한량배, 무뢰배, 잡류, 상놈 등이 모여 연회, 투전, 겁탈 등을 행하며 열흘간이나 노는데, 조병덕은 그것을 금지하지 못하고 있다. 그는 그것을 '세변世變'이라고 했다.

다음 사연을 보면 자기가 사는 삼계리라는 지역에서 조병덕은 심상치 않은 분위기를 감지하고 있다.

> 삼계리 사람들의 모양을 가만히 살펴보면, 무거운 짐을 지고 서 있지 않은 사람이 아무도 없어서, 도처의 분위기가 모두 비참하다. 어떠한 재앙이 어디에 잠복해 있는지 알 수가 없고, 집안일도 어떻게 해야 될지 모르겠다. 이렇게 위험하고 어려운 세상에 부자와 형제가 서로 모여 상의해도 모자랄까 걱정인데, 한집안이 모두 뿔뿔이 흩어졌으니, 이것을 장차 어떻게 하느냐?**(6239, 1866년 무렵)**

비참할 정도로 힘겹고 어두운 삼계리 사람들의 모습을 그리고, 그것이 장차 재앙이 될지도 모른다고 생각하고 있다. 또한 임술민란 직전 붕괴되는 삼계리의 모습을 조병덕은 다음과 같이 전하며 개탄한다.

> 삼계三溪 한 동리에 동요하지 않는 사람은 아무도 없다. 떠나겠다고 하는 자는 모두 평민平民이다. 내년부터는 농사짓기가 어려울까 걱정이다. 마침 이러한 시대를 만났으니, 그 또한 운명인가?**(6073, 18611222)**

그 무렵 풍양 조씨가 가졌던 조선의 세도는 다시 안동 김씨에게로 돌아가 있었다. 철종의 비가 김문근金汶根의 딸이었기 때문이다. 김문근 일족이 요직을 차지했다. 오랜 세도정치로 국정의 문란과 관리의 부패는 극에 달했고, 그 부담은 농민에게 가중되었다. 부담을 견디다 못한 농민에 의한 민란이 전국적으로 쉴 새 없이 일어났다. 진주민란은 그중 가장 두드러진 것이었다.

1862년 2월 진주에서 일어난 민란은 4월에는 전라도를 거쳐 5월에는 충청도까지 번졌다. 조병덕이 은거한 삼계리에도 민란의 물결이 밀려왔다. 남원부사를 지낸 조병덕의 조카 조봉희趙鳳熙와 조인희趙麟熙는 삼계를 뜰 요량으로 가산을 처분하여 옮겨놓고 조병덕에게도 함께 떠나기를 간청했다. 그동안 그들 형제와 장희가 남포 일대에서 자행해온 횡포로 볼 때 삼계리에서도 무슨 일이 일어날지 모르는 상황이었기 때문이다. 조병덕은 떠나지 않겠다고 했다. 조인희는 기고만장하여 말을 함부로 하며 변란에 대처할 줄 모른다고 숙부를 원망했다. 조병덕의 생각은 이러했다.

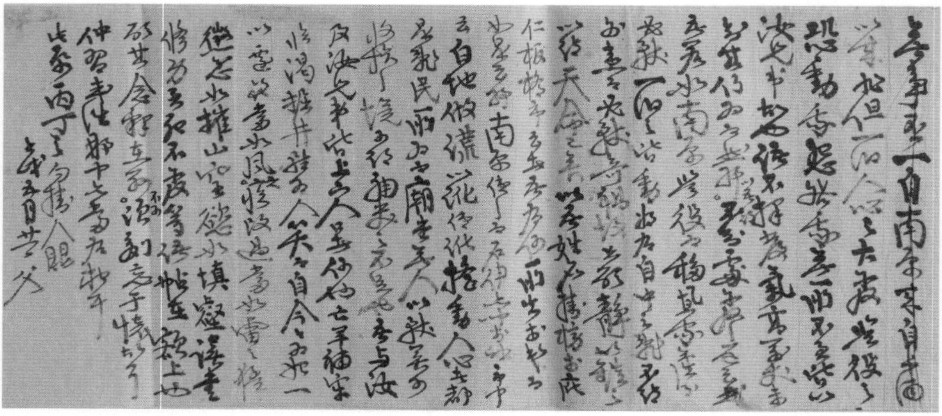

無事否 一自南原來自上浦以來 非但一洞人心之大變 監役之恐動我怨咎我 無所不至 皆以汝兄弟故也 語不擇發 氣高萬丈 未知其何爲而然耶 以吾爲不知處變之道云 然吾若如南原監役 而移置家産 則必致一洞之皆動 將有自中之亂 不待外患 而必致奇禍 故只欲靜以鎭之以待天命已矣 以吾姓名掛榜於庇仁板橋市云者 吾有何所失於民 而如是云耶 南原傳之 而石伊亦聞於昨市中云 白地做謊 以訛傳訛 搖動人心者 都是亂民所爲 而廟堂無人 以致莫可收拾之境 可謂痛哭之不足也 吾與汝及汝兄弟 皆上下人口者 何也 亡羊補牢 臨渴掘井 雖爲人笑 而自今日爲始 一以遷善當如風之疾 改過當如雷之猛 懲忿如摧山 窒慾如塡壑 讀書修身 至死不變等語 帖在額上也 欲其念釋在玆 不可頃刻忘于懷故耳 仲習或往那中 亦當有報耳 此紙丙丁之 勿掛人眼

壬戌五月卄一日父

무사하냐? 남원南原이 상포上浦에서 온 이래로 한동네 인심이 크게 변했을 뿐 아니라, 감역監役이 나를 으르고 원망함이 끝이 없다. 모두 너희 형제 때문이다. 말을 가리지 않고 함부로 하며 기고만장하니, 무엇 때문에 그러는지 모르겠다. 나더러 변란에 대처할 줄 모른다고 하지만, 내가 남원이나 감역처럼 가산을 옮기면 반드시 온 동네가 모두 동요하여 자중지란이 있을 것이니, 외환外患이 오기도 전에 반드시 큰 재앙이 일어날 것이다. 가만히 그것을 가라앉히고 천명天命을 기다리겠다. 내 이름이 판교板橋와 비인庇仁의 장시場市에 걸렸다고 하는데, 내가 민民에게 무슨 잘못이 있어 그렇다고 하느냐. 남원이 그렇게 전하고 석이石伊도 어제 장시에서 들었다고 한다. 근거 없는 말을 만들고 거짓말로 거짓말을 퍼뜨려 인심을 동요시키는 것은 모두 난민의 짓이다. 게다가 조정에 사람이 없어 수습할 수 없는 지경에 이르렀으니, 통곡해도 부족하다고 할 수 있다. 나와 너 그리고 너희 형제가 모두 사람들의 입에 오르내리는 것은 무엇 때문이냐? '소 잃고 외양간 고치고, 목마른 후 샘 판다.'고 남의 웃음거리가 될지라도, 오늘부터 '착해지기를 빠른 바람처럼 하고, 잘못을 고치기를 사나운 천둥처럼 하고, 분노를 누르기를 산을 무너뜨리듯이 하고, 욕심을 막기를 골짜기를 막는 듯이 하고, 독서와 수신을 죽을 때까지 변함없이 한다.'라는 말들을 이마에 붙여라. 그래야만 자나 깨나 생각하여 한시라도 잊지 않기를 바랄 수가 있기 때문이다. 중습仲習이 혹 거기 가거든, 그렇게 일러라. 이 편지는 태워 남의 눈에 띄게 하지 마라.

1862년 5월 21일 아버지(6375, 18620521)

민란의 여파가 코앞에 있는 판교와 비인의 장시에까지 닥쳐 자신의 이름이 처단 대상에 올랐고, 오랫동안 수령을 지낸 눈치 빠른 조카들은 가산을 정리하여 떠나는데도, 떠나지 않고 운에 맡기겠다는 조병덕의 뜻은 확고하다.

아무리 세변이 불어닥쳐도, 그는 삼계리를 떠날 수 없었다. 삼계리에 뼈를 묻을 각오였던 것이다. 삼계리를 버리고 어디로 간단 말인가? 누가 뭐라고 해도, 조병덕에게는 은거하여 경학을 연구하고 강학을 하기에는 삼계리만 한 곳이 없었다. 삼계리는 조병덕에게 하나의 별천지였다.

今月西來人手 南至不可云須與學後甚遠
今日也過三處此來勢大字閑令少怡之眼
不申字不了之　己未九月十二日　父
眞迹勤讀得舒筆書李走此為遠去
子也風興好擇三長角西生之局
由入念不忘矣汝輩得之也

저잣거리의 아들

청석교와 조장희

네 집은 시장 옆에 있어, 소위 홍업과
만옥이 포변에서 나쁜 짓을 하는데
못하는 짓이 없으니 백주 강도와 다름이 없으며,
내 집을 빙자할 때는 임사윤이
앞잡이 노릇을 하는구나.
동고금과 감역의 노 정손도
똑같은 놈들이다. 들으니,
간치 사람들이 모두 '호랑이가 들어왔으니,
조심해서 피해야 하겠다.'고 말했다 한다.

청석교靑石橋는 청석다리 또는 청교靑橋라고도 하는데, 청석다리가 있는 마을의 이름이다. 청석다리를 포함하는 인근 지역은 지금 보령군 주산면珠山面의 중심으로 주산면사무소, 주산중학교, 주산농고, 주산역 등이 있다. 당시에는 이 지역을 간치艮峙라고 불렀다. 삼계리로 통하는 고개, 간치에서 딴 이름이다.

간치는 교통이 편리한 곳이었다. 조선시대 충청도 역도驛道 중 하나인 이인도利仁道의 길목이었고, 서쪽으로 바다와 인접하고 마량진馬梁鎭도 멀지 않았다. 간치에는 하루와 엿새에 서는 간치장이 있었는데, 삼계리 사람들은 주로 이 장을 이용했다. 간치장은 모시의 집산지로 유명했다.

1860년대 초 이 간치장 옆의 청석다리에 조장희가 이사를 왔다. 과천果川 처가에서 장인이자 스승인 이면재李勉在 밑에서 공부하며 나이 30이 되도록 누차 과거를 봤으나 낙방만 거듭하다가, 이제 청석교에 정착하게 된 것이었다. 빠르고 이해타산에 밝았던 그가 살기에는 그야말로 적합한 곳이었다.

그와 동시에 조병덕에게 우환덩어리 하나가 생겼다는 것을 알게 되기까지는 오랜 시간이 필요하지 않았다. 장날이 되어 많은 인파가 붐비는 간치장("인천, 경성으로부터 한국 상인의 김건金巾, 석유石油, 방적사紡績絲, 기타 잡화를 수입해 와서 미곡과 매매 교환하여 경성, 인천에 수출한다. 이 두 장시는 번성하는 장시로서 장날에 모이는 매매인이 간치시에 약 500명, 대천시에 약 400명이다."라고 하여 1900년대의 시장 모습을 말하고 있다(백미자, 「보령지역 시장의 형성과 변화」, 공주대학교 석사학위 논문, 2000, 27쪽))은 바로 옆에 사는 조장희네 낭속廊屬과 노속奴屬의 주 무대가 되었다. 그들은 양반을 능멸하고 폭행했을 뿐 아니라, 향인鄕人의 재물을 탈취하거나, 심지어 빚을 대신 받아주고 돈을 뜯기도 했다.

작년에는 양산梁山 사람이 와서 나를 괴롭혔다. 금년에 홍산 윤생원이 또 와서 네 형을 몰아세우기에, 하는 수 없이 내가 직접 만나보고 또 사람을 시켜 무수히 타이르고 나서야 간신히 큰 욕을 면했다. 장희가 오고 나서 깨끗한 소문은 하나도 없고, 불량배를 시켜 빚을 받거나 남의 빚을 받아주어 곳곳에 자자한 것이 모두 나쁜 소문이다. 또 해결되지 않는 것은 희제憙弟(조병덕의 서제庶弟 병희秉憙)에게 맡긴다. 이것이 무슨 일이냐? 나무에 올라간 원숭이가 또 그것을 가르치는 것이냐? 희제가 봄여름 사이에 한 일은 나쁜 일뿐이다. 여러 사람을 잡아와 경산慶山 집에 구류해 놓고 인정人定(야간 통행금지) 후에 소위 삼철三哲과 봉석奉石 무리를 시켜 도둑을 다스리듯이 묶어서 돌 위에 꿇어앉힌 후 돈을 뜯어내었다. 이것은 응제應弟의 처가 안에 전한 이야기다. 사랑에 출입하는 자는 모두 남포藍浦 경내의 무뢰배로 김성열金聖悅, 김문경金文景과 같은 무리다. 이것이 무슨 꼴이냐? 그런데도 나는 입을 열 수 없으니, 이것이 무슨 일이냐? 반드시 전에 관희觀熙가 당한 것처럼 된 후에야 그칠 것이다. 위장衛將이 온 후의 일은 나는 잘 모르지만, 위장 역시 장희와 흡사하니 어찌 한통속이 되어 나쁜 일을 하지 않겠느냐? 소위 임사윤任士胤, 백성오白聲吾(이하 결)

장희의 일은 민망스럽지 않음이 없고 걱정스럽지 않음이 없어, 통곡하며 눈물을 흘릴 정도다.(6066)

그러한 소문이 점점 퍼져 조장희의 낭속과 노속의 악명이 더욱 자자해지자, 조병덕이 아들에게 보낸 편지는 다음과 같다.

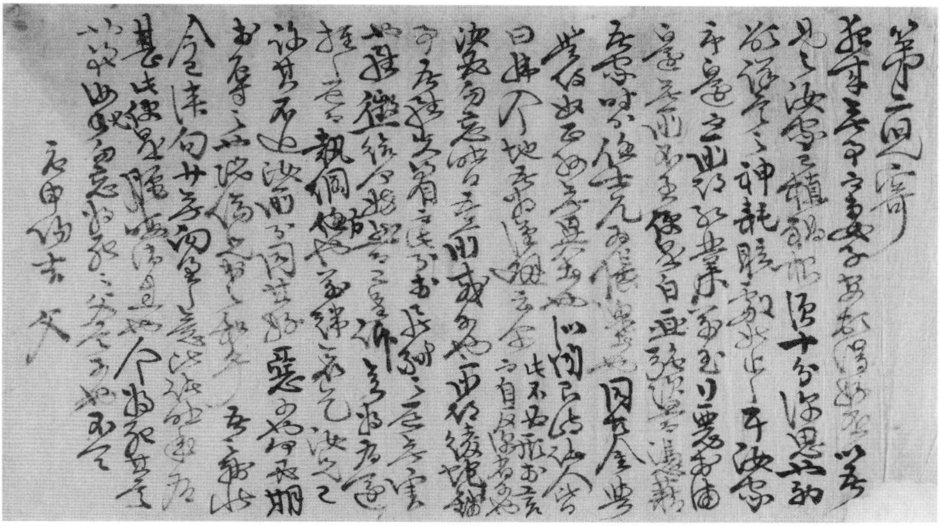

第二兒寄

夜來無事 而妻子安頓得好否 以吾見之 汝家已植禍根 須十分深思也 初欲詳言之 神耗眩劇 姑止之耳 汝家市邊 而所謂紅業萬玉 行惡於浦邊 無所不至 便是白晝强盜 而憑藉吾家時 則任士允爲倀鬼者也 同古金與監役奴正孫 無異者也 似聞 艮峙諸人皆曰 虎入之地 吾將謹避云爾【此不必形於言 而自反深省 可也】汝必勿忘昨日吾所戒 可也 所謂綾蛇錢事 吾雖失着 而此則於居鄕之道 無害也 雖徵給何妨 然而已呈訴矣 將有還推之道 而執綱方也 萬端哀乞 汝兄已許其不送汝所 則同其好惡 可也 何必期於辱之也 況傷兄弟之和乎 吾之病狀 今已浹旬 少無向差之意 比諸昨年有甚 此便是臘晦消息也 人之將死 其言也善 汝必勿忘將死之父言 可也 不一一

庚申陽吉 父

둘째 아이 보아라.

밤새 무사하며, 처자도 편히 잘 있느냐? 내가 보기에, 네 집은 이미 화근을 심었다. 반드시 충분히 깊이 생각해라. 당초에는 상세히 말하려 했으나 정신이 혼란하고 현기증이 심하여 일단 그만둔다. 네 집은 시장 옆에 있어, 소위 홍업紅業과 만옥萬玉이 포변浦邊에서 나쁜 짓을 하는데 못하는 짓이 없으니 백주강도와 다름이 없으며, 내 집을 빙자할 때는 임사윤任士允이 앞잡이 노릇을 하는구나. 동고금同古金과 감역의 노奴 정손正孫도 똑같은 놈들이다. 들으니, 간치艮峙 사람들이 모두 '호랑이가 들어왔으니, 조심해서 피해야 하겠다.'고 말했다 한다. 이 말을 다시 할 필요는 없으나, 스스로 돌이켜 깊이 반성해야 한다. 너는 반드시 어제 내가 훈계한 것을 잊지 않아야 한다. 능사전綾蛇錢 문제는 나의 실책이나, 이것은 시골에 사는 데 해가 되는 것은 아니니, 거두어준다고 해서 무엇이 나쁘겠느냐? 이미 정소呈訴(관아에 소장을 올림)했으니, 도로 받아낼 길은 있을 것이다. 그러나 집강執綱이 지금 온갖 방법으로 애걸하고 네 형이 이미 네게 보내지 않아도 된다고 허락했으니, 좋고 나쁨을 네 형과 함께 하는 것이 좋다. 하필 집강을 욕보이고, 게다가 형제간 화목을 상하게 하려 하느냐? 내 병은 이미 열흘이 되었으나 조금도 차도가 없고 작년에 비하면 심하다. 이것은 바로 죽을 때가 다 되었다는 소식이다. 사람이 죽으려 할 때는 그 말이 착하니, 너는 반드시 곧 죽을 아버지의 말을 잊지 말아야 한다. 이만 줄인다.

1860년 10월 1일 아버지**(7637, 18601001)**

하속배下屬輩를 단속하여 간치장에서 악행을 저지르지 못하도록 하라고 아들에게 누차 말했으나, 소용이 없었다. 조장희의 낭속과 노속이 하는 짓이 더욱 난폭해지자, 비난의 화살은 조병덕에게 날아왔다.

> 어제 또 김우증金友曾의 아들이 와서 곤욕을 치렀다. 또 용전龍田 남의 종답宗畓을 빼앗은 일로 와서 몹시 시끄러웠는데, 이것은 금년에 여러 번째다. 그 밖에도 이러한 일은 모두 조가趙哥가 저지른 짓이며, 그것도 모두 내 당내堂內다. 이른바 조가는 수령이 되면 탐관오리가 되고, 시골에 살면 악행을 저지르느라 못하는 짓이 없다. 이것이 무엇 때문이냐? 네 노자奴子, 비부婢夫 그리고 네 객客 임사윤은 모두 같은 무리다. '굶어 죽는 일은 지극히 사소하고 절조를 잃는 일은 지극히 크며, 악행을 저지르면 반드시 화를 당하고 선행을 하면 반드시 복을 받는다.'는 말들을 너는 반드시 날마다 생각하고 또 생각하여, 반드시 네 객과 네 노가 간치장과 여러 곳에서 폐단을 짓지 않도록 한 연후에야 화를 당하지 않을 수 있다. 단지 목전 이익만을 위하여 무궁한 해를 돌아보지 않으니, 슬프지 않으냐.(6386, 18601106)

게다가 장희의 노비들은 또 가난한 향족鄕族(시골 양반)을 능멸하기도 했다. (장날 네 집 노속 奴屬을 엄히 단속하여 반드시 가난한 향족을 능멸하고 모욕하지 못하게 해라. 잠시도 잊지 마라.(6396, 18601201))

민란이 일어나자, 조정은 그 대책의 하나로 토호土豪의 무단武斷을 강력히 단속하기 시작했다. 이른바 '억강부약抑强扶(강포한 자를 억제하고 약소한 자를 부축함)'이 그것이었다. 그 무렵 조장희는 이미 토호 중 하나로 지목이 되어 있었다. 그의 낭속과 노속의 무리가 패악을 일삼았을 뿐 아니라, 본인의 행위도 향인鄕人의 지탄을 받았기 때문이었다. 산림山林으로 존경받던 조병덕도 그 책임으로부터 자유로울 수 없었다. 그는 청석교가 자기 일가의 화근이며, 청석교 때문에 자기 집은 망할 것이라고 생각했다. 청석교에서 조장희를 비롯한 그 낭속과 노속이 악업을 쌓아가면, 거기에 따르는 비난의 화살은 모두 조병덕과 그의 일가에 쏟아질 것이 뻔했다. 그것을 피하는 길은 조장희를 청석교로부터 격리시키는 것이었다.

> 팔도 수령은 탐학과 포악 때문에 목숨을 부지하기 어렵게 되었다. 소위 호강양반豪强兩班에 대하여 백성이 이를 깨물고 이를 가는 것이 탐관오리에 대한 것보다 심하다. 전하는 말을 들으면 위태하고 두렵지 않은 것이 하나도 없다. 내포조가內浦趙哥 중에 양주 조가가 반드시 먼저 화를 당한다고 하는데, 너는 그것을 들었느냐? 청석교에 살아서는 안 된다. 기미를 보아 떠날 생각을 반드시 해야 된다. 이만 줄인다.
>
> 1862년 4월 11일 아버지
>
> 너와 남원은 마치 불이 다가오는 것도 모르고 당堂에 가만히 앉아 있는 제비나 참새 같으니, 내가 어찌 슬프지 않겠느냐? 나는 장차 연좌율連坐律을 면할 수 없게 되었다. 환관이 모두 도륙당할 때 수염이 없어 죽은 사람이 많은데, 나도 수염이 없는 화를 면하기 어려우니 장차 어찌 대비해야 하느냐?(6722, 18620411)

조장희와 함께 지탄을 받던 남원부사를 지낸 조카 조봉희는 가산을 정리하여 권속을 데리고 재빨리 서울로 피했다. 조병덕은 삼계리로 들어오라고 거듭 조장희를 설득했다.

> '청교靑橋' 두 자는 늘 쓰기가 몹시 싫으나 억지로 쓴다. 지금부터 맹세코 다시는 쓰지 않을 터이니, 너는 알아라. 너는 기어이 삼계에 들어오지 않겠다고 하니, 어쩔 수가 없구나. 만약 상경하지 않으려면, 어디든지 좋으니 청석교를 반드시 떠나라. 내 뜻은 내 죽기 전에 네가 삼계로 들어오는 것인데, 네가 이미 그럴 마음이 없으니 무슨 수가 있겠느냐. (6472, 18630816)

그러나 조장희는 버텼다. 조병덕의 설득도 집요했다. 조장희가 토호로 체포되기 한 해 전, 조병덕은 장조카 조봉희 앞으로 되어 있는 동산리東山里 집으로 들어오라며 다음과 같이 썼다.

> 연당蓮堂 문제에 관하여 이러쿵저러쿵하는데, 너는 왜 말이 많으냐? 또 어찌하여 몰지각하냐? 내가 언제 연당을 지적하여 말했느냐? 단지 동산 집만으로도 살 수 있다. 그리고 연당 외에도 동산과 장촌張村과 우현峴牛 등지의 허다한 집들을 사서 안 될 것도 없고, 빌려서 안 될 것도 없다. 주나라 태왕太王은 땅굴을 파고도 살았는데, 어찌 이다지도 시끄러우냐? 네 스스로 계획이 있을 터이니, 너는 그 계획대로 할 뿐이다. 삼계에 들어오고 싶지 않은 것이 네 본심이다. 동서남북 어디든지 가고 싶은 데로 가서 좋으면 된다. 헤아려서 해라.(6903, 18660917)

1867년 조장희가 토호로 잡혀 귀양 간 후 조병덕은 장희의 식구를 삼계로 옮기고 살던 집을 판 적이 있었다. 그러나 샀던 자가 도로 무르는 바람에 그것도 실패하고 말았다. 결국 조병덕은 생전에 조장희를 청석교에서 떼어놓지 못했다. 그러나 한 장 남아 있는 조장희의 호적에 의하면, 조병덕 사후인 1879년 그는 결국 동산리에 들어가 산 것으로 되어 있다.

조병덕은 첫째 부인에게서 둘, 둘째 부인에게서 둘, 모두 네 아들을 두었다. 막내 충희는 조병덕 사후에 문과에 합격하고 벼슬이 참의에까지 이르렀지만, 늦게 본 자식이라 조병덕 생전에는 두각을 드러내지 못했다. 셋째 성희는 늦게 낳기도 했지만 병약하여 기대할 만한 재목이 되지 못했다. 첫째 조명희는 고집스럽고 공부에도 게을러, 조병덕은 그 나이 스무 살 때부터 단념하고 있었다. 조병덕이 기대할 수 있는 아들은 오직 조장희 뿐이었다.

어릴 때부터 장희에게 글을 가르치면서 성취할 만한 재기才氣가 있다고 조병덕은 생각했다. 장희는 명희와 달리 지나치다 싶을 정도로 약고 변통變通에 능했다. 그는 또 17세 때 말에서 내리지 않는다는 이유로 서천군수를 수행한 아전에게 '놀라운 행동[駭擧]'을 할 정도로 거친 면도 있는 사람이었다. 다음 편지는 유산의 아버지 곁에 가 있던 조병덕이 집에 있는 아들 조장희에게 보낸 것이다.

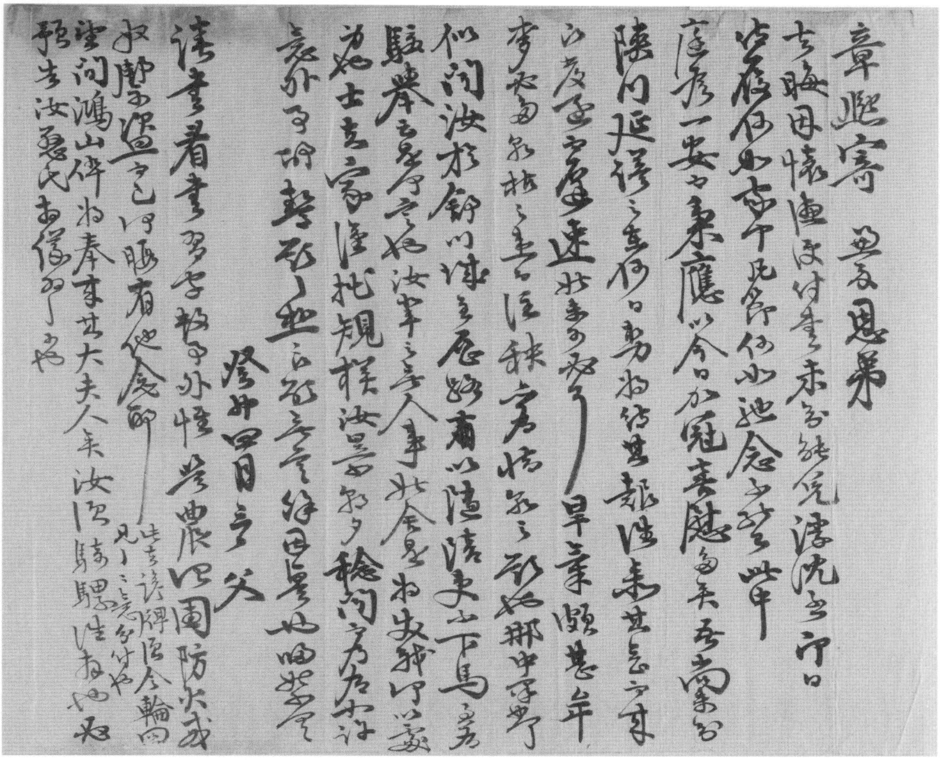

章熙寄 兼示恩弟

去晦因懷德便付書 未知能免浮沈否 卽日侍履何如 家中凡節何如 馳念不能已 此中庭候一安 而秉應以今日加冠 喜慰多矣 吾尚未知陜川延諡之在何日 勢將待其報 往參其會 而來卽發還 而遲速姑未可必耳 旱氣頗甚 牟麥必多乾枯之患 而注秧亦爲惜乾之歎也 那中果如何 似聞 汝於舒川城主歷路 以隨陪吏不下馬 至有駭擧云 是何言也 汝輩之無人事 姑舍是 將使我何以處身也 士夫家謹拙規模 汝豈不朝夕稔聞 而乃有如許意外事耶 驚歎之極 良欲無言 餘因興也歸 姑不具

癸卯四月三日 父

讀書看書習字數事外 惟監農治圃防火戒奴禦盜而已 何暇有他念耶

【此去諺牌 須令輪回見之之意 分付也】

望間鴻山倅將奉來其大夫人矣 汝須騎騾往拜也 必預告汝慈氏 相議爲之 可也

장희 보아라. 아울러 은제恩弟에게도 보여라.

지난달 그믐 회덕懷德 편으로 부친 편지, 중간에 뜨지 않았는지 모르겠다. 지금 어른 모시고 어떻게 지내며, 집안 여러 안부 어떠한지, 궁금하기 그지없다. 이곳은 아버지 평안하시며, 병응秉應이 오늘 관례冠禮를 올려 아주 기쁘다. 합천陜川의 연시延諡(임금이 내리는 시호를 맞이하는 행사)가 언제 있는지 나는 아직 모른다. 형편상, 그 통지를 기다려 그 모임에 참석하고 와서 즉시 돌아가려고 하는데, 늦을지 이를지 아직 확실히 모르겠다. 가뭄이 심하여 보리가 말라 죽을 걱정이 많으며, 못자리도 마를까 안타깝다. 그곳 형편은 어떠냐?

들으니, 서천성주舒川城主(서천군수)가 들러 가는 길에 수행한 아전이 말에서 내리지 않는다며, 네가 놀라운 행동을 했다고 하는데, 이것이 무슨 말이냐? 너희들이 인사가 없는 것은 그만두고라도, 장차 나를 어떻게 처신하게 하려느냐? 사부가士夫家의 삼가고 겸손한 예절을 너는 어찌 조석으로 익히 듣지 않았느냐? 그런데도 이런 뜻밖의 일이 있느냐? 몹시 놀랍고 개탄스러워 차라리 말하고 싶지 않다.

돌아가는 흥야興也 편으로 잠시 쓰고 나머지는 이만 줄인다.

1843년 4월 3일 아버지

독서, 간서看書, 습자 몇 가지 일 외에 오직 농사일 감독, 채마밭 가꾸기, 방화, 노비 훈계, 도둑 막기 등이 있을 뿐이다. 어찌 딴 생각을 할 여가가 있느냐?

【여기 동봉하는 언패諺牌(아랫사람에게 쓴 한글편지)는 반드시 돌려서 보라고 분부해라.】

보름쯤 홍산鴻山 현감이 그 대부인을 모셔올 것이다. 너는 반드시 노새를 타고 가서 인사해라. 반드시 미리 네 어머니께 말씀드리고 상의해서 해라.(7721, 18430403)

조병덕은 자신의 친구이자 조장희의 장인인 과천에 사는 이면재에게 장희를 올려 보냈다. 그러나 장희는 아버지의 기대에 따라주지 않았다. 처가에 차분히 앉아서 공부에 전념하는 것이 아니라, 한 해가 다 가도록 책 한 장 보지 않고 서울에 드나들며 악소배惡少輩와 더불어 분주히 여기저기 돌아다니기 일쑤였다. 게다가 사치까지 일삼았다. 서울을 왕래하는 고향 사람 중에 장희의 사치를 말하지 않는 사람이 없었다. 게다가 그는 첩까지 두고 살았다.

남원(조카 조봉희)의 편지 별지에 "장희의 의복이 지나치게 사치스러워 시비하는 사람이 많습니다. 그래서 제가 서울 있을 때 늘 조용히 깨우쳤습니다. 편할 때 타이르시는 것이 어떠합니까? 장희의 의복 사치는 서울 사람뿐 아닙니다. 시골에서 왕래하는 사람 중에도 말하지 않는 사람이 없습니다. 그리고 서울에 있는 사람은 모두 '그 아들의 의복이 저렇게 사치스럽고 또 첩을 두고 따로 사니, 부잣집 아들임이 분명하다.'고 합니다. 그 아버지의 가난함을 누가 믿겠습니까? 가난하다고 극구 말해도 사람들은 모두 코웃음을 칩니다."라고 했다. 대개 우리 집은 조상 이래로 이런 일이 없었다. 나는 머지않아 죽을 것이지만, 우리 집의 쇠퇴는 이것으로 시작되었다. 오직 빨리 죽어 듣지 않고 알지 못하기를 바랄 뿐이다.(6680)

조병덕의 실망은 컸다. 그러나 무슨 수가 있겠는가. 부자간의 책선責善은 은혜를 해침이 크다고 말하지 않았던가.(책선은 상대방에게 착하기를 권면하는 것이다. 『맹자』 이루 하(離婁下)에 "책선은 붕우 사이의 도리다. 부자 사이에 책선하는 것은 부자의 은의恩義를 해치는 것 가운데 큰 것이다.〔責善 朋友之道也 父子責善 賊恩之大者也〕"라는 말이 나온다) 그대로 두고 볼 수밖에 무슨 도리가 있겠는가. 장인께 보낸 답장에 그는 다음과 같이 썼다.

장희는 제 처가에서 착실히 공부하는 것이 가장 좋은데 거기서 마음을 편안히 갖지 못하고, 오르락내리락 거리며 분주하고 불안한 것이 그 뜻이 어디 있는지 모르겠습니다. 제 형은 이미 공부를 놓쳤고 저 또한 흐리멍덩하여, 공부에 힘쓰기를 애써 권하지만 듣고 따를 뜻이 끝내 없습니다. 부자 사이에 착한 일을 권하는 것은 크게 은혜를 해치는 것이기에, 하는 수 없이 제 하는 대로 두었습니다. '지극히 중요한 일에 자식을 가르치는 것만 한 것은 없다.'는 옛사람의 글을 대할 때마다 늘 스스로 부끄럽습니다.(6817, 18471001)

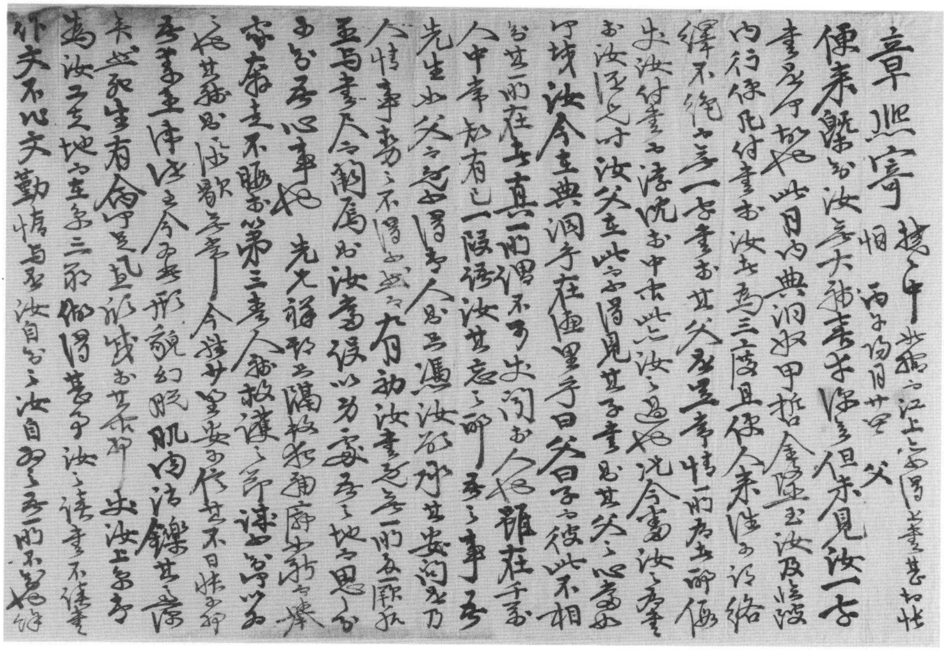

章熙寄

便來 概知汝無大病 喜幸深矣 但未見汝一字書 是何故也 此月內 典洞奴甲哲 金醫玉汝 及臨陂內行便 凡付書於汝者 爲三度 且便人來往 可謂絡繹不絶 而無一字書於其父 是豈常情所爲者耶 假使汝付書而浮沈於中間 此亦汝之過也 況今番汝之爲書於汝從兄時 汝父在此而不得見其子書 則其父之心 當如何哉 汝今在典洞乎 在德里乎 曰父 曰子 而彼此不相知其所在者 眞所謂不可使聞於人也 雖在千萬人中 常知有己 一段語 汝其忘之耶 吾之事吾先生如父 而旣不得專人則只憑汝欲承其安問 是乃人情事勢之不得不然 而九月初汝書旣無所示 厥後並與書尺而闕焉 則汝當設以身處吾之地而思之 則可知吾心事也 先兄祥期 只隔數夜 痛廓如新 而擧家奔走 不暇於第三喪人

病救護之節 誠不知何以爲之也 其病 則添歇無常 今雖少差 安可信其不日快可耶 吾素患滯泄 至今爲苦 形貌幻脫 肌肉消鑠 其慮深矣 然死生有命 何足置欣戚於其間耶 使汝上京 專爲汝工夫地 而在京三朔 做得甚事 汝之讀書不讀書 作文不作文 勤惰與否 汝自知之 汝自爲之 吾所不知也 餘撓撓中姑縮 而江上亦不得上書 甚切悵惘

丙午陽月卄四日 父

장희 보아라.

인편이 와서 네가 큰 병이 없음을 대략 아니, 심히 기쁘고 다행스럽다. 다만 네 편지 한 자 못 보니, 무엇 때문이냐? 이달에 전동典洞 노奴 갑철甲哲, 의원 김옥여金玉汝, 그리고 임피臨陂 내행內行 등 인편으로 네게 보낸 편지가 모두 세 통이며 왕래하는 인편이 연락부절이라고 할 수 있는데, 제 아버지에게 편지 한 자 없으니, 어찌 정상적인 인정의 소유자라고 할 수 있겠느냐? 설사 네가 편지를 부쳤는데 중간에 떴다고 해도, 그것은 너의 잘못이다. 게다가 이번에 네가 네 종형에게 편지를 보냈을 때, 네 아버지가 여기 있으면서도 자식 편지를 보지 못했으니, 그 아버지 심정이 어떠했겠느냐? 너는 지금 전동에 있느냐? 덕리德里에 있느냐? 아버지라 하고 아들이라고 하면서 피차 그 소재를 알지 못하는 것을, 다른 사람이 알까 두렵다. "비록 천만 사람 가운데 있어도, 늘 자기 자신이 있음을 알아야 한다."고 한 말을 너는 잊었느냐? 나는 내 선생을 아버지처럼 섬기지만 전인을 보낼 수 없어 단지 너를 통하여 선생 안부를 알고자 하는데, 이것은 인정상 형편상 그럴 수밖에 없는 것이다. 9월 초 네 편지에서 선생 안부를 언급하지 않았고, 그 후에는 편지와 함께 깜깜무소식이다. 네가 내 입장에 서서 생각해보면 내 마음을 알 것이다. 돌아가신 형님 상기祥期가 몇 밤밖에 남지 않아 온 집안이 분주하여, 셋째 상인喪人의 병을 구완할 겨를이 없으니, 정말 어찌해야 좋을지 모르겠다. 그 병은 더함과 덜함이 무상하니, 지금은 비록 약간 낫지만 며칠 안에 완전히 낫는다고 어찌 확신할 수 있겠느냐?

나는 평소 앓던 체설滯泄로 지금도 괴로우며, 모습은 초췌하고 살이 빠져 심히 걱정이다. 그러나 죽고 사는 것은 운명에 달려 있으니, 어찌 그것을 기뻐하고 슬퍼하겠느냐? 너를 상경上京시킨 것은 오직 네 공부를 위한 것이었는데, 서울에 머문 석 달 동안 무슨 일을 했느냐? 네가 책을 보든 보지 않든 글을 짓든 짓지 않든 부지런하든 게으르든, 네 스스로 해라. 나는 모르는 바다. 나머지는 바빠 이만 줄이며 강상江上에 또 편지를 못 써 몹시 서글프다.

1846년 10월 24일 아버지(7714, 18461024)

1843년 공부하러 상경한 후 서울과 시골을 수시로 오르내리기는 했지만 주로 서울에 머물렀던 조장희는 1860년대 초 다시 시골로 거처를 옮겼다. 그때부터 장희는 청석교에 정착한 것으로 보인다. 조장희의 하속배들이 간치장 일대에서 패악을 일삼은 것도 그때부터의 일이었다. 그의 하속배들뿐만 아니라, 조병덕으로서는 용납할 수 없는 악행을 장희도 이따금 저질렀다. 그가 거느린 첩妾이 한둘이 아니었으며, 적첩嫡妾의 구분도 없고 가사家事의 주권을 오히려 첩이 행사했다. 그리고 애첩과 관계를 가진 노자奴子에게 사형私刑을 가하여 살해하기도 했다. 다음 편지에서 그 일을 꾸짖고 있다.

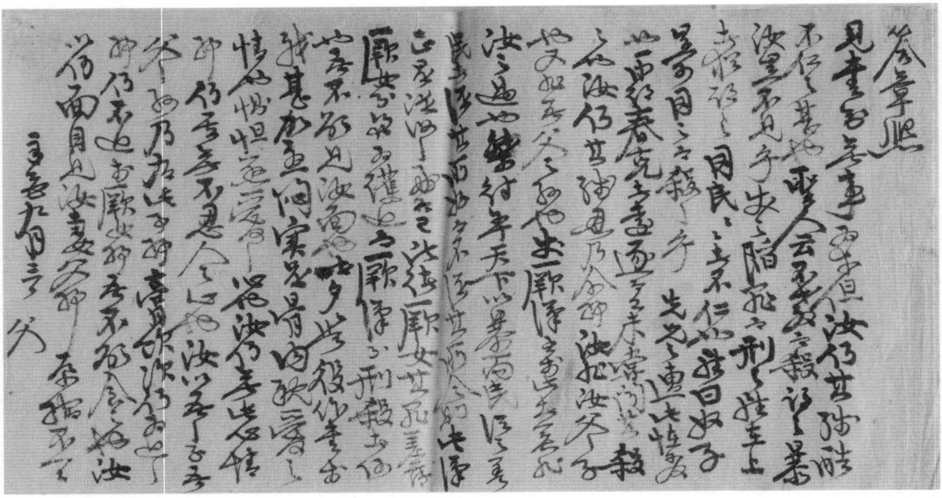

答章熙

見書知無事 爲幸 但汝何其殘酷不仁之甚也 聖人云 不教而殺 謂之暴 汝豈不見乎 使之蹈罪而刑之 雖在上者 猶謂之罔民 罔民者不仁也 雖曰奴子 豈可罔之而殺之乎 先兄之遭此怪變也 所謂春克者 遠逐而已 未嘗聞其殺之也 汝何其殘忍乃爾耶 汝非汝父之子也 又非吾父之孫也 使厥漢至於此者 莫非汝之過也 桀紂率天下以暴 而民從之 蓋民者 從其所好 而不從其所令 則此漢正是從汝之好而已 比諸厥女 其罪差薄 厥女則善爲護送 而厥漢則刑殺者 何也 吾不欲見汝面也 昨夕監役作書於我 甚加憂悶 實是骨肉親愛之情也 惻怛慈愛之心也 汝何無此心情耶 何其無不忍人之心也 汝以吾之子吾父之孫 乃有此事耶 膏飮次 何爲送之耶 何不送於厥女耶 吾不欲食之也 汝以何面目見汝妻父耶 紙縮 不一一

辛酉九月三日父

장희에게 답한다.

편지 보고 무사함을 아니 다행스럽다. 다만, 너는 잔혹과 불인不仁이 어찌 그리 심하냐? "가르치지 않고 죽이는 것을 포학이라고 한다."(子曰不敎而殺 謂之虐(『논어』「요왈堯曰」))고 한 성인의 말씀을, 너는 어찌 보지 않았느냐? 죄에 빠뜨려 형벌을 주는 것을 백성을 그물로 잡는 것이라고 한다. 백성을 그물로 잡는 것은 불인이다. 비록 노자奴子이지만 어찌 그물로 잡아서 죽일 수 있느냐? 돌아가신 형님이 똑같은 괴변을 당했을 때는 소위 춘극春克이라는 놈을 멀리 쫓아냈을 뿐, 죽였다는 말은 듣지 못했다. 너는 어찌 그다지도 잔인하냐? 너는 네 아버지의 아들이 아니다. 또 내 아버지의 손자가 아니다. 그놈을 이 지경으로 만든 것은 너의 잘못이 아님이 없다. 걸주桀紂가 천하를 폭력으로 다스리자, 백성이 그것을 따랐다. 대개 백성은 윗사람이 좋아하는 것을 따르고 명령하는 것은 따르지 않으니, 그놈도 네가 좋아하는 것을 따랐을 뿐이다. 그 여자에 비하면 그놈의 죄는 가벼운데, 그 여자는 보호하여 보내고 그놈은 형살刑殺한 것은 무엇 때문이냐? 나는 네 얼굴을 보고 싶지 않다. 어제저녁 감역監役이 나에게 편지를 써서 몹시 걱정했는데, 이것은 골육의 정이다. 측은하게 여기고 사랑하는 마음이다. 너는 어찌 이런 심정이 없느냐? 어이하여 '차마 하지 못하는 마음[不忍之心]'이 없느냐? 너는 나의 아들이자 내 아버지의 손자로서 이런 일이 있느냐? 곰거리는 무엇 하러 보내느냐? 왜 그 여자에게 보내지 않느냐? 나는 먹고 싶지 않다. 너는 무슨 면목으로 네 장인을 뵈느냐? 종이가 다하여 이만 줄인다.

1861년 9월 3일 아버지(6999)

서울에서 악소배의 물이 들어 저질렀던 행동들은 오히려 애교에 가까웠다. 당시 꾸중과 타이름을 반복하던 아버지의 편지 중 하나는 다음과 같다.

> 장희 보아라.
>
> 나는 네가 아이 때부터 관례와 혼례를 치를 무렵까지 글을 배우며 사고하고 이해하는 것을 보고, 그 재주가 좋은 사람이 될 가망이 있다고 생각했는데, 뜻밖에 서울 악소배의 악습에 많이 물들어 늘 걱정했다. 그러나 그것은 오히려 과거科擧와 벼슬 주변의 일이었다. 요즘 하는 짓은 모두 시정 모리배와 향곡鄕曲 무단배武斷輩의 짓이며, 밤낮으로 접하는 자는 잡류雜流가 아닌 자가 없고, 생각하는 것은 돈벌이가 아닌 것이 없다. 그 용모와 행동과 말과 하는 일을 보면 이미 사자士子의 모습은 없고, 단지 잡류일 뿐이다. 천하의 사물은 기질이 비슷한 것끼리 상종하지 않음이 없는데, 잡류로 처신하여 시골구석에 살며 또 따르는 잡류가 있으니, 이렇게 험난한 시절에 한미한 사가士家의 자제로서 스스로 잡류임을 면치 못하고, 또 잡류와 서로 교제하며 고궁固窮과 안분安分이 무엇인지 모른다. 그러고도 화망禍網(재앙의 그물)에 걸리지 않는다면, 다만 요행일 뿐이다. 차라리 죽을지언정, 자손이 이런 행동을 한다는 것을 듣고 싶지 않은 것이 바로 오늘 나의 심정이다. 아버지 뵈러 가려고 새벽에 일어나 이 편지를 써서 꾸짖는다. 네가 아버지 훈계 안 듣고 전처럼 행동하면 나는 다시는 네 얼굴을 보지 않겠다. 반드시 빨리 고칠 방도를 생각해라. 공자가 "이익을 따라 행동하면 원한이 많다.[放於利而行, 多怨]" 고 했는데, 이 말에 대하여 정자程子는 "자기에게 이익이 되기를 바라면

반드시 남에게 해가 되기 때문에 원한이 많다."고 했다. 이것은 『논어』의 「이인里仁」 제12장이다. 반드시 상세히 보아 그 소주小註까지 일일이 눈에 넣고 마음에 새겨라. 공자의 이 말은 『맹자』 첫 장의 장하주章下註에 있는 태사공太史公의 설에도 보인다.

공자가 또 "군자는 의리에 밝고 소인은 이익에 밝다.〔君子喩於義 小人喩於利〕"고 했는데, 이것도 「이인」 제16장이다. 집주集註와 소주를 하나하나 상세히 읽어라.

『대학』 「평천하平天下」장의 "덕이 근본이고 재물은 말단"이라고 한 곳을 일일이 자세히 봐라. 『맹자』 「계명이기鷄鳴而起」장도 잠시라도 마음에 잊어서는 안 된다. 나는 늘 새벽에 일어나 이 장을 암송하는데, 나도 모르게 두려워 스스로 반성하게 된다.

한나라 소광疏廣의 말에 "나는 이미 자손을 교화할 만한 것이 없으나, 그 과오를 더함으로써 남의 원한을 사는 것은 바라지 않는다."고 한 것이 있는데, 이것은 『소학』에 실렸다. 잘 읽어보아라.**(6818, 1854년 무렵)**

그런 가운데서도 조장희는 과거에 대한 집착을 버리지 않았다. 과거 시험 한번 보는데 30~40냥 정도의 큰돈이 드는데도, 그는 거의 해마다 과거를 보러 상경했다. 여비가 없어 도보로 상경한 적도 있었다. 드디어 1861년 장희는 응제진사시應製進士試에 합격했다. 시험 전에 조두순이 장희의 진사시에 관하여 어떤 언질을 준 것으로 보아, 장희의 합격에는 조두순의 영향력이 작용했던 것으로 보인다. 그 전에 조병덕의 장조카 봉희가 조병덕에게 보낸 편지에, '닷새를 멀다 하고 장희가 조두순의 집에 출입하는 것이 마치 무변武弁이나 문객 같아서 사촌 장형으로서 창피하다.'고 한 것도 시사하는 바가 없지 않다.

진사가 된 후 조장희의 생활에 두드러진 변화가 있었던 것은 아니다. 암행어사와 운현궁에서 파견한 밀정이 다닌다는 소문도 이따금 있었고, 그런 소문을 듣고 불안하여 아들을 꾸짖거나 타이르는 조병덕의 편지도 계속되었다. 조장희의 이름이 등재된 『사마방목司馬榜目』에 "인간 만사에 좋은 자손이 있는 것만 한 것은 없다. 집에 좋은 자손이 없으면 만사는 모두 헛일이다."라는 동춘당同春堂의 말을 조병덕이 써놓은 것은, 그의 간절한 소망에 불과했다. 다음 편지를 보면 조병덕은 장희에 대한 미련을 완전히 버렸음을 알 수 있다.

> 그간 무사하냐? 오늘은 셋째 손자 숙술肅述의 삼칠일이다. 사랑하는 마음 가운데에도 바라는 바는 오직 '글종자文種'가 끊이지 않는 것이다. 너희들은 모두 이미 문장이 없으며, 예술禮述의 문장도 지금 가망이 없으니, 어찌 한심하지 않으냐. 내가 원하는 바는 덕술悳述과 이 아이가 글종자가 되는 것인데, 내가 어찌 미처 볼 수 있겠느냐? 내 마음이 어찌 슬프지 않겠느냐? 기준이 아전 최승화崔昇花와 관련된 문제는 네 말대로 하지 않을 수 없으나, 훗날 무엇으로 빚을 갚느냐? 어찌 그놈에게 돈을 잃을 수 있느냐? 기어코 받아내야 한다. 네 아우의 일은 바로 네 일이고, 너희들의 일은 바로 네 아버지 일이며, 우리 부자의 일은 바로 우리 가문과 관계가 있는 것이다. 어찌 가볍게 보아 되겠느냐?
>
> 윤8월 18일 아침 아버지(6868, 18620818)

1867년 조장희는 '불법무단不法武斷'의 토호土豪로 지목되어 체포되었다. 조병덕이 늘 우려하던 일이 현실로 드러난 것이었다.

조병덕과 조장희의 특성을 간추리면 다음 표와 같다.

조병덕과 조장희의 비교

조병덕	조장희
삼계리	청석교
학문적	세속적
안분	출세
고궁	욕망
인의	돈벌이

이를 보면, 두 사람은 부자지간이면서 철저히 상반된 인물임을 알 수 있다. 조병덕에게 어찌 조장희 같은 아들이 있을까? 그렇게 노력했음에도 조병덕은 반면교사의 역할밖에 하지 못했던 것이다. 그러나 도덕적인 잣대로 조장희를 매도할 필요는 없다. 조장희도 그 시대의 방식대로 자기의 인생을 열심히 살았던 인물이다. 몰락해가는 양반가의 아들로, 사나운 기질을 타고난 그가 선택할 수 있는 삶의 양식은 그리 다양하지 않았다. 오히려 조병덕보다는 조장희가 그 시대의 전형적인 모습에 더 가까웠다고 할 수 있다. 낭속과 노속으로 이루어진 잡류배를 거느리고 내포지역을 횡행하던 토호의 전형을 조장희를 통하여 생생히 엿볼 수 있다. 조병덕은 그것을 가리켜 세변世變이라고 했다. 세상이 바뀌었던 것이다.

십리, 아버지와 아들의 거리

— 삼계리와 청석교

내게 온 편지 모두 보낸다.
반드시 상세히 본 후 잘 보내라.
모든 편지를 하나하나 수습하여
하나도 빠뜨리지 마라. 부득이 전인을 보낸다.
거기 온 편지 중 혹 내가 안 본 것이 있거든 보내라.

삼계리와 청석교는 고개 하나만 넘으면 왕래할 수 있을 정도로 서로 가까웠지만, 두 곳의 성격은 판이하게 달랐다. 삼계리는 사방이 산으로 둘러싸인 궁벽한 산골인 반면, 청석교는 교통이 편리하고 인파가 붐비는 대처大處에 자리하고 있었다. 조병덕과 조장희의 관계도 이러한 삼계리와 청석교의 관계와 유사했다. 두 사람은 부자지간이었지만, 그들의 인간적인 모습은 마치 그들이 살았던 삼계리와 청석교가 그랬던 것처럼 서로 판이했다. 그랬기 때문인지 두 사람 사이의 왕래도 뜸했다. 도리로 보면 조장희가 아버지를 자주 찾아뵈어야 했으나, 그는 아버지가 불러도 잘 가지 않았다. 세속에 밝았던 조장희가 보기에 아버지는 답답할 정도로 세상일에 어두웠다. 각기 추구하는 바가 달랐던 두 사람 사이에 대화가 될 수 없었다. 조병덕은 아버지 생전에 삼계리에서 백여 리 떨어진 유산鍮山까지 한 달에 한 번씩 문안인사를 다니곤 했다. 만약 조최순과 조병덕이 각각 삼계리와 청석교에 살았다면, 조병덕은 하루가 멀다 하고 문안을 다녔을 것이다. 그러나 조병덕이 사는 삼계리와 조장희가 사는 청석교는 서로 가깝고도 먼 곳이었다. 그리고 이 가깝고도 먼 두 곳을 연결해준 것이 바로 편지였다.

당시 편지를 전하는 방법은 관편官便, 전인專人, 인편因便 세 가지가 있었다. 관편은 관리가 관의 인력과 조직을 동원하여 편지를 부치는 것이었고, 전인은 삯을 주고 편지를 전할 사람을 사서 편지를 부치는 것이었고, 인편은 수신자가 있는 방향으로 가는 사람에게 편지를 부치는 것이었다. 조병덕은 관리가 아니었으므로 관편은 이용할 수 없었다. 그는 종종 전인을 쓰기도 했지만, 그것은 긴급할 때에 한했다. 적당한 전인을 구하기가 어려웠을 뿐 아니라, 그 삯도 조병덕에게는 만만한 것이 아니었기 때문이었다. 그리하여 편지를 보낼 때 주로 인편을 이용할 수밖에 없었다. 그런데 외진 삼계리에 앉아서는 인편을 구할 수가 없었다. 결국 그가 선택한 방법은 교통이 편리하고 왕래하는 인파가 많은 청석교에 사는 아들 조장희를 이용하는 것이었다.

그는 주로 새벽에 육촉肉燭(쇠기름으로 만든 초)을 밝히고 편지를 썼다. 그렇게 써 모은 편지를 인편이 있을 때 모두 한 봉투에 넣어 청석교로 보내면, 조장희가 각 편지마다 봉투를 만들어 봉하고 주소를 써서 인편을 찾아 각지로 부쳤다.

> 석범石帆에게 보내는 편지는 상세히 봐야 된다. 이번에도 만약 또 낭패라고 하면 빚더미 위에 또 빚을 내더라도 기어코 전인을 보내라. 지금 가는 편지 중 월궁月宮에 가는 언찰諺札 외에 각 처에 가는 편지에 모두 피봉을 하지 않은 것은, 네가 반드시 뜯어보기 때문이다. 반드시 각 편지를 각각 봉투에 넣고, 그것을 모두 큰 봉투에 넣어 보내라. 그리고 교합장校閤丈(조두순)에게 가는 별지別紙 일곱 장은 결코 묵히거나 빠뜨려서는 안 된다. 참봉과 감역에게 가는 편지는 반드시 네 편지봉투에 함께 넣어라.(6395)

답장의 경우에는 조병덕에게 직접 오는 것도 적지 않았지만, 보낼 때와 반대로 조장희를 통하여 조병덕에게 전달되는 것도 많았다. 많을 때는 한 번에 스무 통에 가까운 편지를 처리하기도 했다. 말하자면, 조장희는 조병덕의 우편 창구였던 셈이다.

서울에 가서 머물 때도 조장희는 청석교에서 하던 창구 역할을 그대로 맡았다. 서울 가는 인편을 만나면, 조병덕은 그동안 써 모았던 편지들을 모두 한 봉투에 넣어 조장희에게 보냈다. 조장희는 그것을 받아서 편지마다 봉투를 만들어 넣고 주소를 써서 자신이 직접 전하거나 인편을 찾아 부쳤다. 그리고 답장을 받아 모아서 인편을 찾아 삼계리로 부쳤다. 다음은 서울에 있는 조장희에게 조병덕이 보낸 편지다.

> 이 편지 저 편지 막론하고 일일이 전하고 답장을 받아라. 풀로 붙이지 않은 봉투는 풀로 붙여라. 영남, 호남, 두 방백에게는 답을 쓰려 했으나 쓰지 못했다. 청송青松에 보내는 답장은 꼭 전하고 빠뜨리지 마라. 밀가루 한 포는 작은어머님께 드려라.**(7028 쪽지)**

그리고 조장희가 서울에서 청석교로 내려온 후, 조병덕은 조장희가 서울에서 하던 역할을 동문 신응조에게 해달라고 양해를 구하기도 했다. 이러한 과정은 겉으로 보면 그저 아버지가 심부름을 시키고 아들이 심부름을 하는 데에 불과한 것으로 보이지만, 그것 자체가 하나의 교육이었다. 조병덕은 아들이 이따금 보내는 편지를 보고 글씨, 서식書式, 용어, 오자 등에 관하여 자세히 지적하고 시정해주었다. 다음 편지는 그중의 한 예다.

> 용곡龍谷 종인宗人 성고聖皐 씨는 비록 촌수는 멀지만 너희들에게 증조부 항렬이 되니, 너는 스스로 '종하宗下'라고 칭해야 옳다. '종말宗末' 두 자는 항렬이 높은 사람이 항렬이 낮고 어린 사람에게 쓰는 말이다. 어찌 존속尊屬에게 쓸 수 있느냐? 비록 하나의 명칭이라도 이렇게 따지지 않

으면 안 된다. 안경을 내다 팔겠다는 것은 무엇 때문이냐? 시골에 그런 물건을 사는 사람이 있느냐? 네가 사리를 모르고 분수를 지키지 못하는 것이 도처에 이러하니, 몹시 걱정이다.(7006)

아버지가 보낸 편지들을 일일이 봉투를 만들어 넣으면서 장희는 자연스레 편지의 내용을 알게 되었다. 그것은 조병덕이 바라는 바이기도 했다. 보내는 편지의 내용을 설명하며 상세히 읽으라고 한 것을 보면, 심부름을 시키는 것보다는 아들을 교육시키는 것이 조병덕에게는 더 큰 목적이었는지도 모른다. 그리고 나아가 그는 자기에게 직접 온 편지도 장희에게 보내어 읽게 하고, 장희에게 온 편지도 자기에게 보내게 하여 읽었다.

청석교에 즉시 전한다.

어제 편지는 지금도 위로가 된다. 너는 밤새 무사하며, 네 딸 병은 또 어떠하냐? 그제 저녁 홍산鴻山에서 온 조보축朝報軸과 정사政事는 모두 도목都目(도목정사) 이전 것이다. 정신과 시간을 허비하고 싶지 않아 일단 두었다가 지금 보내니, 본 후 돌려보내 버려라. 이방吏房의 답고答告(답하는 告目)가 성의가 없는 것은 네 형 때문이다. 반드시 즉시 돌려보내고 말이 있게 하지 마라. 네 형 편지는 광동廣洞의 노씨 성을 가진 사람이 그제 밤 와서 전해서, 비로소 네 형의 사은숙배가 초이틀에 있는 줄 알았다. 상행차喪行次는 오늘 떠나서 17일 달산達山에 도착하여 숙소를 배정하고 점심을 먹을 것이다. 본 고을에서 거행할 절차를 너는 반드시 성주城主께 편지를 써서 아전 하나하나에게 전달되게 하여 낭패가 없도록 해야 한다.

감역監役이 내게 보낸 편지와 네게 보낸 편지를 보낸다. 그리고 네 형이 내게 보낸 편지와 서울 편지를 합하여 모두 일곱 통인데, 네게 보여주지 않을 수 없어 보낸다. 하나하나 빠뜨리지 말고 돌려보내라. (7639, 18610111)

내게 온 편지 모두 보낸다. 반드시 상세히 본 후 잘 보내라. 모든 편지를 하나하나 수습하여 하나도 빠뜨리지 마라. 부득이 전인을 보낸다. 거기 온 편지 중 혹 내가 안 본 것이 있거든 보내라.

23일 아버지(7003)

때로는 조장희를 거치지 않고 편지를 보낼 경우에도 가능하면 조장희에게 보여주려 했으며 중요한 편지는 사본을 보여주었다.

편지 보니 위로가 된다. 장준의 병은 끝까지 마음을 놓을 수 없다. 조심하고 또 조심해야 한다. 대사가 코앞에 닥쳤는데 상채喪債(상을 치르며 진 빚)를 또 독촉하니, 장차 어떻게 하면 좋으냐? 어제 위장衛將이 갈 때 부쳐 각처에 보낸 편지들을 네게 보여주지 못해 아쉽다. 단 교동校洞 편지 초고는 있다. 이만 줄인다.

(1864년) 11월 14일 아버지

유선儒選(학문과 덕망이 높은 학자를 천거하여 벼슬을 내리는 것)의 피해로 한시도 편안한 마음으로 조용히 앉아 있을 수 없다. 몹시 걱정이다.(7640)

조병덕이 자신의 정보를 아무에게나 공개했던 것은 아니다. 조장희가 없을 때 그는 종종 서동생 조병응趙秉應에게 편지 심부름을 시켰는데, 서동생이 자기 편지를 뜯어본다는 사실을 눈치 챈 조병덕은 주의를 주기도 했다.

> 접때 인편이 있었는데 답장 쓰지 못해 아쉬웠다. 지금은 인편이 있는데 네 편지가 없으나, 무고함을 대략 알아 다행이다. 그사이 여행 중에 안부는 어떠하냐? 형은 아직 죽지 않았다. 몹시 질기구나! 내 목숨이. 오직 옛 책 보는 것을 소일거리로 삼지만, 병 때문에 여의치 않으나, 무슨 수가 있겠느냐. 삼계, 달산, 동산, 세원, 상포 등지의 집안은 모두 큰 우환은 없다. 경주 청단青壇의 한처사韓處士(한운성)에게 가는 편지는 반드시 전하고 답을 받아라. 나머지는 바빠 이만 줄인다. 예천 관아에 가는 편지도 중간에 뜨게 하지 말기 바란다. '남이 부친 서신書信을 뜯어보거나 묵혀서는 안 된다.' 이 말은 『소학』에 있다. 그러지 않도록 노력해라. 노력해라.
>
> 1861년 12월 28일 작은형(**6518**)

그는 통신 보안에도 철저하여 남이 보아서는 안 될 편지를 조장희에게 보낼 때는 편지 끝에 반드시 태워 없애라는 말을 덧붙였다. 그리고 자신의 편지를 아무렇게나 두는 것을 보고 다음과 같이 주의를 주었다.

> 읍에서 목수패木手牌(범인을 체포할 때 보여주는 나무로 만든 패찰)로 업동業同과 이미 죽고 없는 응실應室을 잡아가려 한다. 이것이 어찌 신관사

또가 한 것이겠느냐. 고을 아전배가 반드시 우리 집에 앙심을 품고 있는데, 너는 그것도 모르고 늘 고을 아전배는 믿을 수 있다고 하니, 어찌 그리 미혹됨이 심하냐? 내 편지는 긴요한 것이든 시시한 것이든 모두 잘라서 지승紙繩을 만드는 것이 좋겠다. 전에 네 벼룻집과 방 안 곳곳에 내 필적이 있던데, 남의 눈에 띄어서는 안 되는 것들이다. 너의 허술함을 그것으로도 알 수 있다. 장준壯俊에게는 안에서 다음 달 초 2, 3일에야 전인專人을 보낸다. 아마 의복이 완성되지 않았기 때문일 것이다. 이 아이 또한 하나의 걱정스러운 사람이다. 네가 절에 가서 병 치료를 하고 싶다고 했다고 중대사中臺寺 중[僧]이 말하는데, 정말이냐?**(6760, 1860년 무렵)**

이렇게 자신의 사적인 모든 정보를 아들과 공유하는 것은 도덕적인 자신감과 아들에 대한 신뢰가 없이는 불가능한 일이다. 그것은 병약한 자신이 언제 죽을지 모르기 때문에 유사시를 대비한 것이기도 하며, 그러한 과정을 통하여 그는 아들을 계도하고 사회화시키는 교육을 자연스럽게 실행했다. 말하자면, 편지 심부름을 통하여 아버지의 편지 왕래망은 아들에게 세습되었던 것이다. 동시에 그것은 세교世交(집안 사이에 대대로 이어지는 교제)로 이어지는 길이기도 했다.

3장

생계로서의 도덕경제

도덕 경제는 사회의 관습, 지배복종 관계의 시혜, 인간적인 호의 등으로 이루어지는 증여와 선물을 말한다. 객관적인 가치를 교환하는 상거래로 이루어지는 시장경제와 상대되는 개념이다.

조병덕은 수령으로 나가 있는 자제들로부터 각종 명목의 돈을 비롯하여 문방구, 종이, 부채, 역서曆書, 곡물, 초燭, 베布, 건어물, 포脯, 젓갈, 미역, 참기름, 꿀, 생강 등에 이르는 수많은 종류의 선물을 받았다. 그는 수령의 가렴주구를 비난하면서도 이런 증여와 선물을 당연히 생각하여 기다리기까지 하고, 오지 않으면 섭섭한 마음을 강하게 드러냈다. 그의 경제생활은 증여와 선물에 크게 의지하고 있었던 것이다.

그는 구매력이 없었지만, 있었다고 해도 쓸 만한 공산품은 시장에서 살 수 없었다. 국가가 거의 다 독점하고 있었기 때문이다.

가난한 유학자의 점잖은 사치

조병덕의 지출

'접때 가마꾼 삯이 아직 남은 돈이 많다.'고
한 것은, 양반이 신용을 잃으면 안 되는데,
내게 3냥밖에 없어 보낸다.
6냥 중에 나머지 3냥도 곧 보낼 생각이지만,
들어올 데가 없어 몹시 걱정이다.

조병덕가의 경제생활에는 내외의 구분이 있었다. 그는 농지 현황을 말하면서 '너희 어머니가 개인적으로 산 논'이라고 하며 부인 이씨의 돈으로 산 논은 부인의 재산으로 구분해놓고 있다. 그리고 경상적 가계비 지출은 주로 이씨가 하고, 조병덕은 주로 문방구, 육촉, 부채, 역歷, 통신, 여행 등의 경비를 지출했다. 그가 빚에 시달리면서도 '안에 손을 내밀 수 없다.'고 하는 것을 보면, 경제생활의 안팎 구분은 뚜렷했던 것으로 보인다. 따라서 조병덕의 편지로는 조병덕가의 안살림은 알 수 없다. 대략이나마 파악할 수 있는 것은 대부분 조병덕의 경제생활이다.

역曆은 주고받기에 서로 부담감이 없는 격조 있는 선물이었다. 조병덕은 집안 자제들과 제자들에게 역을 선물로 줌으로써 친밀하고 돈독한 관계를 확인시켰다. 제자들에게 분배할 역을 아들에게 보내면서 함께 보낸 편지와 건기件記는 다음과 같다.

> 진천鎭川이 보낸 요전料錢 외에 다른 물건은 소위 김돌석金乭石의 아들 흥곤興昆이 가져오는데, 그믐께나 돌아온다고 한다. 생치生雉 두 마리는 떡국 고명을 만들 수 있는데, 역시 아직 오지 않았다. 내일 새벽은 돌아가신 숙부 제삿날이어서 감회와 슬픔이 새로운데, 이제야 비로소 그 제수전 한 냥을 줬다. 진천에서 온 역서 가운데 거기서 보낼 수 있는 것 보낸다.
>
> 신력新曆 5건, 또 중습仲習 2건, 군소君素 2건, 용곡龍谷 2건은 모두 진천에서 온 것이다.
>
> 이자우李子羽, 이백견李伯見, 이유행李儒行 합 3건과 편지는 방축동防築洞에 보낸다.

김태로金泰老, 임겸수任謙受 각 1건과 임사행任士行 2건과 편지는 모두 황성皇城에 보내는데, 반드시 기와집을 찾아서 전할 것.(**7612, 18641227 의 별지**)

위 건기에 나오는 인물 가운데 백중습은 글씨를 잘 써서, 조병덕이 가까이 데리고 대필代筆을 시키던 제자다. 용곡은 수제자인 종씨 조진학趙鎭鶴을 가리킨다. 이자우 역시 제자로, 조병덕이 양식이 떨어지면 그에게서 곡식을 많이 빌려 먹었다. 이백견과 이유행은 이자우와 같은 마을에 사는 것으로 보아 모두 한집안 사람이며, 조병덕의 제자인 것으로 보인다. 임사행도 조병덕의 집에 자주 출입한 제자였는데, 살림이 넉넉했다.

이러한 제자들과 자제들에게 나누어주기 위하여 조병덕은 한 해에 30~40건의 역이 필요했다. 이렇게 많은 역을 조달하기가 쉽지 않았다. 위 건기에 의하면 조카 진천 현감 조용희趙龍熙가 역을 선물로 보냈음을 알 수 있다. 그리고 조용희처럼 역을 보낸 자제배가 또 있었다. 서울에 있는 종질 조기희趙夔熙도 역을 보내고 있다.

첨정僉正이 보낸 역서는 관에서 만든 역이다. 귀한 것이다. 그것과 내가 2냥 주고 사온 것을 합하여 써도 부족하니, 걱정이다.(7033)

이로 미루어볼 때, 수령으로 있던 자제배가 보낸 역이 적지 않았을 것이다. 그리고 관에서 만든 역을 '귀한 것'이라고 하며 품질을 높이 평가하고 있다. 이렇게 선물로 들어온 역과 2냥 주고 사온 역을 조병덕은 자제배와 제자들에게 나누어주었다. 1860년 또 다른 편지에서도 역을 사는 데 대략 2냥을 쓰고 있다.

장희에게 답장 보낸다.

어제 편지에 미처 답하기 전에 지금 편지가 또 오니, 위로가 된다. 게다가 밤새 무고함에랴. 덕술도 깨끗이 나은 것 같아 기쁘다. 나는 어제 비하여 조금 나아 다행이다. 충청감사의 편지와 그 별지를 모두 시지試紙 봉투에 넣어 보내니, 본 후 감사 편지는 돌려보내라. 다만 완문完文은 봉투에 넣어 관아로 보내어, 그 내용을 아전과 향임들에게 공포하여 알리라고 성주城主(남포현감)께 편지를 써서 요구해라. 대추는 접때 김석이金錫伊와 의논하니, 근처 시장에서 구한다고 하더라. 보은에 전인을 보내는 문제는 돈이 들고 마음이 쓰이니, 형편을 보아가며 할 생각이다. 역서曆書는 한두 냥으로라도 사와야 낭패를 면할 것 같기에, 여기 돈을 보낸다. 나머지는 이만 줄인다.

1860년 10월 28일 아버지

다시 생각해보니, 돈은 2냥을 보내지만 역서에는 단 한 냥만 써도 무방하다. 감역과 교합의 답장은 안 와도 괜찮으나, 석범石帆에게 보낸 편지에도 답이 없으니 괴이하다.(7634, 18601028)

조병덕은 역을 사는 데 한 해에 2냥 내외의 돈을 지출했음을 알 수 있다. 그러나 그 금액도 조병덕에게는 적지 않은 부담이었다.

역서 값을 구할 길이 없으니 어떻게 하면 좋으냐? 이달 세 차례 제사에 쓸 병청餠淸(떡 찍어먹는 꿀)을 사려는데 그 값이 너무 높아 까닭을 물었더니, 차동次洞 국서國瑞가 꿀을 백 단지 가까이 사서 그렇다고 한다. 근처에 꿀을 살 곳이 없으니, 내년 정초 약밥에 쓸 것은 장차 어디서 사 써야 하느냐? 한 해 한 번 지내는 포천 제사(조병덕의 6대조 조태휘의 제사. 그는 포천 군수를 지낸 적이 있었다)는 3월 10일인데, 그 제수전으로 곗돈에서 떼어두었던 10냥을 내가 마련하여 올려보내야 한다. 이 또한 어찌 걱정스러운 것이 아니냐? 이것도 모두 260냥의 여독이다. 한마디로. "가슴이 아프다. 가슴이 아프다."(7011)

역이 연말 선물이라면 부채는 단오 선물이었다.

양식이 떨어졌다. 볏섬 빌리는 곳에 편지를 쓸 때 인사 차릴 것이 없어서는 안 되니, 부채를 속히 보내라.(6992)

이 사연은 '역분배건기'에 나온 바 있으며, 조병덕이 볏섬을 많이 빌려먹은 이자우를 염두에 둔 것으로 보인다. 실제로 조병덕이 해마다 부채를 선물한 사람은 30여 명이었으며, 그중에서도 그는 이자우를 우선으로 생각하고 있었다.

부채는 네 형이 30여 자루를 포장하여 부쳐 줄 사람의 이름을 다 써놓았는데, 내가 우선 다른 사람에게 주자고 해도 듣지 않는다. 네 형이 융통성이 없어서 그렇다. 통영 부채가 올 때까지 기다릴 뿐이다. 이자우에게도 주지 못했다.(6314, 18650504)

부채 선물도 역 선물과 마찬가지로 돈독한 인간관계를 유지하는 데 썼으며, 선물 대상도 역과 대동소이했다.

그러나 부채의 경우에는 역서와는 달리 조병덕이 시중에서 구입한 예를 찾아볼 수 없다. 부채는 더위를 식히는 도구였을 뿐만 아니라 양반에게는 외출 때 지니는 장신구로도 쓰였는데,(장준이 과연 내 부채를 가져갔느냐? 하나밖에 없던 칠선漆扇도 남에게 줘버리고, 출입할 때 손에 잡을 것이 없어 몹시 괴롭다(6426, 18610721)) 양반이 장신구로 사용할 정도의 고급품은 시중에 유통되지 않았기 때문이었다. 그리하여 호남과 영남 지방의 수령으로 나가 있는 자제들의 부채 선물을 조병덕은 크게 기대하고 있었다.

> 부채는 왜 보내지 않느냐? 작년에는 부채의 부족이 전해보다 더 심했다. 그래서 사람들이 모두 남원부채를 네 형과 나에게 얻으려고 청하는데, 무엇으로 답해야 하느냐? 대저 남원이 도임한 것이 벌써 1년이 되었는데, 남원부채는 나와 네 형은 아직 모양도 보지 못했다. 그런데 소위 도립보都立甫, 김성열金聖悅 무리 중 손에 들지 않은 놈이 없으니, 이 또한 어찌 상도常道를 거스르는 것이 아니냐? 이렇든 저렇든 호남과 영남 그리고 통영統營에서 오는 것은 하나하나 빠짐없이 보내야 된다. 겉으로 보면 '남원', '보성', '용담' 운운하지만, 세 곳의 부채를 언제 한번 본 적 있느냐? 가소롭다. 가소롭다. 세태를 엿볼 수 있다. 그것을 어떻게 하겠느냐? 사람들이 모두 남원부채를 나에게 구걸하는 것 또한 가소롭지 않으냐?(**7674 별지, 18600509**)

남원부사로 있는 장조카 조봉희趙鳳熙를 비롯한 보성과 용담의 수령인 자제들로부터의 부채 선물을 강하게 기대하고 있다. 특히 남원부채는 그 가운데 가장 고급품이었다. 그러나 자제들에게 부채 얻기가 그리 녹록하지 않았다.

조병덕은 또 영남 감영, 호남 감영, 그리고 통영 세 곳에서도 부채 선물을 받고 있는데, 그것은 국가에서 공식적으로 분배해주는 것이었다. 다음 편지는 조장희가 토호로 붙잡혀 유배된 후 서울에 있는 종질 기희夔熙에게 보낸 것이다.

> 양남兩南(영남과 호남)과 통영統營의 예봉절선例封節扇(전례에 따라 봉하여 진상하는 부채)도 죄인의 집에서 감히 받을 수 없다. 이것 또한 교동에 가서 사뢰고 절선을 돌려보내라. 이 문제는 여기서 청동淸洞 신참판申參判(신응조)에게 편지로 알리겠다. 절선을 받는 것이 본래 미안했으나, 전부터 내려온 관례라 감히 그만 둘 수 없었다. 이제는 어찌 감히 받는다고 하겠느냐? 반드시 확실히 양남 감사와 통제사의 본가에 돌려보내고, 중간에 없어지는 불분명한 폐단이 없게 해라.(**개인소장, 18670510**)

그가 누차 벼슬을 받아 종2품 가선대부에까지 올랐기 때문에 예봉절선을 받은 것으로 보이는데, 예봉절선을 사양하여 돌려보내며 조두순과 신응조에게 그것을 알리고 있다. 그러나 그것도 1869년에는 한 곳에 20개씩 모두 60개가 삭감되었다. 임금의 명령에 의한 것이었다.

조병덕의 편지에 자주 등장하는 물건 중 하나가 바로 육촉이다. 육촉은 특히 밤에 편지를 많이 쓰는 조병덕에게는 요긴한 생활필수품이었다. 조병덕 시대의 조명 방법에는 대략 밀랍으로 만든 납촉蠟燭, 쇠기름으로 만든 육촉, 들기름[法油] 등 세 가지가 있었다. 밀초는 고급품이라 조병덕과는 거리가 멀었다. 그는 주로 육촉을 썼는데, 늘 넉넉하지 못했다. 필요할 때 잠깐씩 켰다가 끄는 모습도 보여준다.

> 만달晩達 편으로 보낸 편지, 간지簡紙, 백지 등은 중간에 뜨지 않았느냐? 밤새 안부는 어떠하냐? 나는 밤에 또 체증, 설사, 더위에 시달리며, 한밤중에 일어나 앉았다가 마당에 나가 방황하기도 했다. 이것이 무슨 고생이냐? 용곡龍谷 종인宗人 같은 이야기 상대라도 있었으면 좋겠다. 그렇지 않으면 육촉이라도 넉넉하면 좋겠는데, 잠시 초를 밝혔다가는 도로 꺼야만 하고, 끝내 잠은 이루지 못하고, 몹시 걱정이다.(6426, 18610721)

육촉도 자제배로부터 선물로 받았다.

> 밤에 불을 켜기가 매우 어렵다. 남원南原은 6월에 육촉肉燭 50자루를 보냈을 뿐이다. 근자에 아산牙山에 갔다 왔는데, 그 현감이 50자루를 보내서 겨우 떨어짐을 면했다. 보성寶城이 그 전에 보낸 50자루가 있었기 때문이다. 매일 닭 울기 전부터 아침까지 촛불을 밝히려면 비록 하는 일이 없어도 불을 밝힐 재료가 없어서는 안 되니, 그것을 어떻게 하겠느냐?(7523, 18591007)

6월부터 9월까지 약 120일간 육촉 150자루를 쓰고 있다. 하루 평균 한 자루 이상을 썼음을 알 수 있다. 그런데 육촉을 구입한 예는 찾아볼 수 없다. 육촉은 조병덕이 사는 곳의 인근 시장에서는 유통되지 않았던 것으로 보인다. 그는 육촉을 주로 만들어 썼다.

> 접때 판근判根이 돌아갈 때 관가에 편지를 써서 최가놈의 석방을 청했다. 석이錫伊에게 돈 100냥을 2월 초까지 주고 쇠기름을 살 계획이다. 초는 거기서 만들고, 만든 초를 보내는 것이 좋겠다. 설에는 떡국 구미육具味肉(고명 고기)만 살 계획이지만, 이것 또한 종계전을 범하여 쓰는 것밖에는 변통할 길이 없으니, 어떻게 하면 좋으냐? 안에서는 석이에게 내어준 돈이 100여 냥이나 되니, 입도 벙긋하지 말라고 하는구나.
>
> 12월 24일 아버지
>
> 『율곡전서栗谷全書』 외에 또 『삼산재집三山齋集』(김이안 문집)이 거기 있느냐? 알려라.**(6662, 1861년 무렵)**

육촉을 만들기 위한 쇠기름을 사는 데 100냥이나 되는 큰돈을 지출하고 있다. 육촉을 대는 데 적지 않은 돈이 들었음을 알 수 있다. 그래서 육촉은 주로 독서할 때만 켜고, 그 외에는 들기름을 사용하기도 했다.

> 『농암집農巖集』12책을 돌려보내니 잘 두어라.
>
> 육촉은 남은 것이 얼마 안 되니 반드시 잘 두고, 들기름을 대신 써라. 은제恩弟가 빌린 노자 4전 5푼을 갚았으니, 하기下記(지출을 장부에 기록함)하라는 뜻을 세갑世甲에게 말해라.**(7073, 18440903)**

조병덕은 학자였기 때문에 잠시도 지필묵紙筆墨을 멀리할 수 없었다. 쉴 새 없이 편지를 쓰고 많은 사람의 글이나 글씨 부탁에 응하느라(나는 체설하지 않는 날이 없으며, 찾아오는 사람이 많아 지탱하기 힘들다. 게다가 글씨 쓰는 일은 더욱 견디기 힘들다(7648 18641208)) 지필묵을 많이 소비하여, 늘 부족한 형편이었다. 게다가 남아 있는 그의 편지를 보면, 경제적 형편이 넉넉하지 않았음에도 싸구려 지필묵을 쓰지 않았다. 종이는 상급품에 속하고, 먹은 아직도 윤기가 있으며, 탄력 있는 글씨의 획으로 볼 때 붓은 양털이 아닌 족제비 털로 만든 황모필로 썼다는 것을 알 수 있다.

그중에서도 가장 많이 소비한 것이 종이였다. 그리고 종이가 떨어지는 것이 조병덕에게는 가장 큰 고통이었다.

> 종이 사정이 몹시 어렵다. 천하의 괴로움 중에 이것보다 심한 것은 없다.(7644, 18610705)

붓은 사서 쓰기도 하고 얻어 쓰기도 했지만, 주로 재료를 마련하고 필공筆工을 불러 공임을 주고 매어 썼다.

> 붓은 전후로 얻은 것이 좋은 것 나쁜 것 합하여 수십 자루밖에 안 남았는데, 늘 장준壯俊이 와서 제 욕심대로는 아니지만 가져가고, 남은 것은 몇 자루 안 된다. 여섯 자루 보내고, 또 돈 한 냥 보낸다. 필공이 오면 몇 냥 한도 내에서 만들어 보내는데, 돈 한 냥은 선불하는 것이 좋겠다. 진천의 요전料錢이 오면, 즉시 도로 갚을 요량이다. 반드시 나쁜 털은 다 버리고, 마음에 쏙 드는 쓸 만한 붓을 만들어달라고 신신당부해라. 만약 쓸 만하면, 돈을 더 준들 무엇이 아깝겠느냐.**(조원창 소장)**

먹은 지필묵 가운데 구하기가 가장 어려웠다. 종이나 붓은 만족스럽지는 않으나 사서 쓸 수 있었지만, 참먹은 시장에서 살 수가 없었다. 먹에 관하여 조병덕은 선공감 감역 조카 용희龍熙에게 다음과 같이 말했다.

> 나는 내 한 몸을 위한 지출에는 조금도 관심이 없어 단지 갈관박褐寬博(가난하고 미천한 사람이 입었던 베가 거칠고 품이 넓고 큰 옷)만을 입었다. 그러나 먹에 대해서는, 어릴 때부터 탄묵炭墨(소나무 그을음으로 만든 먹)을 쓰지 못하는 것이 하나의 고질이 되어 고칠 수가 없다. 시장에서 파는 것은 탄묵뿐이고, 진품眞品은 구할 수 없다. 구할 수 있는 길이 있거든 하나라도 구해 보내라. 지필묵은 본래 모두 모자라지만, 지금 떨어진 것은 먹이다.(7533, 18590916)

앞에서 언급한 바 있지만 조병덕은 아버지 생전에는 대략 한 달에 한 번 정도 유산으로 아버지를 찾아뵈었다. 그리고 아버지 사후에는 종종 조치鳥峙에 있는 아버지 산소에 성묘하러 다녔다. 이러한 외출은 본래의 목적과 함께 바람을 쐰다는 의미도 있었다. 그리하여 조치 산소 성묘를 마치고 이따금 홍산, 부여, 서천 등지의 친지 집을 둘러보기도 했다. 조병덕의 체면에 이러한 외출을 도보로 할 수는 없었다. 다음 편지를 보면, 아들을 잔치에 보내면서도 세심하게 체면을 고려하는 모습을 볼 수 있다.

> 권원칠權元七 딸 혼사가 이달 25일에 있다. 장준에게는 외종형의 딸인데, 생가로 따지면 이종이다. 장준의 외숙모가 그 사이 며느리 상과 손

자 상을 당했으나, 가보지도 못하고 위문편지도 못했다고 한다. 제가 양자 간 집에서 할 일이라곤 오직 이런 일밖에 없는데, 그러고서도 권씨 외손이라고 할 수 있느냐? 내가 돈을 빌려서라도 반드시 그 아이를 갔다 오게 해야 한다. 게다가 그 집에서 편지를 보내어 오라고 초청하지 않았느냐? 가마를 타면 들어가는 돈이 적지 않다. 임사행任士行 집 당나귀나 말을 빌리는데, 내 뜻으로 사행에게 편지를 써서 기어코 빌리면 좋겠다. 바로 남선을 황성篁城에 보내 반드시 각별히 힘쓰라. 마부까지 함께 빌리기 어려우면 여기서 따로 한 사람을 구하여 보낼 생각이다. 23일 저녁에 탈 것이 오면 24일 한산에 가서 25일 혼사 보고 26일 돌아오면 된다. 나머지는 이만 줄인다.

22일 아버지(6861, 186407)

탈 것으로는 말[렵鬣]과 당나귀[장이長耳], 그리고 가마가 있었다. 조병덕이 말과 당나귀를 소유했던 흔적은 찾아볼 수 없다. 앞의 편지에서 제자 임사행에게 빌렸듯이, 그는 말이나 당나귀를 빌려서 탔다. 말이나 당나귀를 공으로 빌린다고 해도, 며칠간 말고삐를 잡고 다닐 마부 한 사람에게 줘야 할 삯 또한 적지 않았다. 가마를 탈 경우에는 최소한 두 가마꾼에게 삯을 줘야 하므로, 단순 비교만으로도 말이나 당나귀를 이용할 때보다 두 배의 돈이 들었음을 알 수 있다. 가마꾼 삯을 주지 못해 양반 체면에 부끄러움을 느끼기도 했다.

'접때 가마꾼 삯 중 아직 덜 준 것이 많다.'고 했구나. 양반이 신용을 잃으면 안 되는데, 내게 3냥밖에 없어 보낸다. 6냥 중 나머지 3냥도 곧 보낼 생각이지만, 들어올 데가 없어 몹시 걱정이다. 어제 네가 네 형에게 보낸 돈은 인편이 없어 못 부쳤다고 한다. 지금 도로 보낸다. 여기 두면 반드시 다른 곳에 써버릴 염려가 있기 때문이다. 나머지는 바빠 이만 줄인다. **(6851, 18620913)**

그러나 실제로 그는 주로 가마를 이용했다. 말이나 당나귀를 빌리기 위하여 아쉬운 소리를 하기가 어려웠을 것이다. 다음 편지는 그가 바람 쐬러 외출하는 모습을 잘 보여준다.

나는 또 외기外氣로 여러 날 앓고, 지금은 조금 나은 것 같으나 아직 완쾌되지 않았다. 그러나 송宋 좨주祭酒에게 가겠다고 했으니, 약속을 어길 수 없다. 오늘 떠나 14일 금곡錦谷에 도착했다가 18일 출발하여 돌아올 계획이다. 교부轎夫와 노자가 10여 냥이 된다. 게다가 아픈 몸으로 왕래하는 것이 이해利害로 따진다면 털끝만큼도 이렇다 할 의미가 없으나, 할 수 없이 그렇게 되었다. 지금 안팎에서 번갈아 와서 거듭 말리며 가서는 안 된다고 하지만, 그런 의견을 강하게 물리치고 간다.**(7076, 18580112)**

회덕 부근에 사는 송래희宋來熙를 만나러 떠나는 이야기인데, 바람을 쐬고 싶은 강렬한 심정을 읽을 수 있다. 비교적 먼 길이라 10냥 정도의 경비가 든다. 이보다 짧은 외출이라 하더라도, 한 달에 한 번 정도면 조병덕에게는 적지 않은 부담이었을 것이다.

그 밖에 그는 잠깐이나마 청지기를 고용한 적이 있었다. 그런데 김제일이라는 그 청지기는 더 많은 삯을 준다는 사람에게로 가버렸다.

> 원업遠業이 돌아오지 않아 그곳 소식 듣지 못해 궁금하던 차에, 남선南善 편으로 보낸 편지를 보니 위로가 된다. 또 무슨 병으로 자주 괴로우냐? 늙은 아비의 생명을 도리어 재촉하는 것은 너희 형제다. 김제일金第一 문제는 이미 남선과 무수히 이야기했다. '축출逐出(쫓아내다)' 두 자는 크게 망령된 말이다. 그 자는 이미 많은 삯을 받고 갔으니, 백성이 이익을 좇는 것은 물이 아래로 흐르는 것과 같다. 내가 하필이면 이익을 좇는 그 자를 막겠느냐? 설령 산지기라고 해도 쫓아버려도 되는데, 청지기는 전혀 긴요하지 않다. 홍업洪業이 자기 청지기와 형제로 맺어졌다고 하는 것과 김제일을 비교하면 어떠하냐? 이것 또한 심하게 다스릴 필요는 없다. 하물며 김제일에 대해서임에랴.(6861)

애초에 청지기를 고용한 것이 조병덕에게는 경제적으로 무리였는지도 모른다. 김제일을 붙잡지도 않았고, 다른 청지기를 구하려 하지도 않았다. 그저 한번 해본 사치에 불과했던 것인지도 모른다.

지필묵, 육촉, 부채, 역 등의 일상용품을 조병덕은 때때로 선물로 받기도 하고, 때로는 돈을 지불하고 사기도 했다. 주로 선물에 의지했지만, 살 경우에는 큰 부담이 아닌 것이 없었다. 게다가 외출 경비와 편지를 보내기 위해 고용한 전인의 삯도 그에게는 벅찬 것이었다. 이따금 드러나는 조병덕의 큰 빚에는 이러한 지출들이 누적된 것이 일부분을 차지했을 것이다. 이러한 일상적 지출 외에도 조병덕의 집에서는 이따금 목돈이 들어가는 큰일을 치러야만 했다.

그 큰일은 혼례와 상례였다. 관혼상제冠婚喪祭 사례四禮 가운데 관례는 큰 비용이 들지 않았던 것으로 보인다. 그리고 제례는 제위답祭位畓의 소출로 해결하거나, 제위답이 없는 제사의 경우에는 종계宗禊의 출연금으로 차렸다. 문제는 큰돈이 들어가는 혼례와 상례였다.

> 경희絅熙는 돌아오기 전에 반드시 노강老江 홍시흥洪始興(홍일순) 궤연几筵에 참배해야 한다. 상주 홍득노洪得老와 대대로 내려온 우호를 닦아야 마땅하다.
>
> 신례新禮는 저쪽 집에서 내년 봄에 올리기를 바란다는 말이 있으나, 꼼짝달싹할 방법이 전혀 없으니, 내년 봄에 반드시 하겠다고 먼저 말할 필요는 없다. 10월 10일 논문서를 잡히고 종계전 100냥을 빌리는데, 갚기 전의 도지賭地는 타작을 하여 계중契中에 내는 것이 좋을 것 같다. 그러나 100냥이 또 부족한데, 20냥 가량은 어디서 빚을 내느냐?**(7410, 1858)**

셋째 아들 기준의 결혼 비용으로 200냥이나 예상하고 있다. 조병덕이 도저히 감당할 수 없는 큰돈이었다. 그중 100냥은 종계에서 빌릴 생각이지만, 나머지 100냥도 어디서 변통하는 수밖에 다른 방법이 없었다.

> 과연 며칠날에 입성했느냐? 형제가 도보로 먼 길을 간 것은 실로 분수다. 다만 네 동생은 평생 처음 서울에 갔다. 걱정되지 않는 바는 아니나, 지금 네 어머니 병환의 안위가 불확실한 가운데 밤낮 마음을 졸이는 것은 오직 장준이 혹 폐륜廢倫에 이르면 어쩌나 하는 걱정뿐이다. 사주단

자는 바로바로 써서 보내라. 또 신부 생년월일을 물어 우리 집에서 9월 안으로 날을 받아라. 비록 양단兩緞만 갖추어 예를 올릴 계획이라고 하나, 양단과 노자를 마련할 길이 없으니, 이것을 장차 어떻게 해야 하느냐? 네 어머니가 만약 불행하게 되고 장준이 폐륜이 되면, 우리 집이 장차 무슨 꼴이 되겠느냐? 이것이 흥망의 갈림길이다. 교합장校閤丈(조두순)은 과연 19일 왕림했으나, 겨우 몇 마디만 나누고 즉시 밥을 재촉하여 몇 숟갈만 떴을 뿐이다. 20명 가까운 하인은 이미 밥을 다 먹였더라. 접대하기 위하여 온 집안이 조심스레 열성을 다하고 혹 부족함이 있을까 조바심하느라, 그동안 허둥대며 고생한 것을 어찌 말로 다할 수 있겠느냐? 교합장은 텅 빈 껍데기일 뿐, 실로 정성스럽고 자상한 정은 없다. 이야기하려 한 것들도 모두 입도 열지 못했다. 바쁘고 부대껴 말할 틈이 없었기 때문이다. 네가 반드시 '어머니 병이 중하며, 장준壯俊이 폐륜廢倫할까 걱정이다.'라는 등의 말씀을 드리면, 기준 혼례 때 장수長水와 청도淸道가 각각 100냥씩 낸 선례도 있으니, 귀중한 한마디 응낙을 혹 얻을 수 있지 않겠느냐? 나주, 진안 두 곳은 말해봐야 어찌 뜻대로 되기를 바라겠느냐? 이렇게까지 생각하니 마음에 병이 날 것 같다. 네 어머니 병은 오로지 장준 혼사 때문이다. 걱정이 지나쳐서 그렇게 되었다. 대동帶洞 주부主簿에게 쓴 편지는 네가 반드시 봐야 한다. 농사는, 일기가 점점 추워져 한로寒露에 바로 찬 서리가 내릴 조짐인데, 흉년 소동이 많다. 장차 굶어죽을 일이 닥치니, 걱정이다. 이만 줄인다.

1863년 8월 21일 아버지**(7074, 18630821)**

넷째 장준의 결혼 비용을 조두순에게 가서 사정해보라며 아들에게 보낸 편지다. 이 편지에 의하면, 과거 기준의 혼례비 200냥은 장수와 청도의 수령으로 있던 자제들이 해결했음을 알 수 있다. 그리고 장준의 혼례비는 이미 3년 전부터 조두순에게 구걸할 생각을 갖고 있었다.(천 번 만 번 생각해도 혼례를 치를 길이 없다. 장차 교합장께 구걸해야 하느냐? 아니면 논을 팔아먹고 굶어 죽어야 하느냐?(7720, 18600823))

조병덕의 첫째 부인은 1834년에 죽었는데, 그때 조병덕은 아버지와 형의 경제적 보호 아래에 있었기 때문에 그들의 도움으로 장례를 치렀을 것으로 보인다. 1863년 둘째 부인이 죽자, 화산花山에 장례 지냈다. 그런데 그것이 투장偸葬(묘를 써서는 안 되는 곳에 몰래 묘를 쓰는 일)임이 산주山主 홍씨가에 알려져, 무덤을 파내어 일단 삼계리 선산에 가매장했다. 그리고 다시 장지葬地를 물색하여 장례식을 새로 치러야만 했다. 장례비도 두 배가 들었다. 역시 수령으로 있는 자제들에게 구걸할 수밖에 없었다.

> 서울에서 보낸 전인은 아직 돌아오지 않았다. 이 세상을 돌아볼 때 누가 나를 딱하게 여겨 한 푼이라도 도와주겠느냐? 진안이 전인을 보내겠다고 한 것은 역시 깊이 믿을 수 없다. 처음에 상례비 마련이 곤란하다는 걱정을 듣고 말하기를 '공주公州가 있는데, 어찌 치르지 못할 리가 있겠습니까?' 하며 말이 많더니, 말끝에 갑자기 장수葬需를 돕기 위하여 전인을 보내겠다고 말했다. 그러나 지금 팔도의 수령들이 세의歲儀(설 선물) 보내는 일로 눈코 뜰 새가 없는데, 어찌 궁벽한 시골의 아무 쓸모가 없는 학자인 삼종형에게 생각이 미치겠느냐? 이것 또한 헤아리지 않으면 안 되는 것이다.(6823, 1864)

결국 그는 진천 현감인 조카 조용희趙龍熙에게 기대를 걸게 되었지만, 용희가 기대에 부응할 것이라는 확신은 갖지 못하고 있었다.

> 진천이 보낸 편지에 "지금은 변통할 돈이 없어 '20일쯤에 사람을 보내겠다.'고 약속한 것은 지금은 어찌해볼 수 없으며, 다음 달 사람을 보내겠다."고 했다. 장례비를 전적으로 진천에 밀어서는 안 될 것 같다.**(6815, 18641121)**

그 밖에 조병덕가의 무시하지 못할 지출은 과거 응시 비용이었다. 네 아들 가운데 조병덕이 가장 큰 기대를 걸었던 조장희의 경우는, 1840년대 중반부터 1861년 진사시에 합격할 때까지 몇 번 거르지 않고 과거에 응시했다. 그리고 장남 조명희도 1850년대 후반에 과거에 응시한 적이 있었다. 한 번의 과거 응시 비용이 30~40냥이나 된 것을 고려하면 조병덕으로서는 부담하기 힘든 돈이었다. 장남의 과거 응시를 두고 그는 다음과 같이 말했다.

> 명희가 과거에 응시한다면, 또 30~40냥은 들 것이다. 이것을 장차 어떻게 하느냐? 문장도 없고, 글씨도 없고, 돈도 없고, 게다가 기댈 권세도 없는데, 어찌 반드시 과거에 응시하려느냐?

발 가는 유학자

조병덕가의 수입

금년 면례 후 위토位土는 하나도
남은 것이 없고, 너희 형제는 각각 여섯 마지기씩
나누는 데 불과하며, 단지 다섯 마지기와
반답 몇 마지기와 제위조와
너희 어머니가 개인적으로 산 논만 남았을 뿐이다.
그리고 추수한 것도 연말을
넘기지 못할 것 같으니, 죽을 지경이다.

조병덕의 주된 생계수단은 농사였다. 조병덕의 편지에서 농사와 관련이 있는 사연을 뽑아보면 다음과 같다.

① 우리 집은 낙남落南한 후로 문전 박답을 갈아 다음 해 양식을 마련했다. 땅 갈고 씨 뿌릴 때 와서 일하는 마을 사람이 많을 때는 거의 백여 명이나 되었는데, 모두들 우리 집 들밭이 마을에서 제일이라고 하며 '음식이 깨끗할 뿐만 아니라 맛이 있으며, 멀리 미치는 혜택이 가장 고맙다.'고 했다.(『숙재집』 권26 「선비숙부인은진송씨행록」)

② 집을 떠난 지 벌써 열흘이 되었다. 그동안 네 어머니 병환은 나았으며, 너 또한 서책을 정돈하고 방과 마루를 깨끗이 청소하고 공부에 열중하느냐? 네 형수와 네 아우 모두 병은 없느냐? 못자리, 남새밭, 봄갈이는 과연 때를 놓치지 않았느냐? … 문전 수전水田은 사들였느냐? 일마다 생각이 나지만 또한 어찌해볼 수가 없구나. 은제恩弟(아우 병은)도 매일 왕래하느냐? 소동小同의 혼인날은 홍산 고을 원과 뒤로 미루어 정하기로 약속했는데, 어느 날로 정했느냐? 소동의 관례冠禮는 초사흘에 거행한다고 한다. 나는 12일 유산을 출발하여 16일 여기 도착했다. 아버지 안부는 평안하시며, 형님은 공무에 시달린 후인데도 건강하시며, 관아도 한결같이 무사하여 다행이다. 다만 송실宋室의 분곡奔哭 행장을 꾸리는 일과 소동의 관례와 혼례. 그리고 허다한 일로 몹시 바쁘다. 이 편지는 주산珠山을 통하여 홍산鴻山에 부치는데, 언제 들어갈지 모르겠다. 이만 줄인다. 노강露江(노량진)에서 보내온 소합원蘇合元 15알을 바빠서 꺼내주지 않고 가지고 왔는데, 여

기 부친다. 반드시 네 어머니께 드려 써야 할 곳에 쓰도록 해라.

1843년 3월 19일 아버지

은제恩弟 앞으로 따로 편지 쓰지 않는다. 이 편지 함께 봐라. 안방에 종이에 기록해둔 것을 하나하나 상세히 봐라.(7649, 18430319)

③ 가작家作(전답 소유자가 직접 짓는 농사. 소작小作에 상대되는 말) 소출은 작년에 비하여 약간 감소했는데, 이것은 수전水田(논) 곡식을 말한 것이고, 콩과 팥 등으로 말하면 전혀 낫을 댈 것도 없다고 할 정도다. 장 담고 소 먹이는 것도 마련할 수 없으니, 이것을 장차 어떻게 해야 되느냐? (7704, 18430915)

④ 삼계三溪 도지賭地와 홍산鴻山에서 거둘 것은 내가 간 후 받아들여라.(6106, 18451106)

⑤ 농사는 작년에 비하여 반도 채 안 되니, 앞날의 생계가 걱정이라 심란할 뿐입니다.(6817, 18471001)

⑥ 농노農奴의 겨울 옷감을 급히 사지 않으면 안 되는데, 돈을 변통變通할 길이 전혀 없다. 내기內基와 동산東山 두 곳의 돈을 우선 끌어오는 것밖에 다른 길이 없다. 채전債錢(빚)이라도 쓰지 않을 수 없기 때문이다.(6422)

⑦ 이른바 농사짓는 것도 전과 같지 못하여, 세전歲前에는 근근이나마

연명은 했으나, 이제는 이것도 어려워 30명 가까운 식구가 굶어 죽을까 걱정입니다. 이것은 과장된 말이 아닙니다. 실상이 그렇습니다. 유산鍮山 큰집은 명색이 수령守令의 집인데도 조석朝夕이 황급하니, 저 같은 사람이야 무엇으로 지탱하겠습니까?(7431, 18510909)

⑧ 이번에 화재를 입은 두꺼운 이불과 얇은 이불 각 한 채, 전욕氈褥(담요) 두 개, 솜바지 등을 돈을 들여 보수하지 않을 수 없다. 논 파는 돈을 먼저 끌어 쓰려는 것도 이것 때문이다. 18일 생신차례와 소상小祥 때도 제수를 도울 찬饌 한 그릇이라도 없어서는 안 된다. 돈이 없어서는 안 됨이 이와 같다. 반드시 빨리 팔아야 한다.(7757, 185501)

⑨ 이번 과거응시 비용은, 지금 동쪽에서 빌리고 서쪽에서 구걸하여 배를 채우는 형편으로 볼 때 어찌 돈이 있을 수 있겠느냐? 마침 백성오白聲五가 논 판 돈 수십 냥을 가졌다는 말을 들었기에, 마산馬山 논 두 마지기를 30냥에 팔아서 과거 비용으로 한다.(6606)

⑩ 농사짓는 문제는 농노農奴는 없고 단지 비부 하나만 있으니, 어떻게 농사를 짓느냐? 몹시 근심스럽고 산란하다.(7677, 18580310)

⑪ 근자에 약간 가물긴 해도, 농사는 풍년을 예상한다고 하여 다행인데, 미조米租 값이 내리지 않으니 이상하다.(6137, 18590614)

⑫ 삼계는 큰 병이 없어 다행이다. 농사는 대풍이지만, 콩과 팥은 비참

한 흉작이며 참깨와 들깨도 그렇다고 한다. 이것 또한 관심이 큰 것이다. 내 이미 내 힘으로 먹고사는 사람이니, 농사가 평탄하지 않은 것이 어찌 내 걱정이 아니겠느냐?(6297, 18590916)

⑬ 금년 면례緬禮(이장) 후 위토位土(조상 제사의 제수를 마련하기 위하여 각 조상 앞으로 돌려놓은 전답)는 하나도 남은 것이 없고, 너희 형제는 각각 여섯 마지기씩 나누는데 불과하며, 단지 다섯 마지기와 반답半畓 몇 마지기와 제위조祭位條와 너희 어머니가 개인적으로 산 논만 남았을 뿐이다. 그리고 추수한 것도 연말을 넘기지 못할 것 같아, 죽을 지경이다. 사방의 빚도 변통할 곳이 없으니 장차 양심을 저버린 사람이 되어 죽을 뿐, 무슨 수가 있겠느냐? 종계전도 잘 처리할 길이 없으니, 어떻게 해야 좋을지 모르겠다.(6149)

사료 ①은 1811년 조병덕의 아버지 조최순 일가가 삼계리에 내려온 후 1819년 조병덕의 어머니 송씨가 죽기 전 어느 시점의 조최순 일가의 농사짓는 모습을 보여준다. 일꾼 백여 명이 동시에 일할 정도로 많은 농토를 소유했음을 알 수 있다. 윗대에 마련한 터전이 그대로 남아 있었던 것으로 보인다. 앞에서 조최순의 호적에서도 봤지만. 조최순의 자제들이 분가하기 전의 모습일 것이다.

사료 ②는 유산의 아버지 곁으로 가 있으면서 아들 조장희에게 부친 편지다. 특히 문전 수전을 사 들이는 사연이 눈에 띈다. 사료 ③은 추수의 작황을 말하고 있는데, 수전과 밭을 가작했음을 알 수 있다. 사료 ④는 삼계에서는 도지를 홍산에서도 지대地代를 걷고 있는데, 삼계와 홍산에 토지를 소유하고 있었음을 알 수 있다. 사료 ⑤는 흉년이 들어 수확량이 반 이상 줄어들었다고 말하고 있다. 사료 ⑥은 농노農奴의 겨울옷을 마련하기 위하여 이잣돈을 쓰려 하고 있다. 사료 ②~⑥은 1840년대 농사와 관련된 조병덕의 모습을 보여준다. 1840년대에 그는 적어도 삼계, 홍산, 우현 등지에 토지를 소유하고 있었다. 그리고 삼계와 홍산의 땅은 소작을 준 것이 있었고, 나머지 땅은 농노를 시켜 가작을 했다. 특히 1843년에는 토지를 구입하기도 했다.

사료 ⑦은 장인 김재선金在宣에게 보낸 편지인데, 연말도 넘기지 못하고 양식이 떨어질 정도로 형편이 나빠졌음을 말하고 있다. 사료 ⑧은 화재 피해와 제수 부조 때문에 논을 팔려는 모습을 보여주고 있다. 사료 ⑨는 조장희의 과거응시 비용을 마련하기 위하여 논을 팔고 있다. 사료 ⑩은 농노는 없고 비부 한 명만이 농사를 짓고 있음을 말하고 있다. 사료 ⑪은 돈을 주고 곡식을 팔아먹어야 하는 처지에서 곡식 가격에 민감한 모습을 보여준다. 사료 ⑫는 밭농사의 흉작을 걱정하고 있다. 사료 ⑥~⑫는 1850년대의 농사와 관련된 조병덕의 모습이다. 1850년대 조병덕은 연말을 넘기지 못할 정도로 1840년대에 비하여 식량 사정이 나빠졌다. 그리고 소유 토지가 축소되었음을 알 수 있는데, 그것은 필요한 곳에 쓸 돈을 마련하기 위하여 토지를 팔았기 때문이었다. 1860년대에 이르면 조병덕의 편지에서 농사에 관한 언급은 거의 찾아볼 수 없다.

사료 ⑬은 시기는 알 수 없지만, 아들들에게 논 여섯 마지기씩을 나누어주고 있다. 조병덕 소유 농지의 규모를 보여주고 있는데, 영세농 수준을 벗어나지 못하고 있음을 알 수 있다. 이미 1840년대 초부터 식량이 떨어져 형의 도움을 받기도 했지만, 곳곳에 토지를 소유하고 소작을 주었던 조병덕이 영세농으로 전락한 이유는 무엇이었을까? 무엇보다도 쓰임새가 컸기 때문이었다. 사료 ⑨에서 조병덕은 아들의 과거를 위하여 논을 팔았다. 1840년대와 1850년대에 조장희는 과거응시를 위하여 여러 번 상경했는데, 과거를 위하여 논을 판 것이 이 외에도 더 있었을 것이다. 사료 ⑧에서 조병덕은 이불, 담요, 깔개, 옷 등을 수리하는 비용과 아버지 제사의 부조를 위하여 논을 팔려고 하고 있다. 그리고 앞에서도 언급한 것처럼 친구 홍일순을 만나기 위하여 농우를 팔아 상경한 일도 있었다. 양식이 모자라 굶어 죽을 걱정을 끊임없이 하면서도, 체면과 예의를 위하여 생계의 수단인 농지를 팔려 하고 있는 것이다. 사료 ⑥에서 보듯이 악착같이 돈을 모아 농지를 사 모으고 돈놀이를 하는 내기와 동산 등지에 사는 상민(평민) 세갑, 업동 같은 사람들과 대조적인 모습을 보여준다.

조병덕 소유의 농지는 1840년대부터 점점 축소되었고, 그에 따라 농사 수입도 1850년에 말에 이르면 세전에 양식이 다 떨어질 정도로 감소하였다. 그럼에도 토지의 소출이 생계의 뿌리였다는 점은 부인할 수 없을 것이다.

그 밖의 수입으로는 조병덕의 노력을 들 수 있다. 그는 늘 '소학실'에서 학동學童들을 가르쳤다. 인근의 학동을 비롯하여 경상도와 멀리 함경도 북청과 홍원의 젊은이들까지 끊임없이 찾아와서 배우기를 청했다. 그들은 적어도 자신의 양식과 함께 최소한의 속수束脩(스승께 바치는 예물)를 가져와 예를 표했을 것이다. 그리고 적지 않은 사람이 와서 글과 글씨를 부탁하여 조병덕에게 필역筆役을 시켰다. 그들이 그 역에 대한 대가를 가져왔을 것임은 물론이다.

마지막으로 문인門人들의 도움을 들 수 있다. 앞에서 언급했지만, 조병덕에게서 연말에 역曆을 받은 제자들은 인근에 살면서 조병덕을 가까이 따르는 추종자들이었다. 그중에 이자우李子羽는 경제적 형편이 넉넉한 사람이었다. 1859년 조병덕은 그로부터 벼 예닐곱 석을 빌려 연명했다. 그리고 1862년에도 이자우에게서 양식과 돈을 빌리고, 갚을 길이 없어 부끄럽기 그지없다고 말하고 있다.(이자우에게 빌린 벼도 아직 갚지 못하고, 또 돈을 빌려 벼를 사는데, 마련하여 갚을 길이 없으니, 부끄럽기 그지없다.(6369, 18620618)) 또 "그의 도움이 없었으면 가역家役은 시작하지도 못했을 것"이라며 조병덕이 고마움을 표한 김우증金友曾도 재력이 있는 추종자였다. 그리고 조병덕이 말이나 당나귀를 빌린 임사행任士行을 비롯한 다음 사연에 나오는 백자형白子亨, 이자명李子明 등도 그러한 부류의 인물들이었을 것이다.

> 네 형이 생계의 곤란과 많은 빚 때문에 괴로움을 이기지 못하고 직접 백자형가에 가겠다고 하여, 내가 안 된다고 했더니, '욕을 먹느니 차라리 이렇게라도 하는 것이 낫다.'고 한다. 또 '지금 신세로 어찌 이런 수치를 면할 수 있느냐?'고도 한다. 또 '임사윤가와 이자명가에 가겠다.'고도 한다. 이것이 어찌 걱정이 아니겠느냐?(6864)

그러나 이러한 조병덕가의 수입은, 그가 거의 모든 편지에서 경제적 어려움을 토로하고 있는 데서도 엿볼 수 있듯이, 지출을 충당하기에는 턱없이 부족했다. 그로 인한 수입과 지출의 불균형을 조병덕은 지방 수령으로 나가 있던 자제배의 선물과 증여로 메울 수밖에 없었다.

조경모독, 하나의 이상

조병덕의 생존철학

타고난 가난한 선비
막연히 유신有莘의 발갈이를 흠모하여
한 푼의 가치도 없는 주제에
헛되이 '독서인讀書人'이라는 이름만 훔쳤네

"왕께서는 하필 이익을 말씀하십니까? 또한 인의仁義가 있을 따름입니다.〔王何必曰利 亦有仁義而已矣〕" 맹자孟子가 양혜왕梁惠王에게 한 말이다. 이 말은 조선시대 유학자들의 경제생활에 큰 영향을 미쳤다. 이 말에 따라 그들은 이익을 거부하고 인의를 표방했다. 그랬기에 이익을 추구하는 상인을 가장 천시하지 않았던가. 그들이 생계를 꾸려가는 길은 두 가지밖에 없었다. 하나는 관리가 되어 녹봉을 받는 것이었고, 다른 하나는 농사를 짓는 것이었다. 관리가 되지 못하면 농사를 짓는 수밖에 없었다.

노론 성리학자인 조병덕도 맹자의 말을 금과옥조로 삼고 살았다. 일찌감치 과거를 포기하고 학문에 전념하기로 결심했기 때문에, 그의 생계수단은 농사일 수밖에 없었다. 어느 후배에게 그는 다음과 같이 말했다.

> 다만 '농사일을 보느라 독서할 여가가 없다.'고 하셨는데, 어찌 동소남董邵南(당唐 한유韓愈와 동시대 인물. 진사 시험에 낙방하자, 향리에 은거하며 실천적 삶을 살았다. 한유가 쓴 「송동소남서送董邵南序」라는 짧은 글이 있다.(『당송팔대가문초唐宋八大家文抄』 권7))의 '낮에 밭 갈고 밤에 책 읽는다.'고 한 말과 서유자徐孺子(후한 서치)의 '자기 노동에 의한 것이 아니면 먹지 않는다.〔非其力不食〕'는 설을 듣지 못했습니까? 이것 또한 학문 가운데 하나의 일입니다. '힘을 다하여 밭을 갈아, 공손히 자식의 직분을 다한 것〔我竭力耕田 恭爲子職而已矣〕(『맹자』)'이 어찌 위대한 순舜임금이 아닙니까? 고봉高鳳(후한의 처사處士)이 독서에 빠져서 보리를 빗물에 떠내려 보낸 것은 성인聖人이 사람들에게 가르친 독서의 뜻이 아닙니다.(『숙재집』권15 「답홍일후자곤答洪一厚子坤」)

'조경모독朝耕暮讀'과 '비기력불식非其力不食'이 공부하면서 먹고살아야 하는 조병덕의 생존철학의 요점이었다. 그것은 바로 경제적 자립을 중시하는 사상인데, 학문에 뜻을 둔 학자에게는 가장 이상적인 생활 방식이었다. 용담현령이 된 친구에게 궁핍한 사정을 호소했다가 거절당한 후, 그는 아들에게 다음과 같이 썼다.

> "죽어 골짜기에 버려지는 걱정, 이것은 지사志士가 잊지 않아야 할 바입니다. 그러나 또한 반드시 자기 힘으로 먹고살 방도가 약간 있어서 남에게 춥고 배고픈 내색을 하지 않는 것, 이것도 기氣를 기르는 하나의 실마리입니다." 이것은 우암尤菴 선생이 한자강韓子剛에게 답한 편지다. 『송자대전宋子大全』에는 이런 이야기가 아주 많은데, 아마 주자朱子가 허순지許順之에게 답한 편지에 바탕을 둔 것으로 보인다. 그 편지에 주자는 다음과 같이 썼다. "순지는 이미 가족이 딸렸으니, 생계를 약간 꾀하지 않을 수 없습니다. 편지에 '어떻게 생계를 꾸려야 할지 모르겠다.'고 한 것, 이것은 본래 그렇게 고민하지 않을 수 없는 것입니다. 먹고 입을 것이 약간이라도 있어야 남의 뜻을 따라야 하는 신세를 면할 수 있습니다. 남의 의사를 물리칠 수 있는 것, 이것 또한 기氣를 기르는 데 하나의 도움이 됩니다."(『회암집晦菴集』권39 「답허순지答許順之」) 전날 이李 용담龍潭과 이 문제로 편지를 주고받았다. 내가 수령이 된 그에게 딱한 기색을 보인 것은 그에게 혹 붕우의 의리가 있지 않을까 해서였는데, 이제는 후회막급이다. 내 힘으로 먹고살 방도를 조금도 마련할 수 없는 것이 너무나 부끄럽고 너무나 한탄스럽다. 그러나 내가 용담과 편지를 주고받은 일은 절대로 남에게 말해서는 안 된다. 유산鍮山에서 운반해 온

『주자대전朱子大全』을 부쳐 보내려고 해도 전해줄 인편이 없어서 심히 걱정이다. 여기 인용한 주자의 편지는 『주자서절요朱子書節要』 제4책 7권에 있다.(6114)

경제적으로 자립하지 못하면 남의 도움을 받아야 하는데, 도움을 받으면 도움을 준 사람의 의사를 따라야 한다. 그러면 기가 죽게 되는데, 기가 죽어 주체성이 없는 사람이 무슨 학문을 할 수 있겠는가? 기를 길러 주체적인 학문을 하기 위해서는 최소한 남에게 구걸하는 신세는 면할 필요가 있었다. 학문이 어디까지나 주요, 경제는 학문의 부수적인 것이었다. 이것이 학자의 경제생활에 대한 주희朱熹의 관념이요, 동시에 조병덕의 생각이기도 했다. 요컨대, 조병덕은 최소한의 경제적 자립은 필요하다고 생각했는데, 그것은 학문에서 자기의 주장을 세울 수 있는 기반이기 때문이었다. 그러나 그것은 이상에 불과할 뿐 현실은 그렇지 못했다.

주경야독이라지만, 농사를 아무나 지을 수 있는 것이 아니었다. 서울의 대갓집에서 태어나 문약하기 짝이 없는 사람이 하루아침에 농사일을 할 수 있었겠는가? 불가능한 일이었다. 게다가 예의와 체면에 젖어 있는 사람이 궁핍한 농촌생활을 견딜 수 있었겠는가? 불가능한 일이었다. 농촌에 적응하지 못한 조병덕은 재산을 까먹을 수밖에 없었다. 그의 주경야독은 이상에 불과했던 것이다. 이상과 현실의 간극을 그는 수령으로 있는 자제들의 선물과 증여로 메울 수밖에 없었다.

이미 살펴보았듯이 조병덕은 지필묵, 육촉, 부채, 역 등 일상용품의 대부분을 선물로 충당했다. 뿐만 아니라, 다음의 사연을 보면 선물의 양이 많고 종류가 더욱 다양했음을 알 수 있다.

> 응제應弟가 지난달 25일 와서 남원南原의 편지와 녹지錄紙 8종, 돈 20냥, 육촉 50자루, 편지지 100폭, 두루마리 종이 10축, 삼베 2필, 미역 10단, 참기름과 꿀 각 2되 등을 전했다. 어느 하나 요긴하지 않은 것이 없으나 …(6537, 18590709)

이 정도 선물이라면 인사치레를 넘어 대놓고 생계를 의지할 수 있는 정도라고 할 수 있다. 이밖에도 갖가지 선물을 자제배로부터 받고 있음을 편지에서 이따금 볼 수 있다.

큰일을 당하면 조병덕은 으레 자제배들이 부담할 것을 기대했다. 자신이 부담할 수 없을 정도로 큰돈이 들었기 때문이다. 실제로 혼례비와 장례비를 자제들의 증여로 충당하고 있는 것을 보았다. 그런데 자제배의 증여는 혼례와 상례만 그친 것이 아니었다. 빚이 눈덩이처럼 불어나 자신의 힘으로 어찌해볼 도리가 없을 때, 그는 자제배가 그것을 해결해 주기를 기대했다.

> 10월 종계전 260냥 건은 남원이 과연 나로 하여금 낭패를 면하게 해 줄까? 중회仲會 아저씨와 경인景仁이 모두 말하기를 '이달 말에 남원에 전인專人을 보내는 것이 좋다.'고 하는구나. 반드시 감역과 상의해봐라.(6297, 18590916)

260냥이나 되는 거액의 빚을 장조카 남원부사 조봉희가 갚아주기를 바라고 있다. 조카들로부터는 또 요전料錢도 받고 있었다.

> 진천鎭川이 보낸 넉 달 치 요전 12냥으로 갚을 것 갚고 쓸 곳에 썼더니, 단 두 냥 남았다. 산소 왕래 노자라도 될 수 있을런가? 설 떡국에 넣을 고기 고명 값은 네 형에게 두 냥밖에 못 주었다.(6319, 18641227)

진천 현감인 조카 조용희에게서 요전을 받아 세밀에 긴요하게 쓰고 있다. 넉 달 치 요전이 12냥이므로 매월 3냥씩이었음을 알 수 있다. 그리고 남원부사 장조카 조봉희에게서 오던 요전이 중단되자, 요전을 기다리는 모습을 보여주고 있다.(남원 관아에서 4월 이후 요전을 보내지 않는다. 내가 무슨 수로 독촉하겠느냐?(7730, 18690611))

지방 수령으로 재직 중인 집안 자제배로부터의 증여와 선물은 조병덕가의 수입에서 큰 비중을 차지했다. 이렇게 조병덕 개인에게 준 것 이외에도 자제들은 예목전禮木錢, 명하전名下錢 그리고 각종 제수전을 종중宗中에 바쳤다. 조병덕이 자제배의 인사人事에 관심이 많았던 것도 이러한 경제적 이익이 걸려 있기 때문이었다. 그리고 조병덕이 이러한 이익을 스스럼없이 누리며 기대까지 하는 것으로 보아, 이는 조선 사회에 오래 전부터 내려온 관행으로 어느 정도 용인되었던 것으로 보인다.*

조병덕이 삼계리에 정착한 것은 농사지으며 공부하기 위해서였다. 그가 후배에게 충고한 바도 있지만, 그는 '낮에 밭 갈고 밤에 독서하며[晝耕夜讀]' '자기 노력에 의한 것이 아니면 먹지 않는[非其力不食]' 생활을 통한 자립경제를 목표로 삼고 있었다. 그러나 그러한 이상은 현실에서는 상반된 결과를 낳고 말았다. 앞에서 살펴본 대로 그의 농토는 1840년대부터 계속 축소되어, 결국 영세농 수준에 이르고 말았다. 그에 따라 자기가 수확한 쌀은 세밑에 다 떨어지고, 빌려 먹을 수밖에 없는 처지가 되고 말았다. 경제적 형편이 어려워졌지만, 그는 생활의 규모를 축소하거나 간소화하지는 않았다. 그는 친구를 만나러 상경하기 위하여 농우農牛를 판 적이 있었다. 또 삼촌 병문안 하러 상경하기 위하여, 불에 탄 이부자리를 수리하고 아버지 제사에 부조하기 위하여 논을 팔려 했다. 이러한 조병덕의 모습에서 경제적 현실감이나 긴장감은 전혀 찾아볼 수 없

* **수령守令이 보내는 돈**
조선시대 지방관 특히 수령은 각종 명목의 돈을 본가와 가까운 친척들에게 보냈다. 요전料錢, 예목전禮木錢, 제수전祭需錢, 명하전名下錢, 예전例錢 등인데, 이런 명목의 돈들은 결국 지방민들의 부담이 될 수밖에 없었다.

- 요전: 두 가지 의미로 쓰였다. 첫째, 관리가 받는 급료를 가리킨다. 둘째, 집안의 어른에게 식료품을 보내는 대신에 그것을 돈으로 환산하여 보내는 것을 말한다. 조병덕은 수령으로 있는 집안의 자제들로부터 3냥씩을 받았는데, 둘째의 의미다.
- 예목전: 예의로 주는 목면(베)을 돈으로 환산한 것이다. 지방관청에서 중앙관청에 주는 각종 수수료와 인사치레의 돈을 가리킨다. 또는 수령에 부임한 사람이 종중宗中 또는 종계宗契 등에 인사치레로 바치는 돈을 말한다.
- 제수전: 집안 제사에 제수를 마련하도록 보내는 돈.
- 명하전: 돈을 낼 때 이름을 쓰고 그 밑에 돈 액수를 쓰는 데서 온 말인 것으로 보인다. 종중이나 집안에 행사가 있을 때 걷는 돈이다.
- 예전: 전례에 따라 보내는 돈.

다. 게다가 구성원을 자세히 알 수 없지만, 식구는 30여 명이나 되었다. 그리하여 자제배가 바치는 선물·증여·요전·예목전·명하전을 받고 기대까지 하며, 문인들의 도움을 받을 수밖에 없는 처지가 되고 말았다. 경제적으로 몰락한 양반으로서 여전히 체면을 앞세우며 쓰임새를 줄이지 못한 것도, 이렇게 기댈 언덕이 있었기 때문인지도 모른다.

조병덕이 1853년에 쓴 쪽지에는 다음과 같은 시가 있다.

> 타고난 가난한 선비
> 막연히 유신有莘의 밭갈이*를 흠모하여
> 한 푼의 가치도 없는 주제에
> 헛되이 '독서인讀書人' 이름만 훔쳤네
>
> 풍년에도 죽도록 고생만 하고
> 언제나 손에는 책 한 권
> 나 얻은 것이 무엇인가
> 동생董生(동소남董邵南)의 현명함에 부끄럽구나.
>
> 우연히 휴지 중에서 이 두 절구를 보았다. 내가 유산鍮山 아버지 곁에 있을 때 지은 것인데, 그때가 병오(1846)년 10월 19일이었다. 지금 벌써 7년이 되었지만, 나는 변함없는 모습이니 가소롭구나.

---

* 이윤伊尹이 유신有莘의 들판에서 밭을 갈며 요순의 도를 즐겼다. 의가 아니고 도가 아니면 천하를 녹으로 주어도 돌아보지 않았다.〔伊尹耕於有莘之野而 樂堯舜之道焉 非其義也 非其道也 祿之以天下 弗顧也〕(『맹자』「만장萬章」상)

계축(1853) 5월 2일 아침 삼계에서 자조自嘲하다.(**개인소장**)

1846년 조병덕은 자신의 경제적 처지와 그것이 어디서 비롯되었는지를 잘 알고 있다. '조경모독朝耕暮讀'과 '비기력불식非其力不食', 얼마나 이상적인 생활인가. 그는 그것을 '농사가 바로 공부'라며 후학에게까지 가르쳤다. 그리고 독서에 빠져서 보리가 비에 떠내려간 것도 모른 고봉高鳳을 비판하지 않았던가. 그런데 시골에 내려온 지 14년 만에 자신을 돌아보고 조병덕은 놀랐다. 자신이 바로 '고봉'이었던 것이다. 조경모독을 실천한 동소남에게 한없이 부끄러웠다. 그리고 7년이 흐른 1853년 휴지더미에서 우연히 이 두 시를 보았다. 생각해보니, 그 시를 짓던 때와 7년이 지난 후 자신의 생활 모습이 변한 것이 없었다. 자조하지 않을 수 있었겠는가. 조병덕에게 '조경모독'이란 그야말로 '하나의 이상'에 불과했던 것이다.

조병덕의 수입과 지출

수입	지출
농사 조병덕의 노력: 속수·고료 자제배의 선물·증여 요전, 예목전, 명하전 문인들의 도움	의식주·지필묵·육축 부채·역·외출·통신 혼례 상례 과거 비용 의료·부조

況也愛意吾孫承祖我承之合令吾目之性者也況而不傳也

於是汝言之遠之又思諫兇安岸之大王悔之至安之

之前以此後以我乎問於南矣於大子又是大夫者也

故語之學也 吾學而悔得時 此學傳之傳夫上且甲豆

又其後生來事子以其書果於之以大夫

在於後者金魚於後為來錢千吾年季子悔之得其也

佛則此不常其也家之遠得之

於金園以不善泰山之而直無事以乎乃是也吾子又勿

自西也曉起來下草草不一 庚申七月廿三日

4장

19세기 조선의 정치 그리고 사건들

삼계리에서 조경야독·안분자족하며 사는 조병덕에게 큰 사건이 세 차례 닥쳤다. 1858년 장교와 포졸이 갑자기 사랑에 들이닥친 사건, 1864년 둘째 부인을 화산에 묻었다가 도로 파낸 사건, 그리고 1867년 아들 조장희가 토호로 체포되어 정배된 사건이 그것들이었다.

그전이라면 조병덕에게는 있을 수 없는 사건들이었다. 산골에 은거한 조병덕도 시대의 흐름과 사회의 변화로부터 결코 자유로울 수 없었던 것이다.

교졸돌입사건

천만 뜻밖의 변괴

노비가 없는 집에서 그놈을
억지로 잡아넣으려는 것은, 고을 아전과
고을 장교가 우리 집에 앙심을 품은 것이다.
성주城主가 전적으로 아전의 말만 듣고
우리 집을 멸시했기 때문이다.
사士는 죽일 수는 있어도, 모욕할 수는 없다.

1858년 4월 20일경 조병덕이 학동學童 한 명을 데리고 안사랑 소학당에서 책을 읽고 있는데, 오라와 병기를 지닌 마량진馬梁鎭의 교졸校卒 여덟 명이 들이닥쳤다. 그들은 오천손吳千孫과 김영달金永達을 잡으러 왔다고 했다. '오천손은 모르고 김영달은 집에 없다.'고 조병덕이 대답하자, 진교鎭校가 큰 소리로 말하기를 '김영달은 사랑에 숨어 있고, 오천손은 동네 안에 있다.'고 했다. 조병덕이 '내가 집에 없다고 하는데, 너희들은 어찌하여 숨긴다고 하느냐?'고 말하면서 꾸짖을 때, 집안의 자제들과 낭속廊屬들이 왔다. 조병덕의 서동생 조병응은 교졸校卒들의 오라와 병기를 빼앗고 그들을 결박했으며, 뒤따라온 조병덕의 아들 조명희는 그들을 야단치고 머리를 잡아끌었으며 그들의 오라와 병기를 부숴버렸다.(6237)

당시 토호들이 전국적으로 활개를 치고 있었는데, 내포內浦는 그중 가장 심한 지역이었다. 수령과 방백은 그것을 막는 데 힘을 쏟고 있었다. 이른바 '억강부약抑强扶弱' 정책이 그것이었다. 그리고 이를 위하여 암행어사가 활동하기도 했다.(수길秀吉이 암행어사에게 욕을 당한 것은 본래 범한 바가 있기 때문이며, 암행어사가 지금 바로 상포上浦의 여러 상놈들을 시원하게 징치하고 있다(7678)) 또 내포에는 낭속들이 반촌班村에 의탁하여 힘없는 백성들을 괴롭히고, 이웃 고을을 넘나들며 노략질을 자행하고 밀도살과 노름을 일삼고 있었다. 그러한 무리들이 간치장에도 많았는데, 그들 중에는 '삼계하인三溪下人' 또는 '모댁사환某宅使喚'으로 자칭하며 조병덕가에 가탁假托하는 자들도 있었다. 조병덕가와 그 낭속들은 관의 주목을 받지 않을 수 없었다. 그중에서도 김천만金千萬, 장수복張水福, 오천손, 김영달 네 명이 범법자로 지목되어, 김천만과 장수복은 이미 체포되어 갇혔고, 오천손과 김영달을 잡으러 왔던 것이다.

사건 직후 조카와 아들에게 보낸 조병덕의 편지는 다음과 같다.

> 옥천沃川과 장희 함께 보아라.
>
> 지난달 26일 전인 편으로 보낸 편지는 이 편지보다 먼저 들어갔을 것이다. 그동안 형수님 안부는 어떠하며, 옥천 형제, 장희 그리고 형달, 조경 모두 건강하며, 각 집 안부는 무사하며, 광주댁 작은어머님 안부와 풍계楓溪와 예술禮述 모자는 모두 어떠하냐? 생각이 끊임이 없다. 이곳은 여전하나, 소위 '정의呈議'(고을 백성이 수령에게 소訴를 올려 수령의 처분에 불만이 있을 때, 다시 감사에게 의송議送을 올리는 것을 말한다)에 대한 감사의 제사題辭(처분)가 또 이러하니, 나는 장차 이 땅에서 지탱할 수 없을 것이다. 가령 나의 노비가 악행과 작폐를 했다면, 감영에서 치죄하면 안 될 것이 어디 있겠느냐? 그런데 감사, 본 고을 원, 진장鎭將 등이 도적을 다스리는 병기를 가지고 반드시 우리 집에서 시끄러운 일을 벌인 것은 무엇 때문이냐? 이러한 일은 시골에서 양반 이름이 조금이라도 있는 집에서는 아직 보지 못했다. 고을 원이 몰래 장교를 데려와서 중문으로 들이닥치게 한 것은 장차 무슨 일을 하려 한 것이냐? 성주城主(남포현감)가 반드시 나를 모해하려 했음을 명백히 알 수 있다. 그리고 감사의 제사 또한 온당한지 모르겠다. 아마 간치艮峙 장날 삼계하인三溪下人을 가탁하고 모댁사환某宅使喚을 자칭하는 자 외에도 작폐하는 자가 없지 않았을 것이다. 그리고 영달은 장시에 왕래한 일이 전혀 없다가 겨우 한두 번 다녔을 뿐인데도, 노비가 없는 집에서 그 놈을 억지로 잡아넣으려는 것은, 고을 아전과 고을 장교가 우리 집에 앙심을 품은 것이다. 성

주가 전적으로 아전의 말만 듣고 우리 집을 멸시했기 때문이다. 사士는 죽일 수는 있어도, 모욕할 수는 없다. 내가 비록 시시한 인간이어서 의지할 세력이 없어도 사士라고 할 수 있으니, 설령 임금이라도 나를 죽일 수는 있으나 모욕할 수는 없다. 그런데 성주가 몰래 진교鎭校를 데리고 나를 모욕하는 것은 무슨 원한이 뼈에 사무쳐 그러는 것이냐? 오라를 들고 사랑에 들어와 언사가 거만하고 행동이 흉포한 것은 삼계에 산소를 쓴 이래로 처음 있는 모욕이다. 설사 영달이 정말 도적을 조종하고 숨겼다고 해도, 나에게 그렇게 해서는 절대로 안 된다. 아무리 생각해도 소위 영달은 칭찬하기에는 부족하지만 만에 하나라도 도적은 아니니, 어찌 진영鎭營에 잡아 가둘 수가 있느냐? 게다가 그것 때문에 바로 진영 교졸校卒을 시켜 내 면전에서 소란을 피울 수 있느냐? 고을에 정소呈訴하고 감영에 정의呈議한 것이 모두 패했으니, 비록 감영의 제사가 고을의 제사보다 조금 낫다고 해도 오십보백보일 뿐이다. 진교가 이른바 '은익隱匿했다.'와 감영의 제사가 무엇이 다르냐? 성주의 답장과 감영의 제사를 베껴 함께 보낸다. 이미 우리 집 장노庄奴로 하여금 동임洞任에게 전령傳令하게 하고, 동장洞長이 관아에 들어가니 이방이 물리쳐 보낸 것 또한 무슨 까닭이냐? 진영 장교가 우리 집에 온 것도 강한 자를 누르기 위하여[抑强] 그런 것이냐? '영계營溪의 김영달金永達' 운운하고는 '누구 집 김영달'이라고 하지 않았다. 그러나 영달이 우리 집 비부婢夫인 것을 알면서도 이렇게 모해한 것을 성주가 잘 알았기 때문에, 그 진교를 불러감으로써 대덕동大德洞 노를 잡아 가지 않게 하고는 진교가 간여하지 않았다고 운운한다. 여기에 대하여 그 곡절을 자세히 말하고 싶지 않다. 아전과 진교를 엄히 징치한 후에야 삼계에서 무사히 견딜 수 있다. 우리 집뿐만이 아니다. 양반 명색이면 어찌 견디겠느냐? 세변世變이 끝이 없으며, 변괴 또한 전에 없던 것이다. 내가 세력이 없기 때문에 여기 오는 사람은 모두 나에게 위문을 한다. 감영의 제사로 볼 때 영달은 여기 두어서는 안 되고 서울로 보내지 않을 수 없다. 여기 있다가는 죽음을 면치 못할 것이다. 이 일이 해결되기 전에는 돌아와서는 안 된다. 응제應弟와 명희가 진교를 결박할 때 당초에 말려 관에서 다스리게 하고 싶었으나, (결) 하인들이 교졸을 때린 것도 (결) 진영에서 보낸 사령이 우리 집에 출입 (결) 이렇게 허다한 과격한 일이 있느냐? 장노로 하여금 전령傳令을 갖게 한 일과 (결) 미리 나에게 알리지 않은 것으로 그 뜻을 헤아릴 수 있다. (결) 또한 이상하다. 이제부터 하는 수 없이 (결) 성주가 나를 미워함이 (결) 이것을 장차 어떻게 하느냐? 나머지는 심란하여 이만 줄인다. 과거 날이 이미 지났으나, 나는 반드시 요행은 없을 것이라고 생각한다. 우리 집이 세력이 없고 운이 쇠한데, 어찌 감히 대과大科를 바라겠느냐? 6대조 신주 묻는 일은, 애초에는 9월에 출발하려 했으나. 10월 종계 전에는 변통할 돈이 없어 뜻대로 할 수 없게 되었다. 이것을 반드시 문중과 여옥汝玉 족숙께 두루 알려라. 내가 당한 일을 교합숙장校閤叔丈(조두순)께 말씀드려도 된다. 이 어른이 어찌 남의 일 보듯 하겠느냐. 이런저런 일로 세상 사는 즐거움이 하나도 없다. 오직 속히 죽고 싶다. 귀에 들어오고 눈에 보이고 몸에 부딪히는 것 중에 어느 것 하나 걱정스럽고, 고민스럽고, 놀랍고, 해괴하지 않은 일이 있느냐? 내 자신 내 집뿐만이 아니다. 끝장이다. 무슨 수가 있겠느냐. 여러 곳에 보내야 할 편지를 모두 쓰지 않는 것은 심란하기 때문이다. 삼계의 낭하廊下 중에 간치장에서 작폐한 자들의 이름을, 사람을 시켜 6일 장날 장에서 큰 목소리로 외치게 하여 널리 알릴 계획인데, 어떻게 될지 모르겠다.

1858년 5월 1일 중부仲父(6609, 18580501)

조병덕은 사대부로서 당한 모욕을 세세히 열거하고 있다. 무엇보다도, 교졸들이 병기를 지니고 아무런 통고도 없이 갑자기 들이닥친 것을 조병덕은 죽음보다 심한 모욕으로 받아들였다. 삼계에 들어온 후로 아무런 제약이 없이 살아온 양주 조씨가에서 처음 당하는 일이었다. 그는 이것을 세변이라고 했다.

그러나 치안을 유지하기 위하여 범인을 체포하러 간 교졸이 도리어 결박되고 구타당한 것은 작은 사건이 아니었다. 마량진장馬梁鎭將은 감영에 보장報狀(보고서)를 올렸다. 내용은 조병덕가의 낭속들이 죄인을 잡으러 간 교졸을 포박하여 난타하고 돈을 빼앗았다는 것이었다. 게다가 사나운 노奴 30~40명을 조병덕이 불러 모았다는 내용도 있었다. ("진장이 이른바 '사나운 노 30~40명을 조趙 양반이 불러 모았다.' 운운[鎭將所謂 悍奴三四十名 謂以趙班之調發云]"(7333)) 진장鎭將의 보장을 본 감사는 대노하여 비감秘甘(상급 기관에서 하급 기관에 비밀히 보내는 공문)을 내려 보냈다. 오천손과 김영달은 물론 교졸을 묶어 난타하고 돈을 빼앗은 낭속들도 모두 관가에 잡아들이라는 비감의 내용을, 현감으로 하여금 그 마을에 포시布示(공포하여 알림)하고 개유開諭(깨우쳐 타이름)하게 했다. 그리고 '여전히 저항하면 재차 깨우쳐 타이르되, 그래도 듣지 않으면 다시 보고하라.'고 했다.

이제 사건은 커져버렸다. 조병덕의 거친 자제배가 버르장머리 없는 교졸들을 혼내준다는 것이 결국 국가에 대한 저항으로 처리될지도 모르는 상황에 처했다. 조병덕의 마음에 두려움이 자라기 시작했다. 그는 서울에 과거 보러 간 장희에게 다음과 같이 썼다.

> 작은 일이 큰 일로 빚어져서 장차 한없는 낭패를 당하게 되었다. 그리고 동네 낭한廊漢들이 교졸을 구타하고 돈을 빼앗았다고 하는 것은 분명히 그랬는지 알 수 없지만, 그들이 끝내 관官에 잡히지 않으면 이것도 나의 죄로 기록될 것이니, 감사의 비감이 어찌 두려운 것이 아니냐? 이렇든 저렇든 이들을 반드시 차례로 관가에 잡아들이면 좋지만, 사적인 힘으로 잡아들일 수도 없고 억지로 따르게 할 수도 없는 자들이니 단지 나의 짐일 뿐이다. 무슨 수가 있겠느냐. 그러나 비감에 이른바 '여전히 저항하면 재차 깨우쳐 타이르되, 그래도 듣지 않으면 다시 보고하라.'고 한 것이 두렵기 때문이다.(7361)

그는 진장鎭將의 보장報狀에 조목조목 반박했다. 교졸을 포박한 것에 대하여 조병덕은 다음과 같이 말했다.

> 비록 향촌鄕村의 품관品官이라 하더라도 진영의 장교가 오라를 가지고 감히 그 집에 난입亂入하지 못할 것이다. 조반가趙班家가 이곳에 묘를 쓴 지 백여 년 동안 이러한 변괴를 본 적이 없다. 비록 감영의 감결甘結(관찰사나 암행어사가 관하 고을에 내리는 지시 또는 명령하는 문서)에 의한 것이라지만 이렇게 거리낌 없이 해야만 거행할 수 있었느냐? 그들에게 장패將牌(장교의 신분을 증명하기 위하여 몸에 차는 나무로 만든 패찰)가 있느냐고 물었으나, 애초에 찬 것이 없었다. 그래서 사칭한 것이 아닌가 의심했으며, 관가에서 당초에 사적인 통보가 없었던 것도 의아스러웠

> 으니, 진교鎭校를 잡아두고 관가에 고하여 그 진위를 살핀 것은 형편상 그렇게 할 수밖에 없었던 것이다.(7380)

낭속이 교졸을 난타하고 돈을 빼앗았다는 주장에 대하여는 아는 것이 없다고 했다. 그리고 사나운 노 30~40명에 대하여는 자기는 소유한 노자가 한 명도 없고 단지 고로雇奴(삯을 받고 고용살이를 하는 노) 한 명과 비부婢夫(비의 지아비) 두 명이 있을 뿐이며, 오천손을 쫓아낸 지는 오래되었고, 김영달은 진교가 오기 전에 일 때문에 서울로 보냈다고 대답했다.(7380)

감사의 비감이 내려온 후 조병덕은 관아에 서류를 세 번 제출하고 본관에게 편지도 몇 번 썼다. 그러니 본관은 단지 감영의 감결만 시행할 뿐, 사실을 규명하여 논보論報(하급 관아에서 어떤 사안에 대하여 조사한 뒤 의견을 첨부하여 상급 관아에 보고하는 일)할 생각은 조금도 비치지 않았다. 조병덕이 올린 문건은 결국 모두 차단되거나 묵살당했다. 그 직후 감영에 의송議送도 한 번 올렸다. 그러나 감사는 진장鎭將이 올린 첩보牒報만을 신뢰할 뿐이었다.

조병덕으로서 더욱 참을 수 없었던 것은 남포현감이 장차將差(고을 원이나 감사가 심부름으로 보낸 사람)를 보내 자신에게 포시하고 개유한 것이었다. 감영의 비감을 받은 현감은 장차를 보내며 다음과 같이 지시했다.

> 즉시 순영巡營의 비감을 그대로 당해 동洞에 포시하라. 그리고 원래의 관자關子(상급 관청에서 하급 관청에 보내는 공문서)를 첨부하여 패자牌子를 발행하고 그 관자의 내용대로 당해 동洞에 포시한 후, 오천손, 김영달

두 놈과 교졸을 구타하고 예채例債(수령이 보낸 차사差使에게 죄인이 뇌물로 주는 돈)를 빼앗은 여러 놈들을 일일이 잡아오되 그것을 거행할 때 조심해서 할 것.(6429)

그리고 현감은 짧은 사무적 편지도 동봉해서 조병덕에게 보냈다.

일전에 진교가 감영의 관자를 받들어 죄인을 수색하고 잡으러 갔을 때 낭속들에게 구타당한 사실에 관하여, 또 이 비감이 도착했습니다. 이보다 더 불행한 일이 어디 있겠습니까? 비감의 내용을 보면 아시겠지만 죄인을 내어줄 것인지 아닌지를 관자의 지시에 따라 보고해야 하니, 알려주시기 바랍니다.(6190)

비감에는 모욕적인 언사가 가득했다. 현감의 편지도 조병덕에게는 불쾌하기 짝이 없었다. 자신에게는 임금도 따뜻한 말로 전유傳諭하지 않았던가. 그런데 감사는 조병덕에게 나쁜 말로 분노를 터뜨렸다. 게다가 단지 비감만 보내서 현감으로 하여금 포시하고 개유하라고 했다. 감사가 직접 자신에게 포시하고 개유하는 것도 조병덕으로서는 어불성설이라고 생각했다. 그런데 현감이 직접 나와서 포유布諭한 것도 아니었다. 현감은 부모가 아프다는 핑계로 빠지고, 장차를 보내 포유했던 것이다. 조병덕은 관가의 하인에게 포유당하는 비천한 신세가 될 수밖에 없었다. 사건을 설명하기 위하여 누군가에게 보낸 편지에 그는 다음과 같이 썼다.

제가 비록 알맹이 없이 이름만 훔쳤기 때문에 감히 관리로 자처하지 않지만, 어찌 남포현의 장차로써 감영의 비감을 포시하고 개유하게 할 수 있습니까? 이번 보장報狀에도 '개유開諭' 두 자가 있어, 저도 모르게 웃음이 나옵니다.(6429)

감사, 진장, 현감 등이 하는 것으로 보아 자신이 어떤 궁지에 몰릴지 알 수 없었다. 고을의 아전과 장교 무리가 수군대듯이, 감사가 조정에 장계를 올리는 것이 조병덕으로서는 가장 두려운 일이었다. 걱정과 수치심을 안고 그는 대책을 모색했다. 일각에서는 유통儒通(유림儒林의 통문)을 돌려서 남포현감을 타도하자는 의견도 나왔으나 안 될 말이었다. 그것은 반드시 또 다른 화禍를 부를 것이었다. 유통을 생각하는 아들에게 다음과 같이 썼다.

마침 부여 수천秀川 황黃 진사가 와서 만났더니, 애초에 이런 일이 있었는지도 모르더라. 또 화양동서원華陽洞書院, 황강서원黃江書院 등과도 서로 관여하지 않고 지냈으니, 통문通文을 하지 말라는 이야기조차 할 필요가 없다고 하더라. 그리고 유통이라는 말이 들리는 족족 말리어 그만두게 하라고 극언하더라.(6812)

애초 사건발생 초부터 서울에 있는 아들 장희에게 편지를 쓸 때 조병덕은 이 사건을 좌의정 조두순에게 가서 알리라고 말해왔다. 따라서 조두순은 이 사건의 추이에 대하여 잘 알고 있었을 것이다. 감사가 어떤 조치를 취할지 모르는 상황에 이르렀다고 판단하고, 그는 조두순에게

긴 편지를 썼다.(6093) 그동안 몇 번이나 쓰려고 하다가 자존심이 허락하지 않아 미루던 것이었다. 편지의 앞부분은 위기지학爲己之學, 조경모독朝耕暮讀, 고사궁산枯死窮山, 안신입명安身立命, 근수예법謹守禮法, 『소학』 등 주요 단어로 이루어져 있는데, 두문수졸杜門守拙, 즉 '문을 닫고 자신을 지키는 것'이라고 요약할 수 있다. 편지의 본론에는 사건의 경과를 쓰고 자신을 처벌해달라고 말했는데, 가장 심각하게 여긴 것은 감사가 비감에 쓴 '불외국법不畏國法'이라는 말이었다. 조병덕이 볼 때, 그것은 무식한 상놈에게나 쓸 수 있는 모욕적인 말이었다. 그리고 이 말 한마디면 어떠한 처벌도 가능한 무서운 말이었다. 그리고 마지막 부분에는 안동 김씨安東金氏 가문의 김상헌金尙憲, 김수항金壽恒, 김원행金元行 등이 모두 『소학』을 중시했는데, 자신도 김수항의 외손으로서 『소학』을 중시하여 사방 벽에 '소학실小學室'이라 써 붙여놓았으나 이 사건 때문에 허사로 돌아갔다고 했다. 이 부분을 쓴 것은 당시 충청감사 김응근金應根이 김수항의 후손이기 때문이었다. 만약 김응근이 조병덕을 처벌하면, 그것은 조상을 무시하는 것이 되는 셈이었다. 그리고는 장희에게 동문이나 친척 중 영향력 있는 사람에게 이 사건을 자세히 알리라는 쪽지를 동봉하여 보냈다.(6093, 18580516)

조병덕이 조두순에게 편지를 쓸 무렵, 사건의 무마를 위한 정치적 타협이 진행되고 있었다. 감사의 동생 판부사判府事 김흥근金興根은 5월 13일 조두순에게 다음과 같이 답장을 보냈다.

> 보내신 편지와 문서 모두 잘 보았습니다. 이 사건은 여러 말 할 필요가 없습니다. 이 일이 산림山林 댁과 상관이 있음을 제 중형仲兄이 알았다

면, 어찌 이런 사건이 있었겠습니까? 정단呈單에까지 이른 것은 정말 지나쳤습니다. 설사 교졸들의 잘못이 있었더라도, 그것은 젊은 혈기에 불과했으니 어찌 심하게 책망할 일이겠으며, 산림山林도 반드시 알지 못했을 것이니 어지 깊이 캘 일이겠습니까? 생각건대 그 사이에 반드시 해결된 바가 있을 것이지만, 송구스러움은 말로 하기 어렵습니다. 일간 인편이 있으면 상세히 보고 드리겠으며. 반가班家에 돌입突入한 진교鎭校는 실로 죄가 없을 수가 없습니다.(6887, **조병덕이 베껴놓은 김흥근의 편지**)

사건을 잘 처리해달라는 조두순의 편지에 대한 답장이다. 이미 이 문제에 대하여 김씨 회의에서 감사에게 급히 전인을 보내어 감결甘結을 거두어들이고 교차校差(심부름한 진의 장교)를 형배刑配하라는 뜻을 알린 후였다.(조카 용희가 말하기를, "김씨 회의에서 이미 '감결을 환수하고 교차를 형벌로 다스려 유배 보내라.'는 뜻을 급히 전인을 보내어 금영錦營(충청감영)에 알렸다."고 합니다.(6887)). 5월 16일 감영에서 남포현에 내린 감결을 조병덕은 5월 19일 남포현으로부터 받아 보았다.

본 현에 수감된 김천만金千萬, 장수복張水福 등은 당분간 그대로 가두어 두라는 뜻을 이미 알린 바 있지만, 가뭄을 걱정하는 이때 당연히 수감된 자를 구제하는 조치가 있어야 한다. 위 두 놈을 보방保放하되 다시 기다리라고 알리며, 오천손吳千孫, 김영달金永達 두 놈은 나와 포박을 받으라는 항목도 정지하고 철회하여 그 결과를 보고할 것.(6593)

그리고 '감영에서 원래 받았던 관문關文을 도로 보내고 그 회답을 받음으로써, 사건은 완전히 해결되었다.'는 현감의 편지를 조병덕은 5월 22일 받았다.

겉으로 볼 때, 이 사건은 범인을 잡으러 온 교졸에 대한 지나친 대응에서 비롯되었다. 사건이 발생하기 전 100여 년 동안 양주 조씨는 삼계에서 아무런 제약이 없이 살았다. 그런데 갑자기 생각지도 못한 사건이 일어났던 것이다. 그야말로 '삼계에 산소를 쓴 이래 처음 있는 사건'이었다. 이 사건을 겪은 후 조병덕은 세상이 변했음을 느꼈다. 그는 그것을 '세상의 변괴[世變]'이라고 표현했다.(6609, 185805△△)

조병덕이 볼 때, 그것은 다름 아닌 이속吏屬(아전 무리)으로 인한 세상의 변화였다. 그들은 고을의 행정을 장악하고 간악한 행위를 자행했다. 이 사건도 수리首吏, 수교首校, 수형리首刑吏 등이 꾸며낸 것이라고 그는 생각했다.(수리首吏, 수교首校, 수형리首刑吏는 혹 처벌할 수 있느냐? 이들을 그대로 두고는 우리 집은 스스로 폐족廢族이 된 부끄러움에 다시는 사자士子의 반열에 설 수 없을 뿐이다(6078)) 그들은 삼계 낭속들의 동태를 파악하여 나쁜 정보를 수령과 방백에게 끊임없이 올렸다. 그것은 간치장에 거의 간 적이 없는 김영달이 범죄자 명단에 오른 것으로도 알 수 있었다. 그들을 엄히 다스리지 않으면 양주 조씨는 삼계에서 지탱할 수 없으며, 다른 사족士族들도 마찬가지일 것이라고 조병덕은 말했다.(이렇든 저렇든 시비곡절 따질 것 없이 이교吏校를 엄히 다스린 후에야 삼계에서 무사히 지탱할 수 있다. 우리 집뿐만이 아니다. 사족士族이라 칭하는 사람들이 어찌 지탱하겠느냐? 세상의 변괴가 이르지 않는 곳이 없다.)

변한 것은 그것뿐이 아니었다. 충청감사 김응근은 김수항의 후손이고 남포현감 민병호閔秉鎬는 민정중閔鼎重의 후손으로, 양주 조씨와 함께 대표적인 노론 가문 사람들이었다. 그런데 그들이 조병덕을 무시했던 것이다. 함께 노론에 속한다는 개념이 그들의 머릿속에서는 이미 없었다. 김응근은 이 사건이 조병덕과 관련이 있는 줄 몰랐다고 했지만, 그것은 변명에 불과하다고 조병덕은 생각했다.

사건은 마무리되었지만, 조병덕은 가장 큰 피해자였다. 관가의 장차로부터 포유를 받은 것은 매우 수치스러운 일이었다. 무엇보다도 서울에는 "삼계三溪의 조모趙某가 국법을 두려워하지 않는다[不畏國法]."는 말을 옮기는 자가 한두 사람이 아니었다.(7026) 조두순에게 보낸 편지에 그는 다음과 같이 썼다.

> 임헌회任憲晦가 능참봉陵參奉 벼슬을 받던 날 서울 사대부士大夫들이 모인 자리에서 저의 일을 거론한 사람이 있었는데, 모두 말하기를 '이처럼 시골에 살면서 악행을 저지르는 무리를 관리로 뽑아놓으면 백성들이 어떻게 살아가겠는가?'라고 했다 합니다. 이를 한두 곳에서 들은 게 아닙니다. 제가 너무 형편이 없기 때문에 얼음처럼 맑고 옥처럼 깨끗한 친구에게 누를 끼쳤습니다.(7582)

무엇보다도 그를 괴롭힌 것은 자책감이었다. 평생 사士로 자처하여 『소학』의 '조경모독朝耕暮讀', '근수예법謹守禮法〔삼가 예법을 지킴〕', '전긍임리戰兢臨履〔깊은 연못에 다가가듯이 살얼음을 밟듯이 전전긍긍함〕' 등을 실천하며 거처하는 방의 사방에 '소학실小學室'이라 써 붙이고 살아 59세가 되었는데, 그것이 하루아침에 물거품으로 돌아가고만 것이다. 그는 망연자실하여 말했다.

> 노주선생老洲先生께서 말씀하셨다. "본조本朝가 나라를 세울 때 전혀 전범典範이 없었으나 천명天命이 오래 지속된 것은, 다름 아니라 군유群儒의 힘이다. 군유가 비록 신임을 받아 권력을 장악하지는 못했으나, 훌륭한 사람이 계속 배출되어 예의禮義를 연구하여 밝히고 명검名檢(명예와 법도)을 붙잡아 세웠다. 온 세상을 끝까지 찾아보아도 이런 모습을 찾아볼 수 없으니, 정말 이른바 군자국君子國이다. 그러므로 국력이 약해져도 조정에는 발호하는 신하가 없고 백성이 굶주려도 지방에는 반란을 일으키는 도적이 없어 주나라의 팔백 년처럼 이어진 것은, 대개 군유의 명분 덕분이었다. 이제는 군유의 교화가 이미 끊어지고 예의와 명검도 씻은 듯이 사라졌으니, 장차 무엇을 믿겠는가? 아, 위태롭도다!" 또 말씀하셨다. "조정은 공의公議를 두려워하고, 외척은 사류士類를 두려워하고, 백성은 국법을 두려워해야 한다. 그러고서도 다스려지지 않는다고 한다면, 나는 그 말을 믿지 못한다." 지금 공의公議는 사라지고, 사류士類는 망했다. 내가 국법을 두려워하지 않은 것은 바로 백성이 무지하여 법을 어긴 것이니, 그것을 어떻게 하겠느냐. 감사는 왜 나를 죽이지 않고, 무시하고 욕만 하며, 핍박하고 모욕만 하며, 능멸하고 짓밟기만 하는가?(7461)

조병덕은 교졸돌입사건을 '세상의 변괴'라 하며 여러 가지 의미를 부여하고 있으나, 그 원인은 무엇보다도 조병덕가의 위상의 변화였다. 조병덕가는 그의 할아버지 조진대로부터 아들 조장희에 이르기까지 4대동안 문과 합격자를 내지 못하여 가문의 위상이 떨어져 있었다. 약삭빠른 아전배가 그것을 모를 리가 없었다. 조병덕이 늘 아전배에게 과민반응을 보인 것도 이 때문이었다. 그리고 노론세도가 안동 김씨 김수항의 후손인 충청감사 김응근과 대표적 노론 가문의 하나인 여흥 민씨 민정중의 후손인 남포현감 민병호가 사건 처리에서 조병덕을 전혀 고려하지 않았다. 하늘을 찌를 듯한 세도가 출신 김응근의 안중에 몰락한 가문의 조병덕이 있을 리가 없었다. 정치적 지배층의 폭이 노론에서 세도가 안동 김씨 한 가문으로 좁아진 것을 여기서도 확인할 수 있다.

화산사

투장 사건

홍洪 연산連山은 그 장노를 시켜서 우리 집에
분부하기를 '한식날에 이장해야 된다.'고 했는데,
이것은 우리를 상놈으로 보고 노복으로
대접하는 것이다. 또 홍 연산이
장희에게 말하기를, '이장 비용은
당연히 보내겠다,'고 한 것도 같은 뜻이다.
우리 스스로 취한 것이 아님이 없으니,
그것을 어떻게 하겠느냐?

1863년 10월 14일 조병덕의 둘째 부인 덕수 이씨가 세상을 떠났다. 그 해 12월 9일 이씨를 장사지낸 곳은 화산花山에 있는 홍洪 남원南原의 농막 뒤 산자락이었다. 당초에는 장지를 유곡柳谷으로 정하여 모든 준비를 거기에 맞추어 진행하고 이미 지석誌石까지 새겨 놓은 터였다. 그런데 장례를 며칠 앞두고 갑자기 금장자禁葬者(매장을 막는 사람) 몇 명이 조병덕의 집에 와서 소란을 피웠다. 내막은 알 수 없지만, 아래 사연을 보면 유곡柳谷을 장지로 결정한 후 어떤 문제가 있었던 것으로 보인다.

> 임성등任聖登이 그 조카 국빈國賓의 말을 전하기를, 너와 덕오德五 등 여러 명이 상의하여 유곡의 치표置標(묏자리를 미리 잡아 표적을 묻고 무덤 모양으로 봉분을 만들어놓는 일)한 곳을 이미 파의罷議(논의를 그만 둠)했다고 하는구나. 유곡의 가용 여부는 나도 확실히 말할 수 없지만, 다른 적합한 곳이 없는데 '파의' 운운하는 것이 어찌 그리 쉬우냐? 국빈이 잘못 들은 것은 아니냐? 알 수가 없다. 반드시 상세히 알려라.(6993, 18631021)

결국 유곡에 장사지내는 것은 역부족이라고 보고 조병덕은 다른 곳을 구하기로 했다. 지석까지 새겨놓은 상황에서 유곡을 포기한 것을 보면 금장자 측의 명분이 강했던 것으로 보인다.

유곡을 포기할 무렵 새로 장택葬擇(장례 날을 잡는 일)하여 장례를 11월 24일에서 12월 9일로 미루었다. 모든 준비에 일정이 빠듯하기도 했지만, 무엇보다도 장지가 결정되지 못했기 때문이었다. 다급해진 조장희는 김시중金時中 집 뒤에 치표를 했다. 장례를 불과 20일 남짓 앞두고였다.

그런데 그곳을 조병덕은 반대했다. 아래 사연을 보면 도의적인 문제가 있었던 것으로 보인다.

> 김시중金時中 집 뒤에 치표한 것은 절대로 안 된다. 게다가 돈까지 꾸어달라고 했다니, 네가 비록 극구 변명해도 그것을 누가 믿겠느냐. 이 일은 끝없는 말썽을 빚어낼 것이다. 만약 이번 장사에도 매사를 전처럼 처리할 양이면 속히 권폄權窆(완전한 매장, 즉 영폄永窆을 하지 못할 경우에 우선 임시로 관을 묻어두는 일)하는 것이 낫다. 생각하고 또 생각해봐도 너무 부끄러워, 남에게 대고 할 말이 없고 남의 얼굴을 볼 낯이 없다.(6330, 18631119)

예를 중시한 조병덕에게는 장지葬地보다 오히려 장택이 더 중요했다. 장례는 초상 후 석 달 만에 치르는 것이 예에 맞는 것이었다.("사士가 죽은 달로부터 한 달 지나 장례를 치르는 것을 고례古禮라고 하지만, 주자가 이미 사와 대부大夫를 구별하지 않고 모두 3개월로 기한을 삼은 것이 『가례家禮』에 실려 있다."라고 옛날 노주 선생께서 말씀하셨다.(『숙재집』 권11 「답윤천뢰필현答尹天賚弼鉉」)) 따라서 아내의 장례는 12월에 치르는 것이 예에 따르는 것이었다. 그보다 이른 장례를 갈장渴葬이라 하고 늦은 장례를 만장慢葬이라 했는데, 모두 예에 어긋나는 것이었다. 만약 12월을 넘기면 정월, 2월에는 장례를 치를 수 없으므로 다음 해 3월로 넘어갈 수밖에 없었다. 산을 구하여 영폄永窆을 하건 권폄權窆을 하건 무슨 일이 있어도 12월 안에는 장례를 치러야 한다고 그는 못을 박았다.

이달 안에 영폄할 땅을 구하지 못하면 권폄할 수밖에 없다. 어찌 여러 달 동안 산을 구하느라 만장을 하겠느냐? 12월 초라도 기어이 장례를 치를 계획이다.(7579, 18631103)

장례 날은 다가오고 장지 두 곳은 모두 놓쳐 다급한 상황에 처했다. 선산에도 마땅한 자리가 없어 이미 고려 대상에서 제외했다. 하는 수 없이 택한 장지가 바로 화산花山이었다. 묏자리가 있는 농장의 주인 홍洪 남원南原 가는 서울에 살고 농막은 비어 있었다. 차후에 시비가 생길지도 모른다는 우려가 없지 않았으나, 그런 것까지 따질 겨를이 없었다. 당시 상황을 사건이 벌어진 후에 조병덕은 족숙 조두순에게 다음과 같이 설명했다.

죽은 처를 장례한 곳은 홍 남원 가 농막 뒤 산기슭입니다. 당초에 본 고을 유곡에 묻으려고 거기에 맞추어 모든 준비를 하며 지석誌石까지 새겨놓고, 다른 염려는 없으리라고 생각했습니다. 그런데 갑자기 금장자禁葬者 여러 명이 집에 와서 소란을 피웠습니다. 장례일이 며칠밖에 남지 않았으나 하는 수 없이 유곡을 포기했습니다. 선산 아래에는 착수할 만한 빈자리가 없었습니다. 화산으로 간 것은 그들이 장사庄舍(농막)를 팔려 한다는 소문을 들었기 때문이며, 그 장사는 빈 채 아무도 없었고, 그 산 또한 아이 무덤 하나 없었습니다. 그래서 언젠가 그 집을 사서 정리하면 된다고 생각하고 그런 계획을 하게 된 것이지, 그 땅을 탐내어 그런 것은 아닙니다. 사리로 보면 그 땅을 매매한 후 장례를 치러야 했으나, 장일葬日이 단 이틀밖에 안 남았고 또 엄동이라 쫓겨서 할 수 없이

그렇게 된 것이지, 당초의 본뜻은 아니었습니다.(6598, 18640101)

1863년 12월 9일 조병덕은 처 덕수 이씨의 장례를 홍씨네 농막 뒤 언덕에서 치렀다. 그런데 그것이 "주인이 있는 산 및 인가人家 근처에서 투장하는 것은 금단禁斷한다."는 『속대전續大典』 「형전刑典」의 조항을 어긴 것이었다. 다시 말하면, 덕수 이씨의 무덤이 홍씨가의 농막(인가)과 규정된 거리보다 가까운 것이 문제였다. 그리하여 조병덕가와 홍씨가의 산송山訟* 이른바 '화산사花山事'가 벌어지게 되었다.

화산의 투장 소식은 곧 서울의 홍씨가에 알려졌다. 홍씨가의 반응은 의외로 완강했다. 평시령平市令을 지낸 조카에게 쓴 편지에서 그것을 엿볼 수 있다.

* 무덤과 관련된 송사訟事를 말한다. 조선은 땅이 넓지 않은 데다 명당에 무덤을 쓰면 자손이 복을 받는다는 풍수사상까지 있어, 산송이 많이 벌어졌다.
『경국대전 예전禮典 상장喪葬』에는 무덤을 보호하기 위하여 경작, 목축, 매장 등을 할 수 없는 묘역의 범위를 다음과 같이 정해놓았다. ○종친의 경우 1품은 사방 100보步(1보는 6자, 1자는 약 20cm), 2품 90보, 3품 80보, 4품 70보, 5품 60보, 6품 50보까지다. 문무관은 종친보다 10보씩 줄인다. ○7품 이하와 생원, 진사, 유음자제有蔭子弟(음직을 받을 자격이 있는 자제)는 6품과 같다. 여자는 지아비의 관직에 따른다. ○매장 전에 개간한 땅은 경작을 금지하지 않는다. ○서울 성벽 아래 10리 안과 인가人家의 100보 안은 매장을 금한다."
조병덕의 경우 홍씨 집 농막 뒤 언덕에 매장했는데, 위에 규정된 마지막 조항 즉 "인가의 100보 안은 매장을 금한다."를 위반한 것으로 보인다. 이 조항에 의한 시비가 많았기 때문인지, 1703년에 숙종이 특별히 "한 사람의 집이라도 있으면, 100보 안은 매장할 수 없다."고 관계기관에 명령을 내린 적이 있다. 따라서 시비의 여지가 전혀 없었다. 산송이라기보다는 투장偸葬(몰래 매장함)에 그치고 말았다.

장례 후 오래지 않아 홍洪 연산連山이 그 장노庄奴(농장의 노)를 통하여 우리 집에 "그 집 사촌 평시령도 화산에 매장한 것을 대단히 불가하다고 했다."고 전했다. 이것은 너와 홍사빈洪士賓 사이에 수작한 말이다. 너는 또 사람을 만나면 장희의 허물과 악행에 대하여 이러쿵저러쿵하며, 늘 장희의 앞길을 막아야 된다고 했다. 속담에 '남의 앞길을 막는 것은 남의 부모를 죽이는 것보다 심하다.'고 하지 않았느냐? 아우와 어울리면서도 아우의 앞길을 막는데, 그 자취가 매우 두드러지니 무슨 까닭이냐? 장희가 홍씨 집에서 석고애걸席藁哀乞할 때, 단지 나와 아는 승지 이면우李勉愚가 가서 위로하며 어루만져주었고, 그 밖에도 가본 사람이 있는지는 알 수가 없다. 그러나 진실로 악역惡逆이나 대의大義나, 멸친滅親의 죄를 직접 범한 것이 아닌데, 사촌 간에 어찌 전혀 돌보지는 않고 그럴 수가 있느냐? 삼연三淵이 증소檣巢(김신겸) 형제에게 쓴 편지에 "나는 너희 숙부로 너희 아버지와 한 간 사이이니, 부형이 있는 것에 비록 화살이나 돌이 떨어져도 생사를 함께해야 한다."라고 했다. 또 "너희가 이 상喪【치겸致謙 처의 상, 바로 삼연의 자부다.】에 비록 복服은 없지만【사촌 수숙嫂叔 사이】고통으로 서로 맺은 정으로 말하면, 어찌 길 가는 사람 보듯 할 수 있겠느냐?"【삼연의 자부가 여질癘疾(전염병)을 앓아 죽었을 때】라고 했다. 이로써 말하자면, 나는 너의 중부仲父로 돌아가신 형님과 어찌 한 간 사이가 아니냐? 나의 처 또한 돌아가신 형수와 한간 사이라고 할 수 있다. 어찌 그렇게 강 건너 불 보듯 할 수 있느냐? 또 홍연산은 그 장노를 시켜 우리 집에 분부하기를 '한식날에 이장해야 된다.'고 했는데, 이것은 우리를 상놈으로 보고 노복으로 대접하는 것이다. 또 홍 연산이 장희에게 말하기를, '이장 비용은 당연히 보내겠다.'고 한 것

도 같은 뜻이다. 우리 스스로 취한 것이 아님이 없으니, 그것을 어떻게 하겠느냐?(6119)

조병덕 측은 드러내놓고 반발하지 못했다. 위 편지에서 보듯, 조카 평시령마저도 화산에 매장하는 것을 대단한 잘못이라고 하여, 도리어 홍씨가가 조병덕 측을 공격하는데 이용당하기까지 했다. 애초에 시비가 명백했기 때문에 조병덕 측에서 반발할 여지는 없었던 것으로 보인다. 장례 열흘쯤 후에 조장희는 타협을 모색하기 시작했다. 그는 서울 홍씨가에 가서 잘못을 빌고 선처를 구하는 수밖에 없다고 생각했다. 그러나 조병덕은 거기에 별 기대를 걸지 않았다. 다만 장희를 서울로 보낼 걱정과 함께 화산花山 투장을 말리지 못한 데 대한 자책감이 몰려왔다.

> 서울행은 아직 여비도 마련하지 못했는데, 사방에서 상채喪債를 독촉하니 몹시 걱정이다. 그러나 서울행 또한 모험을 행하여 요행을 바라는 짓이지, 편안히 천명天命을 기다리는 것이라고 할 수 없다.【『중용中庸』14장을 상세히 봐라.】(“군자는 현재의 위치에 따라 행하고, 그 밖의 것은 원하지 않는다.〔君子素其位而行 不願乎其外〕” 이것은 자신이 처한 상황을 순리대로 받아들인다는 의미다)내가 네 입장이었다면, 반드시 그렇게 하지 않았을 것이다. 설령 남의 모욕과 비난을 받아도, 그것 또한 분수 안의 일이다. 단지 분수에 편안할 뿐이다. 평소에 너희들을 가르치지 못했고, 또 일에 닥쳐 엄격히 장악하지 못하여, 하는 일이 모두 분수를 넘지 않는 것이 없다. 속물의 식견에만 맞추어 반드시 식자의 깊은 탄식만 사니, 생각하고 또 생각해봐도 후회막급이다. 늙어 기가 쇠하고 정력이 미치지 못하

여 아무도 수습할 수 없는 상황을 만들어놓았으니, 내 스스로 취한 바가 아님이 없다. 말한들 무슨 도움이 되며, 무슨 수가 있겠느냐? 평생 독서가 수포로 돌아간 것이 한탄스럽다.(6814, 18631220)

1864년 정월 초이틀날 조장희는 서울로 향해 떠났다. 어떻게 해서든지 홍씨가를 잘 설득해서 이장하지 않고 현재 매장한 무덤을 인정받아야 했다. 그것을 위하여 그는 석고애걸도 할 생각이었다.

조병덕은 조두순에게 보낸 편지의 별지에서 사건의 해결 방안을 다음과 같이 썼다.

지금 형편에서 피차간에 해결하는 길은 두 가지가 있습니다. 하나는 저희가 이장하는 것이고, 하나는 저쪽에서 집을 파는 것입니다. 이장은, 가령 내일 한다고 해도 오늘은 장담할 수 없는 일입니다. 그 일은 극히 어렵고도 또 극히 어렵기 때문입니다. 집은 오늘 매매한다면 오늘 바로 정리할 수 있으니, 아주 쉽고 또 아주 쉽습니다. 그리고 일의 경중으로 보아도 이장과 매매는 현격히 다를 뿐만이 아닙니다. 그러니 오늘 두 집 사이 분쟁의 해결은 오직 농막 매매에 있을 뿐입니다. 만약 이장을 독촉하면 지금 저의 가세家勢와 형편으로 볼 때 한번 죽는 것밖에 다른 대책이 없습니다. 어떻게 처리해야 할지 모르겠습니다. 집안에 상의할 사람이 없고 밖으로부터의 모욕을 막을 길이 반 푼어치도 없으며, 제가 숙주를 부형이나 다름없이 생각하여 속마음을 털어놓지 않음이 없기에 감히 이렇게 말씀드리니, 굽어 헤아리시어 가르침을 주시기를 천만 번 기원합니다. 나머지는 병응秉應이 직접 말씀드릴 것입니다. 사리로 볼 때 부자가 함께 가서 의혹을 설파하고 저의 본심을 밝혀야 하나, 저는 상경할 수 없어 단지 저 대신 병응이 가서 애걸할 뿐입니다.(6598, 18640101)

서울에 장희를 보내고 나서 뒤이어 조병덕은 장희에게 지성이면 감천이니 정성을 모아 애걸하라는 편지를 또 보냈다. 조장희가 홍씨가 문밖에서 '석고애걸席藁哀乞'한 지 열흘이 지났으나, 홍씨가의 반응은 냉담하기만 했다. 조두순도 이번에는 '교졸돌입사건' 때처럼 도움이 되지 못했다.

애초에 홍씨가의 농장과 농막을 판다는 소문이 파다하게 퍼져 있었다. 그리고 화산사가 일어나기 일 년 전쯤 진사 김병수金炳洙가 홍씨가와 편지를 주고받으며 흥정을 하고, 농장과 집터를 둘러보기도 했다. 이러한 그간의 정황으로 홍씨가에서 쉽게 농가 매매에 응할 것처럼 보이기도 했다. 그러나 홍씨가의 입장은 점점 견고해지기만 하다가 급기야 이장설이 흘러나오기 시작했다. 홍씨가에서 이처럼 나쁜 감정을 갖게 된 것은 조병덕 측이 백주에 산을 약탈했으며 자기들을 향품鄕品처럼 멸시한다고 생각했기 때문이었다. '석고애걸'은 더 이상 의미가 없었다. 내포에서 과격하기로 이름난 진사 조장희도 갖은 수모를 참으며 열흘 가량 석고애걸만 하고 돌아갈 수밖에 없었다. 그가 얻은 것은 아무것도 없었다.

1864년 2월 21일 화산에서 파낸 영구를 삼계 선산 자락에 임시로 묻었다.

망처亡妻 장례를 치르고 날마다 험하고 무서운 말을 듣다가 망측한 변괴를 당할까 두려워, 지난 달 14일 무덤을 파고 20일 널을 꺼내어 삼계 선산 아래 집 뒤에 가져와서 21일 가매장 형식으로 일단 구덩이에 묻었습니다. 이왕지사인데 후회한들 무슨 소용이 있겠습니까? 이제부터는 수많은 근심걱정을 놓을 수 있습니다.(**필자소장, 18640310**)

그리고 서서히 묏자리를 찾아 영폄을 도모하기로 했다. 그로써 화산사는 끝났다. 조병덕가의 일방적인 패배였다. 조병덕의 정신적 타격은 컸다. 『중용中庸』에 '현재 가난하고 천하면, 가난하고 천한 대로 행동하라 하지 않았던가.'라고 자책하기도 했다. 스무 살 무렵에 앓았던 심장병이 재발하지 않을까 스스로 느낄 정도로 충격적이었다. 게다가 또 다른 걱정거리가 생겼다. 아들 조장희가 복수를 하기 시작했던 것이다.

청교에 즉시 전한다.
편지 와서 위로가 된다. 나는 걱정과 고민으로 병이 났다. 당장 죽어서 잊어버리고 싶다. 화산의 두 놈은 어떤 인간이냐? 너는 어떤 사람이냐? 네가 석고애걸하고 패배당한 것을 봉욕逢辱이라고 생각한다면, 가령 홍洪 진주晉州의 자제들을 너처럼 모욕당하게 하는 것은 괜찮다. 지금 지극히 천한 남의 장노를 잡아놓고, 너 자신과 상대가 된다고 여기느냐? 어찌 그다지도 비루하냐? 가련하고 가련하다. 화산은 실로 원수 같은 땅이다. 화산이 원수 같은 땅이 된 것이 어찌 두 놈의 죄이냐? 설령 두 놈에게 원인이 있다고 하더라도, 모욕은 홍 진주의 자제들에게 당하고 그 집 장노를 잡아와서 고함을 지르며 성질을 부리는 것이 과연 네 마음

> 에 유쾌한 것이냐? 가련하고 가련하며, 슬프고 슬프며, 부끄럽고 부끄러우며, 가소롭고 가소롭다. 너는 네 아버지 말을 안 들어 도처에 낭패다. 이미 지난 일이라 들춰 말할 필요도 없지만, 화산사는 다시는 입에서 꺼내지 말고, 문 닫고 독서만 해라. '거상居喪 초에 독서할 글을 얻지 않음이 없다.'고 한 것은 주자朱子의 말이다. 게다가 너는 상측喪側에 있지 않고 곁에서 아첨하고 비위 맞추는 말만 들으니, 자신도 모르는 사이에 생기는 것은 어리석은 기운이요, 객기요, 뜬 기운이다. 이것들은 모두 자신을 해칠 뿐, 어찌 남을 해칠 수 있겠느냐? 남을 해치는 것이 군자의 일은 아니나, 설사 남을 해치고 싶어도 너의 뜬 기운과 객기로는 결코 남을 해칠 수 없고 마침내 화를 입고 만다. 어찌 그렇게 어리석고 경망하냐?(6977, 18640223)

두 장노는 화산의 투장을 홍씨가에 알리고 홍씨가의 말을 조병덕가에 전한 사람들임을 짐작할 수 있다. 뿐만 아니라 상민 다섯 사람이 조장희의 분부로 화산에 살지 못하고 이산離散했으며, 장차 화산 사람들 모두가 이산할 것이라는 설도 있었다. ("지금 화산 이 서방이 와서 네 형에게 하는 말을 들으니, '화산에 사는 백성이 모두 이산할 것'이라고 하는구나"(7622, 18640222))

화산사로 인하여 조병덕가는 경제적으로도 극심한 타격을 입었다. 조장희가 서울 홍씨가에서 석고애걸하는 데 든 비용은 조병덕에게는 큰 부담이었다. 게다가 화산의 무덤을 헐고 영구靈柩를 삼계로 옮겨 가매장하는 데도 적지 않은 돈이 들었다. 면례緬禮(이장)에 준하는 예禮를 갖추어야 했기 때문이다. 그리고 삼계에 가매장한 영구를 묏자리를 잡아 면례할 때까지 드는 비용은 가장 큰 부담으로 남게 되었다. 이러한 비용이 발생하기 전에도 이미 사방에서 상채喪債 독촉을 받고 있었던 조병덕가는 헤어날 수 없는 경제적 곤궁에 빠졌다.

사실 화산사라는 산송이 벌어지게 된 원인도 금전문제에 있었다. 치표置標했던 두 곳, 즉 유곡柳谷과 김시중金時中 가에 묘를 쓸 수 없게 되자, 조병덕의 장조카 남원南原은 땅을 사서 매장하는 수밖에 없다고 말했다. 이에 대하여 조병덕은 장희에게 다음과 같이 썼다.

> 남원이 어제 와서 저녁까지 머무르다가 나와 만났다. 계속 신검新儉과 유곡柳谷은 모두 돈을 주고 사서 쓰는 것이 좋다고 하는데, 이것은 끝까지 우리 집 속사정을 모르고 우리 집에 그렇게 할 재력이 있다고 생각하기 때문이다. 남원이 이와 같으니 다른 사람은 말해서 무엇 하겠느냐?(6330, 18631119)

남원의 말에 의하면, 유곡의 금장자들이 와서 소란을 피운 것도 그 땅을 샀다면 아무런 문제가 없었을 것임을 알 수 있다. 화산의 농장과 농막도 홍씨가에서 팔려 한다는 것을 기왕에 알았다면, 그 땅을 사서 장례를 치렀으면 애초에 문제 될 것이 없었다. 그러나 조병덕가에는 그만한 경제적 능력이 없었다. 게다가 사나운 기질을 가진 조장희가 과거에 해오던 방식대로 무모하게 밀어붙였기 때문에 화산사가 발생하게 되었다. 그런 방식이 통하지 않을 정도로 조병덕가의 위상은 떨어져 있었던 것이다.

아들의 토호질

조장희정배

네가 소성小成 때 창기를 데리고
풍류를 즐길 때부터 시작하여 이루 다
기억할 수도 없을 정도다. 딱 한마디로 말하면,
스스로 취한 것이 아님이 없다.
하늘을 원망하지 말고, 남을 원망하지 마라.
이치가 마땅히 그러하니, 그것을 어찌하겠느냐?

1867년 4월 21일 조병덕의 아들 조장희의 원지정배遠地定配(먼 지방에 유배지를 정하여 죄인을 유배 보냄)가 임금이 주비朱批를 내림으로써 결정되었다. 충청도 암행어사가 올린 토호土豪의 명단에 조장희의 이름이 들어 있었던 것이다.(『조선왕조실록』 고종4년 4월 21일) 조장희의 죄는 임금의 교敎에 다음과 같이 언급되어 있다.

> 대저 조장희가 도내道內에서 위세로써 불법을 자행하여 평민들에게 해를 끼친 것은, 많은 사람이 본 바이고 많은 사람이 지적한 바다. 그러므로 그 죄를 징벌하여 정배자定配者 명단에 올린 것이다.(『조선왕조실록』 고종5년 9월 22일)

조장희는 과격한 성격의 소유자였다. 일찍이 그는 말에서 내리지 않는다는 이유로 서천군수를 수행한 아전에게 놀라운 행동을 한 바 있으며, 사람을 감금하여 사형私刑을 가하기도 하고 노비를 장살杖殺하기까지 했다. 그리고 청석교에 살기 시작한 후로 많은 낭속廊屬과 노속奴屬을 거느리고 이권에 개입하기도 했다. 그야말로 토호의 조건을 두루 갖춘 인물이었다. 그가 청석교로 이사를 오자 청석교 사람들이 '호랑이가 들어왔으니 피해야겠다.'고 한 것이나, 화산 사람들이 그에게 쫓겨 이산한 것도 그가 토호임을 뒷받침해주는 사건들이다.

당시 조정에서는 토호의 무단武斷을 심각한 문제로 인식하고 있었다. 민란이 전국적으로 확산될 무렵, 조정은 다음과 같은 명령을 내렸다.

> 토호들의 무단을 금칙禁飭한 것이 몇 번뿐만이 아니었다. 대개 그들이

향리鄕吏와 체결締結하여 소민小民(상민)을 침학하는데, 이는 진실로 조가朝家(국가)에서 항상 통분하여 오던 것이다. 불쌍한 저 허다한 적자赤子(선량한 백성)들이 이미 탐학한 관리들의 박할剝割(재물을 강탈함)을 면치 못했고, 또 이 무리들에게 시달림을 당하고 있으니, 장차 어떻게 살아갈 길을 꾀하겠는가? 만일 다시 전일의 습관을 답습하는 자가 있을 경우, 도신道臣(관찰사)이 그 이름을 지목하여 장문狀聞(장계를 올려 보고함)하면 법에 따라 감처勘處(죄를 심리하여 처리함)하겠다.(『조선왕조실록』 철종 13년 8월 13일)

즉 소민을 괴롭히는 층으로 탐학한 관리와 더불어 토호를 지목하고 있다. 토호의 침학을 민란의 원인으로 보고, 토호를 다스려 민란을 진정시키려 하는 것이다. 특히 조장희가 체포되던 무렵에는 토호에 대한 집중 단속이 이루어졌다. 1869년 3월 하순, 유배되었던 토호 1,520명이 석방되었는데, 이 숫자는 1868년 이후로 체포된 수백 명은 빠진 것이었다.(6973-2, 18690403)

토호 단속은 주로 암행어사가 했다. 조병덕은 암행어사의 활동을 아들에게 자세히 알렸다. 경각심을 일깨우기 위해서였다.

좌도左道(충청북도) 암행어사가 우도右道(충청남도)로 향한다고 한다. 세력 있는 사부士夫(사대부)가 많이 타살되었고, 화양동서원華陽洞書院 유사도 붙잡혔는데, 잡을 때는 반드시 경포교京捕校(포도청의 부장)를 이용한다고 한다. 소문이 험하고 무섭다. 호중湖中(충청도) 양반들이 패망할 징조다. 시운時運이 걸린 바가 아님이 없다. 또한 그것은 당하는 자들이 자초한 것이니, 무슨 수가 있겠느냐. 위장衛將이 내게 보낸 편지에 제 아우를 단단히 조심시키라고 했는데, 우동又童이 어찌 제 적형嫡兄의 말을 듣고 뉘우치고 삼가겠느냐? 몹시 심란하다.(6319, 18641227)

1863년 고종이 즉위하자 대원군은 국왕의 아버지로서 정권을 장악하고 개혁을 단행했다. 그 개혁 중 하나가 서원 철폐였으며, 그 첫 번째 대상이 화양동서원이었다. 당시 화양동서원에서 발행한 묵패墨牌(서원에서 상민을 호출하거나 잡부금을 걷을 때 발송한 문서. 도장을 먹으로 찍었기 때문에 붙은 이름이다)는 관에서도 어기지 못할 정도로 그 위력이 막강했다. 그러한 화양동서원의 유사를 체포한 것은 대원군의 개혁의지가 확고함을 보여준 것이었다. 그리고 중앙의 노론 고관을 업고 국법을 무시하며 토색질을 일삼는 토호가 많은 충청우도로 암행어사가 이동한 것도, 화양동서원 유사 체포와 같은 맥락이었다.

토호의 무단을 엄히 다스리라는 조정의 명령이 조보朝報에 실렸다. 근래 '억강부약抑强扶弱'은 다반사로 하는 말이나, 이번에 난민이 반가班家를 태우고 부순 것은 전혀 다스리지 않은 채 또 이 명령이 있으니, 소위 양반이 지탱할 수 있겠느냐? 이럴 때는 입 다물고 엎드려 지내야 된다.(7725, 18620816)

김병수金炳洙를 만나러 서울에서 온 자가 서울 소식을 전하며 "호우湖右(충청남도) 토호 30여 명을 체포하기 위하여 경포교京捕校를 내보냈다."

는 등의 이야기를 좌우를 살피며 했다고 한다. 이것이 무슨 일이냐? 몹시 우울하다. 이것은 김은경金殷卿이 들은 소문이다.(7377)

조장희가 토호로 지목되어 있다는 것을 잘 아는 조병덕은 토호와 관련된 소식에 예민했다. 그리고 대원군 휘하의 운현궁 사람들이 암약하고 있다는 정보를 접하고, 조병덕은 말조심하라고 신신당부했다.

어제 위장이 서울에서 온 장리章里 이李 찰방察訪 편으로 전한 소식에 의하면, 암행어사를 낼 필요도 없이 단지 운현궁 사람들이 염탐꾼이 되어 사방으로 나갔다고 할 뿐이다. 화禍는 입에서 나오는 것이니, 조금도 실수 없이 말조심해야 된다. '세 번 봉한 부처의 입일 뿐 아니라, 백번 봉해야 한다.'고 하신 돌아가신 선생님의 말씀, 바로 오늘 따를 만한 것이다. **(6058, 1864년 무렵)**

조병덕의 경계에도 불구하고 조장희는 자기 삶의 방식을 고수했다. 그는 아버지 조병덕이 비현실적이며 세상일에 어둡다고 생각하고 아버지의 가르침과 타이름을 철저히 거부했다.("너는 평소 온후하고 편안한 느낌은 전혀 없고, 울분과 불평뿐이다. 그 때문에 나는 늘 너를 심히 걱정해왔다. 그런데 너는 늘 네 아버지가 비현실적이며 세상사에 어둡다고 생각한다. 그러니 무슨 수가 있겠느냐?"(6738, 18691113)) 그렇게 조장희에 대한 나쁜 평판은 쌓여갔다. 당초에 조병덕은 조장희가 민란으로 피해를 입을까 우려해왔다. 민란이 확산될 때 조병덕이 아들에게 혼자 다니지 말고 하인을 데리고 다니라고 한 것도 그러한 생각에서였다. 우려는 현실로 나타났다. 조장희가 암행어사에게 체포되었던 것이다. 조병덕은 다음과 같이 말했다.

> 대저 네가 남의 입에 오르내린 지 오래되었다. 네가 소성小成(청년) 때 창기를 데리고 풍류를 즐길 때부터 시작하여 이루 다 기억할 수도 없을 정도다. 딱 한마디로 말하면, 스스로 취한 것이 아님이 없다. 하늘을 원망하지 말고, 남을 원망하지 마라. 이치가 마땅히 그러하니, 그것을 어찌하겠느냐?(6749)

체포된 조장희는 황해도 평산에 유배되어 현지의 감옥에 수감되었다. 그냥 유배가 아닌 '수감'에서 토호를 강력히 다스리려는 대원군의 의지를 엿볼 수 있다. 조병덕은 서울보다도 훨씬 먼 평산까지 아들에게 편지를 보내기 위해 거금을 들여 전인을 고용했다. 그렇게 속을 썩여왔지만, 조병덕의 부정父情은 아들을 끝까지 포기하지 못했다. 다음 편지는 4개월 가까운 공백을 두고 이어진다. 전인을 고용할 돈이 없었을 뿐, 마음은 그렇지 않았을 것이다. 감방 생활에 도움이 될 수 있는 이야기를 찾기 위해 노력한 흔적이 보인다.

> 3월 18일, 네 3월 7일 편지를 보고 네가 수감된 줄 알았다. 그 후 다시 전인을 보내려 하다가 못 보냈다. 4월 21일 예술禮述이 와서 네 소식을 대강 들었다. 16일 네 처자는 청교에서 이곳으로 이사했다. 이제 비로소 전인을 보내 안부를 전한다. 돌아오는 전인 편에 평안하다는 소식만 들어도 다행이겠다. 근자에 또 이양선이 덕산德山에 정박하여, 도 전체가 소요 상태다. 이 전인이 가는 도로도 막힐까 걱정이다. 옥중에 갇혀 책

을 읽고 글을 보는 사람이 옛날에는 많았다. 그렇게 하며 마음을 편안히 갖도록 해라. 역易에 이르기를 "못에 물이 없는 것이 곤困 괘이니, 군자는 그 상황에서 목숨을 버림으로써 뜻을 이룬다.[澤無水困 君子以致命遂志.]"(『주역』「곤괘困卦 상象」)고 했다. 못에 물이 없어 곤궁한 모습인데도, 정전程傳의 해석이 실로 좋으며 본의本義의 해석은 더욱 좋다. '목숨을 버린다[致命]'는 것은 '목숨을 준다[授命]'는 말과 같다. 집어서 남에게 주고 자기는 가지지 않는다는 말이다. 이럴 수 있으면 비록 곤궁해도 형통하다. 소주小註에 실린 어류語類 두 줄도 상세히 음미해야 하며, 『논어論語』「위령공衛靈公」편 제1장 장하주章下註에 "성인은 실행해야 마땅한 일을 할 때 머뭇거림이 없으며, 곤궁에 처해도 형통하여 원망이나 후회가 없다."고 한 것도 내가 평소 외며 생각하는 것이다. 반드시 곤困 괘와 더불어 참조하는 것이 좋다. 내가 해줄 말은 오직 이런 말뿐이다.**(6746, 18680401)**

몇 달 서로 소식 듣지 못하여 때로 생각하면 몹시 답답하여 병이 나려 하지만, 참고 또 참아야 하니, 이것이 무엇 때문이냐? 그간 감옥살이 중 안부는 어떠하냐? 동춘당同春堂 선생은 귀양 가는 김송애金松崖【본주, 이름은 경여慶餘, 자는 유선由善】를 송별하며 "영해嶺海(영남 바닷가) 밖에서도 죽은 사람이 될 필요는 없다. 가슴속에 진실로 즐거운 땅이 있다면 어느 곳인들 노닐지 못하겠느냐?"라고 했다. 너는 김송애가 아니다. 또 옥중에 있어 귀양 간 김 공과 같지 않다. 그러나 일이 이미 이렇게 되었으니, 마음을 편하게 갖고 기氣를 안정시키며, 꼿꼿이 앉아 깊이 생각하며【『맹자』「진심」상에 이 말이 있다.】 뜻을 바르게 닦아 멀리 구상함으로써 너를 온전하게 만들려는 하늘의 뜻에 부응하고, 동춘당 선생의 말씀처럼 해야 된다. "주자의 책에 귀양 가는 사람을 송별하며 '사람을 만나면 입을 꼭 닫고, 일이 없을 땐 머리 손질을 배우라.〔逢人深閉口 無事學梳頭〕'고 한 시가 있는데, 이 말 또한 씹으면 맛이 있다."고 한 것도 동춘당의 글이다. 동춘당은 또 "이천伊川 선생이 부주涪州로부터 돌아올 때 기백과 수염이 평소보다 좋았다. 문인들이 그 까닭을 묻자, '학문의 힘'이라고 대답했다."고 했다. "정송강鄭松江은 강계에 귀양 갔을 때 『대학』의 소주小註를 외어 위리목圍籬木(위리안치의 울타리를 친 나무)을 깎아 거기에 썼다. 이 노인은 비록 학문에 깊은 뜻은 없었으나, 곤경에 처하여 태연할 수 있었던 것은 평범한 사람이 미칠 수 있는 바가 아니다."라고 한 것도 동춘당의 말이다. 네가 처한 상황이 정자程子나 송강과는 다르지만, 이런 점은 배우고 본받아야 한다. 내가 네게 말은 이렇게 하지만, 이런저런 생각으로 나날을 보내자니 정말 걱정스럽고 정말 부끄럽다. 네 처자는 4월 16일 이곳 아랫방으로 거처를 옮겼다. 전에 기준의 처가 쓰던 방이다. 덕술悳述은 놀지만은 않는다. 예술禮述도 왔다. 네 처와 장준壯俊 처는 밥을 따로 해먹고, 내 조석은 장준 처가 차린다. 네 외조부 양자의 이름은 김수현金遂鉉이고 자는 공진公進인데, 12일 왔다가 가려는 것을 만류하여 16일 돌아갔다. 네 외조부의 별실別室도 내년 봄에 연산連山에 가서 그 사람과 함께 살 것이기 때문에, 금년 내로 집을 산다고 하는구나. 네 외조부께 아들이 없다가 아들이 생겨 다행이다. 또 그 서모庶母를 데려간다니, 우리 집으로서는 큰 다행이다. 천하에 이렇게 지독하게 악독한 여자는 없을 것이다. 청교에 있을 때 해괴망측한 짓을 몇 번이나 했는지 모르며, 동산東山에 온 후와 또 우리 집에 온 후 저지른 패악도 이루 말할 수 없다. 네가 이 사람을 데려온 것은 화를 부른 것이다. 장준이 이 사람과 무슨 상관이 있기에, 이 사람 때문에 이렇게 많은 곤액을 당해야 하느냐? 이것이 무엇 때문이냐? 이것은 천부당만부당한 액운이다. 내년 봄까지는 너무 멀다. 속히 떠나면 좋겠다. 또 너는 어이하여 인심을 그렇게 많이 잃었느냐? 개탄스럽기 그지없다. 들려오는 나쁜 이야기가 너무 많아, 몹시 분하고 한탄스럽다. 여러 말 할 것 없이 이 왕지사는 그만두고, 지금부터 욕심을 막고, 분노를 억제하고, 착함으로 옮아가고, 허물을 고치는 것, 이 네 가지를 죽을 때까지 공부로 삼으면 다행이다. "분을 억제하기를 산을 누를 듯이 하고, 욕심을 막기를 골짜기를 메울 듯이 하고, 착함으로 옮아가기를 빠른 바람처럼 하고, 허물을 고치기를 사나운 우레처럼 해야 한다."고 한 것을 『주역』의 손損, 익益 두 괘의 대상大象에서 찾아볼 수 있다. 나는 세상을 속이고 이름을 훔쳐 큰 죄를 지었다. 그 화禍가 극에 이르러, 죽을 나이에 이런 일이 있다. 죽기 전에 네 가지로써 노년을 마감할 도리로 삼을 생각일 뿐이다. 오른쪽 옆구리가 담기痰氣로 편치 않아 새벽에 일어나 잠시 쓴다.

1868년 7월 20일 아버지

네 외삼촌은 나이가 서른이 안 됐는데도, 그 언행과 용모를 보면 정말 양반가 소년다워, 기쁘다. 그밖에 허다한 이야기는 말해봐야 지루할 것이라, 그만둔다. 근래 삼계에 전염병이 돌아 죽은 사람이 많다.(**6747, 18680720**)

조장희는 1868년 9월 풀려났다. 아들이 유배당하고 나서 조병덕이 사실私室에서 석고대죄席藁待罪한다는 소식을 듣고 임금이 배려해준 것이었다. 아들이 유배된 데 대하여 조병덕은 동문 신응조申應朝에게 보낸 편지에 다음과 같이 썼다.

> 지난번 내 자식이 유배 가고 난 후 병이 나 침상에 누워 세수도 않고 두건도 쓰지 않고 지내는데, 마침 성주가 파정적간사疤丁摘奸事(군역에 편입된 장정의 용모파기와 실제 인물을 대조하여 부정을 적발하는 일)로 삼계리에 왔다가 내 집에 들렀습니다. 석고대죄하며 문 닫고 객을 사양하는 중이고 또 몸이 이렇게 아파 나가 맞이하지 못하여 큰아이가 접대하자, 내가 나가지 않은 것을 괴이하게 여겨 묻고는 불편한 기색을 적잖이 드러냈다고 합니다. 또 내 집에 출입하는 고을 사람들에게 말하기를, "사실私室에서 석고대죄 한다고 해서 나에게까지 그렇게 해서는 안 된다. 또 추석에 고기를 보냈더니 감히 받지 않는 뜻을 단자單子에 써서 말하기를. '절선節扇(단오에 선물하는 부채)은 왕이 내린 것인데도 감히 받지 않는데, 관가에서 준 것 또한 어찌 평민平民처럼 감히 받겠는가?'라고 하여, 나의 노여움을 몇 배나 돋우었다. 본 현감이 보낸 것을 받지 않는 그러한 의리가 어찌 있는가?"라고 했다 합니다. 그 후로 '삼계三溪' 두 글자만 들으면 산처럼 화를 내며 이를 가는 것이 날로 심하니, 이배吏輩(아전 무리)가 내 집을 물어뜯고 찌르며 못하는 짓이 없을 것임은 그로써도 알 수 있습니다. 이제 그가 상경한다고 하니, 또 무슨 화가 언제 닥칠지 몰라 속수무책으로 죽음만 기다릴 뿐입니다. 무슨 수가 있겠습니까? (6711, 18670905)

왕이 보낸 절선과 현감이 보낸 고기를 받지 않고 현감이 방문했는데도 만나주지 않음으로써, 왕에 대한 항의와 현감에 대한 거부감을 표시했다. 조병덕의 석고대죄는 죄를 기다리는 것이 아니고 항의의 표시였던 것이다. 이것은 우선 자기의 아들을 유배한 데 대한 사적인 감정의 표시였을 것이다. 그러나 그것은 사적인 면에 그치지 않는다. 당시 사회의 전반적인 분위기와 국가의 통치 방향에 대한 불만의 표시였다고 할 수 있다.

그는 신응조에게 계속 말했다.

> "수리가 아니고 솔개가 아닌데, 높이 날아 하늘에 이를까? 상어도 아니고 다랑어도 아닌데, 연못에 잠겨 달아날까?〔非鶉非鳶 翰飛戾天 非鱣非鮪 潛逃于淵〕"(『시경 소아』「대동大東」)라는 네 구절은 정말 요즘 이 심사를 그려낸 것입니다. 인근 고을 양반들도 상놈한테 모욕을 당하지 않음이 없으나, 입을 다물고 고개를 숙이고 있을 뿐, 고소하여 죄를 다스릴 생각은 감히 내지도 못합니다. 귀에 들어오는 것은 모두 이런 이야기이지만, 무슨 수가 있겠습니까? 『주자어류朱子語類』에 "요즘 사람들이 나에게 '관리는 반드시 강자를 누르고 약자를 보호해야 한다.'고 하는데, 마땅히 강해야 될 일에 봉착했을 때 강자를 누르는 것은 옳지 않다.〔今人說我做官要抑强扶弱 及遇着當强底事也 却抑他 這便是不正〕"고 했습니다. 도암陶庵(이재李縡)도 아들에게 준 편지에 "근년 풍습은 '억강부약'을 일삼았기 때문에 상하가 거의 구분이 없는데, 이것은 심히 걱정스러운 일이다. 전관前官의 다스림은 대략 명예를 추구한 것이나, 명분을 바로잡은 것 한 가지는 가상하다."(『도암집』 권23 「기자寄子」)고 했습니다. 요즘 '억강부약'으로 상하 구분이 없는 것이 다스림에 해롭지 않다고 대감은 생각하십

니까? 그리고 '이서吏胥의 횡행이 요즈음보다 심한 때가 없었다.'고 한 조趙 남명南冥의 말이 지금 들어맞으려 합니다. 아전배의 계방촌契房村(마을 단위로 공적인 부담을 면제해주고, 그 대신 아전들이 사사로이 곡물과 금전을 징수한 마을)은 여전히 편안하며 아전배의 묘지기는 파정疤丁(군역을 지는 장정)이 하나도 없는데, 관리의 산소에는 역을 지지 않는 묘지기가 없습니다.(6711, 18670905)

강한 자를 억누르고 약한 자를 북돋워주는 '억강부약'을 그는 비판하고 있다. 여기서 강한 자는 양반을, 약한 자는 이서와 상민常民을 가리킨다. 토호를 단속하는 것이 바로 억강부약이었다. 그 결과 상민이 양반을 모욕해도 양반은 하소연할 곳이 없었다. 특히 이서배가 거리낌 없이 횡행하는 것이 더 큰 폐단이었다. 이러한 현상은 모두 억강부약으로 명분名分이 흐려져서 생긴 문제라고 조병덕은 생각했다. 양반은 위축되고 거꾸로 상민과 이서는 대담해져서, 양반과 상민 사이에 구분이 없었다. 횡행하는 상민과 이서를 견제하기 위해서는 양반의 기를 살려야 한다고 생각했다. 토호들이 설사 무단적 불법을 저지르더라도 그것은 사소한 문제에 불과하며, 무엇보다도 질서 유지와 사회 안녕이 중요하다고 주장했다. 양반은 우월한 자질을 타고났기 때문에, 양반이 사회의 중심세력이고 국가를 유지하는 뼈대여야 한다고 생각했던 것이다. 자기 자신의 범죄행위에 대한 변명이라는 느낌을 지울 수 없지만, '억강부약' 논의에 조병덕의 사회사상이 요약되어 있음을 볼 수 있다.

토호질이란 지방 유력자가 불법과 폭력으로 남의 재물을 빼앗는 것을 말한다. 조병덕이 지적한 바 있지만 조장희가 토호질을 한 목적도 남의 재물을 빼앗는 데 있었다. 과천의 장인 밑에서 지내며 끊임없이 과거에 응시하다가 1861년 35세의 나이로 진사에 합격했으나, 그의 벼슬길은 1880년 54세의 나이에 처음 열렸다. 자식에게 물려준 것이 없다고 조병덕도 말했듯이, 그의 경제적 기반은 매우 열악했다. 그는 경제적 열세를 만회하고 재산을 증식하기 위하여 토호질을 했던 것이다.

조장희는 출세지향적인 인물이었다. 청년 시절 과천의 처가에 과거 공부 하러 가서 공부는 하지 않고 서울의 악소배와 어울려 놀며, 세력가인 족조族祖 조두순의 집에 사흘이 멀다 하고 드나들었다. 그러면서도 그는 과거에는 거의 빠짐없이 응시했다. 청석교에 정착하자, 그는 토호가 될 수 있는 자질을 두루 갖추게 되었다. 세력가 족조의 든든한 배경, 청년 시절 악소배와 놀아본 경험, 그리고 간치장이라는 무대가 그것이었다. 그야말로 그에게는 겁나는 것이 없었다. '교졸돌입사건'에는 마침 그가 서울에 머물고 있어 관련되지 않았지만, '화산사'와 '조장희정배'는 겁날 것이 없는 상황에서 그가 자초한 사건이었다. 만약 대원군의 집권이라는 정치적 변화가 없었다면 조장희의 토호질은 계속될 수 있었을지도 모른다.

者信 但此安否目疾度甫乎

但男子兩乎憤愧去悔目為

書來知汝病差乎喜吉

不可不知耶

語云病加於小愈須慎此

5장

왕래망 사회

조병덕과 서신왕래를 한 사람들이 전국에 널려 있었다. 그들은 끊임없는 서신왕래를 통하여 안부와 소식을 주고받으며, 여론을 형성하고 문제를 해결했다. 조병덕을 중심으로 전국적 왕래망이 형성되어 있었던 것이다. 여기서 '왕래往來'는 사람 사이의 지속적인 교류를 말한다. 이것을 흔히 '우리 집은 그 집과 왕래가 있다.'는 말로 표현하기도 했다. 이 왕래망은 혈연, 지연, 학연, 당색 등으로 형성되어 세습되기도 했는데, 그때는 세교世交라고 했다. 조선시대 사회는 이처럼 수많은 왕래망으로 짜여 있는 '왕래망 사회'라고 할 수 있다.

바깥 세상 소식

조병덕의 정보

서울 소식은 귀를 기울일 만한 확실한 것은 없고
단지 전문傳聞뿐인데, 강화, 부평, 인천은
함몰되었다고 한다. 서천군수가
인마人馬를 보내어 그 내행內行을
데려오려 했으나, 도로가 막혀 돌아왔다고 한다.

남포를 포함한 내포 일대는 서울과 비교적 가깝고 해변과 접하고 있어 바깥소식에 민감했다. 특히 조병덕의 시대에는 소동과 유언비어가 날로 성했다. 그런 소동과 유언비어 속에서 걱정이 되지 않을 수 없었지만, 진상을 확인할 길이 없었다. 그래서 조병덕은 소동과 유언비어에는 아예 관심을 기울이지 않고 오직 자신의 일에만 열중할 뿐이었다. ("이 근처는 해변에 가깝기 때문에 소동과 유언비어가 날로 성하여 몹시 걱정이다. 누가 정말 앞날을 알 수 있겠느냐? 일체 시끄럽게 내버려두고, 오직 내 눈앞 해야 할 일상사를 닦으며 기다리는 것이 옳다."(7527)) 이것은 조경모독朝耕暮讀과 궁행실천躬行實踐으로 살아가는 조병덕의 인생관이기도 했지만, 동시에 정확한 바깥소식을 알 수 없었기 때문이기도 했다. 믿을 만한 소식이 있어야 판단하고 움직일 것이 아닌가? 그런 점에서 그는 소문만 듣고도 쉽게 동요되는 대다수의 사람들과 달랐다.

> 성변星變(별 모양의 이상한 변화. 병란이나 흉재凶災의 조짐으로 보고, 임금은 반성하고 근신하며 학자나 현인의 충고를 들었다) 후 사방이 모두 동요되어 골짜기의 집값이 전보다 백배나 뛰었다. 응제應弟도 이사한다는 말이 있으나, 나에게 알리지 않는다. 그것을 어떻게 하겠느냐? 들으니, 첨정僉正도 도현보都玄甫와 상의하여 골짜기로 들어간다고 하는데, 역시 나에게 알리지 않는 것은 무엇 때문이냐?(7675, 18581223)

어수선한 시국에 성변이 나타나자, 많은 사람들이 동요하여 골짜기로 피신하는 모습을 그려주고 있다. 서동생과 조카를 비롯한 가까운 사람들이 떠나며 조병덕에게 알리지 않은 것은, 그가 말릴 것임이 뻔하기 때문이었을 것이다. 그는 사람들의 동요에 휩쓸리지 않았다. 상황을 판단하는 자신의 잣대를 가지고 있었던 것이다.

그러나 조병덕도 자신의 세계를 지키며 자신의 생활방식만을 고수할 수 없었다. 온갖 세상사를 겪으며 조병덕은 자신도 세상으로부터 자유로울 수 없다는 사실을 깨닫게 되었던 것이다. 여러 차례 올린 상소문을 보면, 그는 은거하여 책만 보던 학자는 아니었다. 그는 세상 돌아가는 것을 알고 있었고, 시국에 관하여 분명한 문제의식도 갖고 있었다. 삼남민란 때 임금이 부르자, 그는 응하지 않는 대신 상소를 올려 다음과 같이 말했다.

> 오늘의 형세는 정말 고인이 이른바 '통곡하여 눈물을 흘릴' 만합니다. 걷는 세금이 해마다 증가하고 탈취와 착취가 날로 심하여 백성은 도탄에 빠져 죽지도 살지도 못하고, 한 사람이 앞에서 외치면 소리와 기세로 서로 응하여, 본래 난을 좋아하는 마음이 없는 사람도 몰리고 휩쓸려 따르지 않을 수 없습니다. … 오호! 전하께서는 생민의 부모이시며, 생민은 전하의 어린아이입니다. 지금 난민이 들고일어난 것은 생민의 괴로움에서 비롯되었으며, 생민의 괴로움은 탐욕스런 관리의 끝없는 가혹함에서 비롯되었으며, 탐욕스런 관리의 끝없는 가혹함은 조정의 벼슬아치가 너나없이 사사로운 이익만 추구하기 때문입니다. 오늘날 조정이 사욕을 버리고 공론을 따를 수 없는 것은, 생민을 어린아이처럼 사랑하시는 전하의 마음이 여전히 지극하지 않은 바가 있기 때문이 아닙니까?(신응조, 「숙재조선생행장」, 『숙재속집』권5)

1862년 임금의 부름을 사양하며 올린 상소에는 서양 세력의 침략에 대한 그의 생각을 엿볼 수 있다.

> 서양의 사술邪術(천주교)이 중국 땅에 틈입한 것이 동한東漢 때 불교가 들어온 것과 같으나, 그해는 더욱 심하여 빠른 속도로 세상에 널리 퍼집니다. 이 사술을 막지 않으면 인의仁義가 막히고 하늘과 땅이 뒤바뀌어 짐승을 데려다 사람을 먹이는 걱정을 면할 수 없을 것입니다. 대저 사람에게는 생사가 있고 나라에는 흥망이 있습니다. 생사와 흥망이 큰 문제가 아닌 것은 아니지만, 이러한 변괴는 생사와 흥망에 비교할 바가 아닙니다.(신응조, 「숙재조선생행장」, 『숙재속집』 권5)

그는 서양의 사술을 막는 것이 개인의 생명이나 나라의 흥망보다 더 중요하다고 말하고 있다. 다시 말하면, 이 세상 무엇보다도 춘추대의春秋大義가 가장 중요하다고 생각하고 있는 것이다. 이 점은 병자호란 때 김상헌이 청에 보인 태도와 같다.

따라서 그는 '시기時奇' 또는 '시모時耗', 즉 시국時局에 관한 소식에 관심을 갖게 되었다. 서울에 있는 자제들에게 조보朝報에 나오는 시기時奇를 일일이 베껴 보내라고 지시하기도 하고, 자신이 직접 기별지 등에서 시모를 베껴 장희에게 보여주기도 했다.(6368, 18620612) 조병덕이 얼마나 서울에서 생산되는 각종 정보를 목마르게 기다려 자제들을 재촉했는지는 조카 봉희가 보낸 다음 편지에 잘 드러나 있다.

> ○○은 관직 중에서 나오는 문서라, 서울에 있는 자제들이 일일이 모아

서 보내야 하지만, 그 가운데 설령 빠져서 못 보내는 것이 있어도, 어찌 대단한 도리를 어긴 것이 됩니까? 하물며 그 빠져서 못 보낸 것이 또한 까닭이 있음이겠습니까? 이 일은 지난번 관교官敎나 시사時事와 같습니다. 폐일언하고 말씀드리는데, 빠지거나 소홀한 것이 있으면 편하게 지적하여 깨우치시는 것이 옳습니다.(6160)

임술민란이 확산될 무렵 온갖 유언비어가 난무하여 상황을 판단할 수 없었다. 심지어 인접한 홍산읍鴻山邑에 난민亂民이 모였다는 설을 전하는 자가 많은데도 과연 그런지 아닌지 판단할 수 없었다.("어제 베낀 것은 시모時耗가 아니고 감영의 기별이다. 빠지고 틀린 곳이 많아 안타깝다. 지금 보내니 보고 나서 반드시 다음 인편에 돌려보내라. 홍산에 난민이 모였다는 설을 당곡堂谷 백白 생원뿐 아니라 전하는 사람이 많은데, 과연 그러한지 모르겠다."(6368, 18620612)) 아무래도 믿을 것은 서울 소식밖에 없었다. 그는 이따금 장희에게 서울 소식이 있느냐고 물었다. 그리고 읍리邑吏에게 서울 기별을 수집하기까지 했다.("고을 아전이 알려준 서울 기별 돌려보내라"(6729, 18620511))

1862년 자제들이 베껴 보낸 서울 소식은 다양한 정보를 담고 있다.

장희에게 답장 보낸다.

편지 받아 위로가 된다. 다리의 결핵이 끝내 풀리지 않는 것은 무슨 까닭이냐? 걱정이 작지 않다. 진안鎭安의 거토居土(인사고과에서 중中을 받는 것)는 정말 분하고 안타깝다. 갑철甲哲이 왔으나, 기질夔姪 가家의 편지는 받지 못했다. 그리고 긍여肯汝가 써 보낸 서울 소식은 대략 다 베끼지도 못하고 상포上浦로 보냈다. 반드시 도로 보내라고 했으나, 꼭 돌아올지 모르겠다. 민영목閔泳穆 생가生家의 외간外艱(아버지 상) 부고가 전해 왔다. 윤치현尹致賢의 상소는 형달亨達이 베낀 것이라고 한다. 보고 나서 도로 보내라. 대저 서울의 소요는 아직 가라앉지 않고 물가는 한없이 치솟아, 사람들이 모두 불안에 떤다는구나. 나의 봉장封章(상소문을 완성하여 봉하며 올림)은 언제 할 수 있을지 모르겠다. 어제 방소芳沼 노인이 와서 자고 아침에 돌아갔으나, 나는 현기증이 나고 정신이 흐려 마무리하기 어려울까 걱정이다. 네 어머니는 마음의 불이 병이 되어 몹시 걱정이다. 나머지는 이만 줄인다.

1862년 7월 2일 아버지(6075, 18620702)

이 경모京耗에는 부고, 상소문, 소요사태, 물가 등에 관한 정보가 담겨 있다. 그리고 조병덕은 이 정보를 친척들이 많이 살고 있던 상포로 보내고, 또 아들 조장희에게도 나누어주었다. 서울의 정보는 조병덕을 통하여 남포와 부여 일대에 확산되었던 것이다.

이러한 소식 전달 체계는 병인양요가 일어나자 무너져버렸다. 수로는 물론 육로까지도 다 막혔기 때문이었다. 조보를 비롯한 경모는 전혀 볼 수 없고, 온갖 뜬소문만 난무했다. 삼계리가 이렇게 서울로부터 단절된 상황을 조병덕은 마치 '약수(새털도 뜨지 않아 아무도 건널 수 없었다는 전설상의 물)삼천리弱水三千里'를 사이에 두고 있는 것과 같다고 하고, 두 벽 사이의 좁은 곳에 앉아 있는 것과 다름이 없다고도 했다. 다음 편지는 병인양요 발발 직후에 장희에게 보낸 것이다.

진사에게 답한다.

어제 편지 본 후 몹시 답답하고 걱정스럽던 차에, 지금 편지 보니 위로가 된다.

서울 소식은 귀를 기울일 만한 확실한 것은 없고 단지 전문傳聞(전하는 소문)뿐인데, 강화, 부평, 인천은 함몰되었다고 한다. 서천군수가 인마人馬를 보내어 그 내행內行을 데려오려 했으나, 도로가 막혀 돌아왔다고 한다. 비인현庇仁縣의 상납전上納錢은, 감영에서 "수로와 육로가 모두 막혔으니 당분간 기다리라."고 했다 한다. 유방주兪邦柱가 만포첨사滿浦僉使가 되었다고 한다. 모두 뜬소문이어서 어찌 믿을 수 있겠느냐? 그제 장리章里에 사람을 보내어 성희性熙와 종제부從弟婦에게 편지를 썼는데, 아직 돌아오지 않는다. 어제 들으니, 장준壯俊은 14일 장리章里에 갈 것이라고 한다. 모두 직접 확인할 수 없는 것이다. 홍산현감의 아버지가 그 권속을 데리고 하향下鄕했다고 하는데, 이것도 돌아다니는 소문이다. 대저 소란스런 말이 전보다 백배나 더 심하다. 어떻게 하면 좋겠느냐? 이 종이는 즉시 태워라. 이만 줄인다. 장준은 오늘 녹동鹿洞에 갔는데, 내일 돌아온다고 한다.(6707, 18660915)

들려오는 짤막짤막한 소식은 모두 진위를 확인할 수 없는 전문傳聞, 부설浮說(뜬소문), 전전轉傳(여러 단계를 거친 소문) 따위였다. 조병덕이 판단할 때 그것들은 '시끄러운 소리〔騷說〕'에 불과했다. 병인양요*라는 전쟁이

* 1866년 병인박해丙寅迫害로 프랑스 선교사 9명이 사망하자, 프랑스 극동사령관 로즈 제독이 함대를 이끌고 조선을 침공한 사건이다. 프랑스의 의도는 조선의 문호를 개방하는 데 있었으나, 홍선대원군이 이를 거부함으로써 양측이 충

나 다를 바 없는 절박한 상황에서, 사건의 추이나 국가의 대응과 같은 고급 정보를 조병덕은 얻을 수 없었다. 강화, 부평, 인천이 함몰되었다는 부정확한 소문만 들었을 뿐이다. 부평부사 병로秉老의 본가本家가 있는 장리로 사람을 보낸 것은, 숙모와 병로의 안부를 묻고 혹 병인양요에 관한 소식이 있는지 탐문하기 위해서였다. 양이洋夷(서양오랑캐)가 쳐들어와 불안한데 정확한 소식이 없으니 판단할 수 없고, 판단할 수 없으니 행동할 수 없다. 그는 다음과 같이 썼다.

> 부평富平 일은 전하는 소문이 몹시 나쁘다. 상세히 탐문할 길이 없는 것이 몹시 답답하고 걱정되어 마음을 놓을 수 없다. 『제중신편濟衆新編』은 왜 보내지 않느냐? 육수부陸秀夫(남송南宋의 충신. 1279년 남송의 군대가 원元 해군에 대패한 후, 그는 어린 황제를 업고 바다에 빠져 죽었다)는 목숨이 경각에 달렸는데도 배에서 아침저녁으로 『대학장구大學章句』를 강講했고, 정송강鄭松江은 강계에 귀양 가서 『대학大學』의 소주小註를 외었다. 비록 난리 중이라도 늘 '아침에 도道를 들으면 저녁에 죽어도 좋다.〔朝聞道 夕死可矣〕(『논어』 「이인里仁」)'는 마음을 지녀야 옳다. 그리고 도리道理를 해석하여 밝히지 못하면 하루아침도 살 수 없다. 이만 줄인다.(6903, 18660916)

돌하게 되었다. 프랑스군은 11월 퇴각하면서 강화읍을 파괴하고 외규장각의 서적 등을 약탈해갔다.

조병덕의 편지에 의하면, 이 사건은 조선 백성들에게는 '큰 난리'였다. 교통이 마비되고, 산골로 피난 가고, 수령은 떨어져 있는 가족을 데려오기 위하여 사람을 보내는 등, 조선 사회는 불안과 혼란의 공황상태에 빠졌다. 무엇보다도 정확한 소식을 알 수 없어서 불안하다고 조병덕은 말했다.

답답한 상황에서 그가 할 수 있는 일은 '아침에 도道를 들으면 저녁에 죽어도 좋다.'는 마음으로 도를 닦는 것밖에 없었다. 그러한 상황은 양요가 끝날 때까지 계속되었다.

> 청교에 즉시 전한다.
>
> 지난번 답장은 보았느냐? 마음이 산란하고 눈이 어두워 기준으로 하여금 대필시킨다. 지금 온 위장 편으로 서울 소식 들으니, 놀랍고 두려울 뿐만 아니라 통곡할 만한 것도 많다. 이것을 장차 어떻게 해야 하느냐? 용곡 종씨가 가서 반드시 전했을 것 같아, 편지지에 쓰고 싶지 않다. 장준의 참방參榜은, 만약 이러한 때가 아니면 기쁘지 않은 것은 아니지만, 초시初試가 된들 무슨 소용이 있겠느냐? 임사윤任士允은 장원하고 임사행任士行, 오공진吳公進도 모두 종장에 합격했다지만, 또한 행운이라고 할 수 있느냐? 빚 20여 냥을 여러 형제가 상의하여 갚는다고 하는데, 이것 또한 지각이 없이 남용했기 때문이다. 이 또한 무슨 수가 있겠느냐? 방군대榜軍代(과거 합격을 알리는 사령에게 주는 돈) 두 냥은 근근이 줬다. 이것이 무슨 의미가 있느냐? 가소롭다. 이만 줄인다. 여자들을 속속 삼계리로 모아들여야 한다는 뜻을 너에게 알리라고, 위장이 내게 말했다.(6695, 18660823)

막내아들 장준의 초시 합격과 문하생들의 급제가 평상시라면 얼마나 기쁘랴? 그러나 모든 것이 불안한 상황에서 그것도 조병덕에게는 별다른 의미가 없었다.

민란과 병인양요처럼 비상시가 아닌 평상시에도 조병덕이 관심을 가진 정보들이 적지 않았다. 그중에서도 가장 비중을 둔 것이 본관本官, 즉 남포현감藍浦縣監의 인사人事와 동정이었다. 본관이 어느 성씨, 어느 집안, 누구의 자손인지는 자신의 이해와 직결되는 것이었다. 그래서 새 본관 인사발령이 있으면, 그는 장희를 시켜 그 내력을 상세히 알아보도록 했다.("새로 임명된 남포藍浦 본관에 대하여 그 내력을 상세히 물어 알려라. ……도목정사都目政事(정기인사 명단)를 아직 구해 보지 못했다."(6715, 18600105)) 그리고 본관의 일정도 장희에게 물어두는 것("본관은 면천沔川에서 언제 돌아오느냐?"(6581))으로 보아 중요한 정보였음이 분명하다. 본관의 일정과 동정으로부터 적지 않은 유용한 사실을 유추해낼 수 있었는지도 모른다. 다음 편지를 보면, 무슨 이유인지 알 수 없지만 그가 본관의 동정에 얼마나 세심한 관심을 기울였는지를 엿볼 수 있다.

> 어제저녁 예리禮吏 최영헌崔永憲이 와서 "정산定山 겸관兼官이 반드시 삼계로 향할 것이기 때문에 점店에서 대령하고 있다."고 했다. 본관本官은 이미 초이틀에 댁宅에 돌아갔는데, 겸관兼官 일로 순영巡營을 왕복한 후 관아에 돌아온다고도 하고 6일 친기親忌(아버지 제사) 후에 돌아온다고도 하는데, 그 말을 모두 다 믿을 수는 없다. 그러나 정산定山 겸관兼官은 바로 이곳에 도착할 것 같다.(6712)

본관 외에 다른 관리의 인사에도 관심을 보이고 있다. 신임 고부군수가 누구인지 장희에게 상세히 알려달라고 한 사연도 눈의 띄는데, 그것은 조병덕의 둘째 부인 덕수 이씨 친정의 선산이 고부에 있기 때문이었을 것이다. 또 종질從姪 기희夔熙가 휘릉령徽陵令의 임기를 채우고 사직령社稷令으로 옮긴 것을 언급한 대목도 있다.(“서울에서 전인이 왔다. 초하루 인사에서 기질夔姪이 사직령에 임명되었다. 휘릉령을 30개월이나 하고도 또 수령 자리를 얻지 못했으니, 운명이 아님이 없다.(「일기」 기사(1869)년 10월 8일)) 집안 자제의 관직에 관심이 없는 사람이 어디 있겠는가만, 지방 수령 자리를 얻지 못한 것을 아쉬워하고 있는 대목을 눈여겨봐야 한다. 조병덕은 집안의 어른으로서 수령으로 나간 자제들에게서 예목전, 제수전, 요전, 명하전 등의 각종 명목전과 혼인과 장례를 비롯한 각종 대소사의 비용을 받고, 육촉, 부채, 종이 등의 생활필수품 선물과 음식 선물을 받았다. 수령으로 한 명이라도 더 나가면 그만큼 경제적 원조의 층이 두터워졌다. 그가 서울 자제들이 베껴 부쳐주는 도목정사都目政事를 빠짐없이 보고(“도목정사를 베껴드립니다. 승지도 통망通望만 하는데, 이것도 전에 못 보던 일입니다.”(6160, 장조카 봉희의 편지))임시인사에도 예민했던 것은, 모두 자신의 이익과 직결되기 때문이었다.

그는 또 사문斯文에 관련된 소식은 놓치지 않고 거론하고 있다. 조하망曹夏望은 노론의 사문난적斯文亂賊 윤증尹拯을 옹호하고 그의 제문을 지은 인물인데, 그의 손자 조석우曹錫雨가 하망의 문집 『서주집西州集』을 간행했다가 문집 목판은 훼손되고 석우는 사형당한 일이 있었다. 그 조하망이 복관되었다는 정보를 듣고 지극한 변괴라고 비판했다.(조하망이 복관되었다. 이 일은 사문斯文과 관련이 있는데, 지극한 변괴다.(7708, 18581216)) 그리고 삼학사三學士를 황단皇壇, 즉 대보단大報壇(임진왜란 때 조선에 파병하여 이른바 재조지은再造之恩을 베푼 명明 신종神宗 황제의 은혜를 갚기 위하여 만든 제단)에 추가로 배향配享하자는 설에 관하여 그는 다음과 같이 말한다.

삼학사三學士를 대보단大報壇에 추배追配하자는 설이 세상에 성행하는데, 이것은 어디에 근거한 것이냐? '만약 조가朝家에서 황묘皇廟를 세우면 효묘孝廟는 마땅히 배향配享해야 하고 삼학사 역시 그 묘정廟庭에 종향從享해야 한다."고 운운한 것은, 이미 「삼학사전三學士傳」 끝에 보인다. 그러나 황단추배皇壇追配는 결코 사리에 맞지 않는다. 그런데 지금 성균관의 통문으로 유생들의 돈을 걷고 있다고 하는데, 어떤 일 꾸미기 좋아하는 협잡배가 이 설을 만들어내었느냐? 몹시 괴이하다. 듣는 것이 있거든 내게 알려라.(6737, 18590802)

그는 삼학사를 존경하여 삼학사 사당에 가서 참배한 적도 있었다. 그러나 삼학사의 황단추배를 반대하는 것은 제후국의 신하를 신종황제의 사당에 직접 종향할 수 없고, 제후인 효종孝宗을 배향한 후 효종의 신주에 종향해야 한다고 예를 따져 말한 것이다. 그는 또 왕비 민씨 집안의 족보를 베껴 보내달라고 친구 신응조에게 부탁하는데, 민씨의 존재를 피부로 느꼈기 때문일 것이다.

그 밖에도 그는 파환귀결罷還歸結,("어제 영남 학자 몇 명이 와서 '파환귀결은 가난한 백성에게는 아주 편하나 간교한 아전배는 원하지 않는 바이라, 아전배가 근거 없는 말을 서로 퍼뜨려 이 지경이 되었다. 반드시 진주민란과 같은 일이 있을 것이다.'라고 운운했다. 편지에 다 쓸 수 없어, 여기서 그친다."(6303)) ('파환귀결'은 환곡의 폐단이 심하기 때문에 환곡을 혁파하고 환곡에서 거두던 모곡을 전결田結에서 거두자는 제도개혁안이다. 민란 후 민심을 수습하기 위하여 낸 개혁안인데 시행되지 않았다) 양반가 노자의 충정징포充丁徵布 등의 제도와 관련된 정보, 『양현전심록兩賢傳心錄』, 『규사葵史』 등 신간 서적 정보, 물가 정보("서울 물가가 앙등하여 고추 두 개 값이 1푼[文]이고 1푼으로 산 땔감이 전보다 반으로 줄었다고 한다.(6058))에 관하여 언급하고 있다.

이러한 정보들을 얻는 정보원으로 조병덕에게 가장 중요한 것은 조보朝報(매일 처리한 국정의 중요한 사항을 승정원에서 아침마다 기록하여 반포하는 일. 이것을 중앙 관서와 지방의 경저리가 베낀 문기가 전국으로 확산되었다)였다. 조보는 유용한 정보를 많이 담고 있을 뿐 아니라, 가장 신뢰할 수 있는 정보원이었다. 정기인사 정보를 알리는 도목정사都目政事(매년 6월과 12월, 이조와 병조에서 벼슬아치의 근무성적을 참고하여 정기인사 발령을 내는 일, 또는 그것을 기록한 문기)도 조보와 함께 중요한 정보원이었다. 경저리京邸吏가 작성하여 각 고을에 내려 보낸 저보邸報도, 약간 성격은 다르다고 할 수 있지만 조병덕의 정보원이었다. 이러한 조보, 도목정사都目政事, 저보 등은 공적인 정보원이었다고 할 수 있다. 그리고 사적인 정보원으로 가장 중요한 것이 편지였다. 무슨 정보든지 아들 장희에게 알릴 때에는 반드시 정보원을 밝혀서 정보를 객관화시켰다. 정보를 장희가 직접 평가할 수 있도록 배려한 것으로 보인다.

편지 심부름꾼

전인

다시 생각해봐도 임선달任先達 편은 우리 집
전인專人보다 못할 것 같다.
이 편지가 혹 누설될 걱정은 없느냐?
꼭꼭 봉해라. 또 편지 사연을 임선달에게
이야기해서는 안 된다. 어떻게 하겠느냐?
깊이 생각해야 된다.

전인專人은 오직 한 가지 임무를 띤 사람을 말한다. 서신왕래에서 전인이라고 하면, 발신자의 우편물을 수신자에게 바로 직접 전하는 자를 가리킨다. 다시 말하면, 오직 그 우편물만을 전하는 목적을 띤 사람이 전인이다. 편지의 수신자가 있는 쪽으로 가는 사람에게 편지를 부치는 것을 지칭하는 '인편因便'과는 구별된다. 조병덕의 서간에 이 말의 빈도가 높은 것은 조병덕이 전인을 많이 이용했으며, 그만큼 이것이 중요했음을 의미한다.

조선시대 서신왕래에서 관리는 관편官便을 이용하고, 민간인은 인편을 이용했다. 관리가 아닌 조병덕은 주로 인편을 이용했다. 그런데 아무리 편지를 보내고 싶어도 인편이 없으면 편지를 보내지 못하고, 인편이 나타날 때까지 기다릴 수밖에 없었다. 그러다가 인편을 만나면 그간 밀린 편지 여러 통을 한꺼번에 써 부쳤다.

> 서울 인편은 어느 날에 있느냐? 안의安義 전생田生이 갈 때 등불 밑에서 많은 글을 써주느라, 눈병이 더욱 악화되어 괴롭다. 그러나 서울에 편지를 꼭 하려는 것은 만희晩熙 혼수 20냥과 치문致文의 응방전應榜錢에 관하여 다시 알리고 싶기 때문이다. 그 밖에 답장하지 않으면 안 되는 곳도 많다.(6852)

눈병이 악화되었음에도 그는 서울에 보낼 편지를 억지로 쓰려 하고 있다. 곧 있을 서울 인편을 놓치고 싶지 않았기 때문이다. 그가 편지를 자주 쓴다는 것을 아는 사람들은 인편이 있을 때 그에게 미리 알려주곤 했다.("죽현竹峴 이여수李汝秀가 며칠 안으로 상경한다고 하며, 경학이 와서 서울 보낼 편지를 써달라고 했다."(6102, 18450724)) 그리고 그런 인편을 놓치면 몹시 아쉬워했다.("임경오任景五가 시지試紙(과거시험 답안지)를 사오기 위하여 상경한다며, 나에게 서울 보낼 편지를 써서 대천大川 장에 보내라고 했는데, 전인을 구하여 부치지 못해 안타깝다."(6456)) 요컨대 서신왕래에는 편지보다 인편이 우선이었다. 제아무리 편지를 보내고 싶어도 인편이 없으면 부칠 길이 없었다. 편지를 써두고 인편을 기다리기도 하고, 인편이 있을 때 편지를 급히 쓰기도 했다.

그러나 시급하거나 궁벽한 곳으로 보내는 편지는 마냥 앉아서 인편만을 기다리고 있을 수는 없었다. 그러다가는 언제 그 편지를 보내게 될지 알 수 없기 때문이었다. 결국 인편을 구할 방도를 적극적으로 모색하게 되는데, 그럴 경우 만나는 인편은 대개 전편轉便이었다. 전편은 여러 인편을 거쳐 편지가 수신자의 손에 들어가는 것을 말한다.

> 광주光州의 생원 박이휴朴頤休에게 편지를 써서 읍내 저방苧房(모시상인) 편으로 부친다. 너에게 주어 반드시 광주 경저리京邸吏 집에 전할 수 있게 했다. 아직 출발하지 않은 것은 서울에도 괴질이 돌아 무서워서 감히 갈 수 없다고 하는구나. 박 노인이 떠나면서 나에게 광주에 보내는 답장을 써주면 남원南原에게 부치겠다고 했으나, 남원 인편은 요즘 끊어지고 듣지 못했으며 혹 남원에게 전달되더라도 남원이 반드시 광주에 잘 전할 것인지 믿을 수 없었기 때문에, 저방 편을 이용하려 했던 것이다. 반드시 부탁할 만한 곳에 잘 부탁하여 반드시 전해지도록 해라. (6124, 18600703)

여기서 조병덕이 쓴 편지가 박이휴의 손에 제대로 전해졌다면, 조병덕→읍내 저방→서울 장희→광주 경저리→광주 관아→박이휴 등 여러 단계를 거쳤을 것이다. 박이휴가 눌재訥齋 박상朴祥(1474~1530)의 봉사손奉祀孫 문제를 조병덕에게 물으며 빠른 회답을 요구했기 때문에, 전편轉便이라도 이렇게 이용할 수밖에 없었을 것이다.

그러나 인편으로 부친 편지는 제대로 전달되지 않는 경우가 많았다. 편지 부탁을 받은 사람의 목적지가 편지 수신자가 살고 있는 곳 부근이라면 다행이겠지만, 그렇지 않다면 자기 볼일이 바쁜 사람이 남의 편지를 전하기 위해 길을 두르기가 쉽지 않았을 것이기 때문이다. 결국 인편으로 부친 편지는 다른 인편의 손으로 넘어가기 쉬웠고, 그럴수록 수신자의 손에 들어가기는 점점 어려워졌다. 인편에 관하여 조병덕이 편지에서 다음과 같이 쓴 것도 있다.

> 네가 임중일任仲一 편으로 부친 편지는 아직 안 왔다. 인편을 얻기가 몹시 어려워 이렇게 아산牙山 신양新陽을 통하여 편지를 부친다. 중간에 뜨지 아니면 더딜지 빠를지 모르겠다.〔任仲一便書 尙不來矣 極難得便 故玆因牙山新陽付書 未知其喬沈* 及遲速與否耳〕(6558, 18500807)

* 교침喬沈은 유의경劉義慶의 『세설신어世說新語』에 있는 다음 고사에서 나온 말이다. 동진東晉 때 은선殷羨(자는 홍교洪喬)이 예장태수豫章太守가 되었다. 출발하는 날이 가까워지자, 도성 사람들이 너도나도 전해달라며 부친 편지가 100여 통이나 되었다. 석두성石頭城에 이르러, 그가 그 편지들을 모두 물속에 던지고는 중얼거렸다. "가라앉을 놈은 제멋대로 가라앉고, 뜰 놈은 제멋대로 뜨라. 이 은홍교가 편지 배달하는 우체부가 될 수는 없잖아."
이 고사로 인하여 인편으로 부친 편지가 제대로 전달되지 않는 것을 '홍교洪喬', '교침喬沈', '부침浮沈' 등으로 표현하게 되었다. 이 말들은 조선시대 편지에

인편으로 부친 편지가 중간에서 사라지는 일이 종종 있었다. 사라진 편지가 단순한 문안 편지면 별문제가 없겠지만, 남이 봐서는 안 될 내용이라면 문제는 간단하지 않았다.

> 일전에 이성종李聖宗과 김철金哲이 홍산鴻山에 간다기에 좌촌左邨의 윤우尹友에게 편지를 썼는데, 전례典禮를 논한 것이었다. 어제저녁 김철이 와서 윤우의 답장을 잃어버렸다고 했다. 천하에 어찌 이렇게 믿을 수 없는 사람이 있느냐? 그 답장에는 필시 다른 사람에게 절대로 보여서는 안 될 내용이 있었을 터인데, 어디서 잃어버렸는지 몹시 우려가 된다. 전편轉便으로 보내는 편지는 반드시 철저하게 보안이 지켜져야만 된다.(6665 쪽지)

온갖 유언비어가 난무하고 밀정과 암행어사가 암약하여 편지의 분실이 어떤 결과를 부를지 모르던 때였다. 그래서 아들에게도 조심하라고 주의를 주고 있다. 분실되지 않는다고 하더라도, 편지를 전하는 사람이 몰래 뜯어볼지도 모를 일이었다.

> 다시 생각해봐도 임任선달先達 편은 우리 집 전인專人보다 못할 것 같다. 이 편지가 혹 누설될 걱정은 없느냐? 꼭꼭 봉해라. 또 편지 사연을 임선달에게 이야기해서는 안 된다. 어떻게 하겠느냐? 깊이 생각해야 된다.(6628)

자주 보인다.

이렇게 인편은 믿을 만한 수단이 아니었다. 고유한 목적이 있는 사람에게 편지를 부탁하여, 설령 그 편지가 전달되지 않는다고 하더라도 그에게 무슨 책임을 물을 수 있겠는가? 그리하여 심각한 편지나 중요한 문서는 전인을 이용할 수밖에 없었다.

같은 통신수단이었지만, 전인과 인편의 근본 차이는 역할에 상응하는 대가, 즉 돈을 받는지 받지 않는지에 있었다. 돈을 받으면 책임이 따랐다. 크게 보면 전인도 일종의 심부름꾼이었다. 대가를 주고 심부름을 시키는 이야기가 조병덕의 편지에 더러 보인다.

> 지금 가는 아이는 경철景哲의 아들이다. 밥때에 맞으면, 밥을 먹여도 무방하다.(7534, 18440104)

> 집에 코흘리개도 하나 없다. 할 수 없이 창록昌祿이를 빌려서 보낸다. 이 아이에게 요기를 시키도록 해라.(6398, 18620601)

집에 아이가 없어서 이웃 아이에게 심부름을 시키고, 그 아이에게 밥을 먹이라고 했다. 밥 한 끼가 십 리 길을 왕복하는 심부름의 대가였던 것이다. 다음은 제수祭需 나르는 심부름을 시키는 이야기인데, 대가가 좀 크다.

> 지금 안에서 편지와 돈 두 냥을 내어, 축난 돈 두 푼과 이놈 짚신 값과 함께 주어 보낸다. 다섯 푼이면 겨우 샀이 되니, 거기서 점심 요기를 시켜서 보내라. 이놈은 믿을 수 없다. 제육祭肉을 훔쳐 먹을 우려가 없지 않

으니, 항록亢祿이나 착실한 사람을 시켜 함께 보내는 것이 좋다.(6606)

제수를 지고 올 심부름꾼에게 제사장을 볼 돈을 줘 아들에게 보내며 쓴 편지다. 다섯 푼이면 겨우 삯이 되니 점심을 제공하라고 한 것을 보면, 심부름 값도 나름대로 적정 가격이 있었음을 알 수 있다. 그리고 제육을 훔쳐 먹을지도 모르니 감시하라고 했다. 심부름꾼이 다 정직할 수는 없었다. 돈 심부름꾼이 돈을 빼먹은 적도 있었다.

> 돈 쉰 냥이 왔으나 가지고 온 놈이 한 냥을 빼먹었다. 그래서 엄하게 분부하여 닦달하고 받아낸 것이 겨우 아홉 전이고, 열 푼은 어찌할 수 없구나. 거기서 닦달하여 받아내도록 해라. 통탄스럽고 가증스럽다.(6526)

심부름의 대가로 돈을 받는다는 점에서 전인이 이러한 심부름꾼과 같았다고 할 수 있지만, 양자는 기본적으로 확연히 다른 점이 있었다. 그것은 바로 전문성이다. 서울을 비롯하여 전국 각지를 왕복하는 전인이 불과 일이십 리 떨어진 청석교나 장시를 왕복하는 심부름꾼과 같을 수는 없었다. 우선 전인은 길눈이 밝아야 했고, 돌발 사태에 대처할 수 있는 능력도 필요했다. 예컨대 삼계리에서 서울까지는 편도 4일, 왕복 8일이 걸리는 먼 길인데, 어두운 길눈으로 어떻게 수많은 갈림길을 거쳐서 서울에 이르겠는가? 그리고 8일 사이에 무슨 일을 만날지도 모르는데, 담력과 임기응변의 능력 없이 어찌 애초에 길 떠날 마음조차 먹을 수 있겠는가. 게다가 부리는 자의 입장에서 무엇보다도 중요한 전인의 자질은 정직성이었다.

> 홍洪 시흥始興(홍일순) 집에 가는 제수단자祭需單子와 제수전祭需錢 4냥을, 네가 "왜 달산達山 편에 부치지 않느냐?"고만 하는 것은 무엇 때문이냐? 내가 달산達山의 갑철甲哲이를 믿지 못하기 때문에 너와 상의했더니, 네가 부칠 만한 인편이 있다고 해서 내가 그것을 네게 보냈다. 지금 갑자기 말을 바꾸는 것이 아주 이상하구나. 정말 그렇게 하려거든, 즉시 돌려보내라. 내가 전인을 구해서 보내려면 비용이 몹시 걱정이지만, 또 달리 무슨 수가 있겠느냐?(6285, 18610708)

해마다 조병덕은 선생 홍직필의 제수와 제수전을 선생의 아들이자 친구인 홍일순에게 보냈다. 아버지 제사처럼 여겼던 것이다. 그렇게 중요한 일을 갑철이란 놈에게 부탁할 수 없지 않은가. 갑철이가 가로채어 먹고 나서 적당히 둘러대면, 제삿날 지난 다음에 무슨 수가 있겠는가. 아들 장희는 두 냥쯤 드는 전인 비용을 아끼려 했지만, 조병덕에게 중요한 것은 인편의 신뢰성이었다. 밝은 길눈, 담력, 임기응변 능력, 그리고 정직성까지 갖춘 사람이 흔치 않았다. 아예 전인을 쓰지 않고 노비를 시키면 좋겠지만 그들은 다른 능력은 차치하고라도 행동반경이 고을을 벗어나지 못했거나 이웃 고을의 장시까지로 한정되어 있었을 것이다. 그리고 수동적으로 살아온 노비가 상황변화에 대처할 무슨 능력이 있겠는가. 조병덕 편지에서 전인 역할을 하는 인물들을 뽑아보면 다음과 같다.

① 서울에 전인을 보내는 문제는 하촌下村 문가文哥를 세전貰錢(삯)

을 주고 보낼 수 있을 것 같은데, 혹 잘 안 되면 또 너에게 알리마.(7379)

② 익산에 보내는 전인 문제는 이미 서업동徐業同에게 부탁하여 세 전을 주고 송금돌宋金乭을 구했다. 이제 겨우 보내니, 내일 새벽 거기서 출발하여 익산으로 갈 수 있을 것이다. 교부轎夫는 27일 거기서 보내면 가다가 혹 좌촌左邨에서 자든지, 혹 28일 일찍 떠날 계획이다.(6633)

③ 지금 이렇게 김석이金錫伊가 상경上京하는 것은 오직 『송자대전宋子大全』 값을 과천果川에 보내기 위한 것이다.(7035)

④ 김석이는 안에서 행하行下(심부름값)에 얹어주는 돈이 너무 많기 때문인지, 내 분부에는 일체 응하지 않는다. 심지어 간치장에 왕래하면서도 나에게 와서 알리지 않는다. 제가 김초관金哨官의 아들로서 어찌 그렇게 맹랑하냐.(6569, 18610717)

⑤ 어제 자연自然을 전인으로 삼아 충주에 보냈는데, 노비路費 두 냥 외에 돈 50문을 더 주었을 뿐이다.(6704)

⑥ 네 형이 서울 소식을 탐문하기 위하여 어제 원업遠業을 풍계楓溪에 보냈다.(6696, 18660826)

⑦ 청주에 보낼 전인 구하기가 몹시 어렵다. 네 형이 홍업弘業에게 분부했으나, 말을 듣지 않는다는구나. 그것이 어찌 말이 되느냐? 잡담할 것이 없이 그 놈을 청주에 보내기로 결정할 뿐이니, 엄하게 분부해라.(6845, 18640204)

사료 ⑥, ⑦은 전인을 구할 수 없어 대신에 비부婢夫를 보낸다는 이야기다. ⑥은 병인양요 때라, 흉흉한 소문이 돌아 아무도 위험한 곳에 전인으로 가려 하지 않았을 것이다. 그래서 조병덕의 아들 명희 소유 비婢의 지아비 원업을 대신 보냈다. ⑦은 평시에도 전인을 구하기가 어려웠음을 보여준다. ⑤의 자연도 역시 비부인 것으로 보인다. 충주에 왕복하는데 드는 노자 두 냥에다 50문을 더 얹어 주었는데, 이 50문은 수고비였을 것이다.

사료 ①, ②의 전인에게 준 삯을 세전이라 하고, 비부에게 준 것은 노비라고 하여 구분하고 있다. 사료 ③, ④에 보이는 김석이는 하급무관인 초관哨官의 아들로서 돈을 받고 조병덕가 안주인의 심부름을 하고 있다. 서얼 출신이었을 것으로 보이는데, 그 아버지 때부터 조병덕가와 관계를 맺고 있었던 인물로, 장 심부름을 할 정도로 조병덕가와 가까웠던 인물이었다. 그래서 큰돈(『송자대전』은 215권 102책의 거질이어서, 책값이 많았을 것이다) 심부름을 그에게 맡겼을 것이다. 요컨대 사료 ③~⑦에 보이는 김석이, 자연, 원업, 홍업 등은 노비는 아니었지만 조병덕가의 영향력 아래에 있었던 인물들이었다. 따라서 부득이한 사정으로 그들이 전인 역할을 대신한다면, 그것은 사료⑦에서 보듯이 반강제적인 명령을 수행하는 것이었을 뿐, 삯을 바라고 노동을 한 것은 아니었다.

반면에 상민이었을 사료①의 전인 문가와 사료②의 송금돌에게는 조심스럽게 접근하고 있다. 문가의 경우 잘 안 될지도 모른다고 하며, 안 될 경우를 미리 대비하고 있다. 전인이란 것이 돈만 주면 언제나 부릴 수 있는 호락호락한 존재가 아니었음을 알 수 있다.

송금돌에게는 중간에 서업동이란 사람까지 넣어서 전인으로 고용하는 데 성공하고 있다. 서업동은 송금돌에게 가서 행선지, 날짜, 세전의 액수 등을 포함한 조건을 제시했고, 송금돌은 그 조건을 따져 수락했을 것이다. 말하자면 의뢰인 조병덕과 전인 송금돌 사이에 계약이 성립되었다고 할 수 있다. 전인의 자질을 갖춘 사람이 드문 상황에서 그것을 갖추었다는 것으로서 상민 송금돌은 양반 조병덕과 계약을 체결할 수 있었던 것이다. 계약의 조건은 구체적이어야 했다. 그리고 조건이 추가되면 그만큼 계약사항이 추가되었다.

> 함께 보내는 편지들은 적당히 피봉을 만들어 보내라. 충희 처의 본가 안부를 꼭 알고 싶어서 네 어머니가 언찰諺札을 써서 보낸다고 하는구나. 연풍延豊 버드내 송宋 참봉 집에 잠시 들러 전하는데, 그 둘러 들르는 노자는 많건 적건 여기서 네 어머니가 댄다고 하는구나. 이 뜻을 문경 가는 사람에게 상세히 설명해야 옳다.(6122)

조병덕이 문경으로 보내는 전인에게 임무가 하나 추가되었는데, 설명이 간결하면서도 명확하다. 그리고 전인의 비용을 수신자가 부담할 때는 전인에게 지불해야 할 세전과 노자를 수신자가 알도록 반드시 별지에 써넣어 시비의 소지를 없앴다.

> 소동小童이 와서 편지 보니 위로가 된다. 또 병이 좀 덜하다니 기쁘다. 이제야 비로소 「근재선생시장近齋先生諡狀」을 완성했다.【글씨는 중습仲習이 썼다.】 또 별지와 박숙도朴叔道에게 가는 서울 편지도 썼다. 다만 삯 받고 가는 사람[貰去人], 삯, 노자 등이 얼마인지 몰라 별지에 써넣지 못했다. 적당하게 헤아려 물어서 오늘 안으로 상세히 알려라. 다른 곳 편지는 아직 쓰지 못했으나, 아픈 것이 오늘 조금 물러가면 오늘내일 다 쓸 것이다. 전인은 누구를 막론하고 가장 착실한 사람을 보내라.(6053)

아들이 위 세 사항을 전인과 합의하여 알려주면 조병덕은 그 내용을 별지에 써넣어 박숙도에게 부칠 것이다. 전인의 삯과 노자는 「시장諡狀」을 부탁한 박숙도가 별지에 쓰인 대로 줄 것임은 물론이다.

그러면 전인을 고용하는 데 비용은 얼마나 들었을까?

> 지금 포천 제수전 20냥과 전인의 노자와 세가貰價(세전) 6냥 때문에 빚을 얻어 전인을 서울에 보내는데, 그로 하여금 거기(평산)까지 가도록 했다.(6899, 18680226)

서울에 전인을 보내면서 아들이 귀양 가 있는 황해도 평산까지 다녀오게 했는데, 노비와 세전을 합하여 여섯 냥을 주고 있다. 여섯 냥 중에 노비와 세전이 각각 얼마씩인지는 알 수 없다. 상경 노자로 두 냥을 준 적도 있고,(7272) 서울에서 삼계리까지 노자를 한 냥 준 경우도 있었다.(6601) 충주까지 왕복 노자로 두 냥을 준 것(사료⑤)과 비교하면 삼계리에서 서울까지 편도 노자로 한 냥은 좀 적은 듯하고 두 냥은 좀 많은 듯하지만, 단순 비교는 무의미할지도 모른다. 정해진 노자 액수는 없었고, 그때그때 타협해서 결정했을 가능성이 클 것이다. 단 노자 대신 길양식을 준 적도 있었다.

> 서울 보낼 전인을 세전을 정하고 구했다. 세전과 돌아오는 길양식은 강서江西가 반드시 지급할 것이다. 걱정할 것 없다.(6309, 18630521)

이 전인이 서울까지 가는 데 필요한 길양식은 조병덕이 지급했을 것이다. 혹 곡가가 앙등하여, 전인이 노자 대신에 길양식을 요구한 것인지도 모른다. 아무튼 전인 비용은 조병덕에게는 매우 부담스러운 것이었다.

> 서울에 전인 보내는 일은 어찌 이와 같으냐? 너희들 일하는 것이, 반드시 나를 천하에 신용 없는 사람으로 추락하게 하려고 그러는 것이냐? 나는 편지봉투까지 쌀 수 있는 보는 없다. 그래서 이 보로 편지를 싸서 보내는데, 다른 곳에 보내는 이 편지들은 전하지 않아도 괜찮지만 「근재시장近齋諡狀」은 반드시 이 보에 싸서 보내야 된다. 이놈 서울 올라가는 노자는, 장 속을 다 뒤졌더니 겨우 돈 70푼이 있는데, 이놈은 "돈 두 냥이 아니면 안 된다."고 하는구나. 네 어머니에게도 돈이 없고 네 형도 없다고 하니, 어떻게 해야 되느냐? 달팔達八에게서 받아야 할 돈이 열 냥쯤 있을 뿐이니, 내가 그 돈으로 갚을 것이다. 장변場邊이라도 두 냥을 얻어서 지급하고 오늘 안으로 떠나보내야 된다. 내가 달팔에게 분부하마. 박숙도朴叔道에게 보낼 추서追書가 있는데, 대석大石을 시켜 전해라.

5월 그믐날 아버지(7272)

전인을 쓰기 위하여 장변(장에서 꾸는 비싼 이잣돈)까지 얻고 있다. 「근재시장」을 서울로 보내는 것이 시급한 일이었기 때문에 전인을 고용하지 않을 수 없었을 것이다. 그러나 그는 경제적 이유 때문에 가능하면 전인보다는 인편을 이용하려 했다. 그리고 자제들에게도 전인을 헤프게 쓰지 말라고 했다.

> 갑자기 서울 매동에서 전인을 보낸 것은, 각 처 유선儒選의 벼슬을 한 단계씩 올려주어 나도 참판이 되었다고 하며, 그래서 전인을 보낸다고 했다. 단지 노자 한 냥만 지급하니 여기서 반드시 고가雇價(삯)와 노수路需(노자)를 지급하라고 하는구나. 몹시 개탄스럽다. 이것이 어찌 전인을 보낼 만한 일이냐?(6601, 18650123)

자신의 벼슬이 한 단계 올라 참판이 되었다는 소식을 전인을 통하여 보낸 조카 봉희의 처사를 조병덕은 개탄하고 있다. 허울 좋은 명예보다는 당장 치러야 할 전인 비용 몇 냥이 더 걱정되었을 것이다.

더불어 도를 추구하다

조병덕의 왕래망

천여 리 길을 멀다 않고 걸어서 궁벽한 시골을
내방하신 것은, 어디 그런 역량이 있고
어디 그런 풍의風義가 있겠습니까?
다만 방문의 상대가 변변치 못하여
부끄러울 뿐입니다.

조병덕은 매우 절제된 인간관계를 유지하고 있었다. 더욱이 서신왕래는 더 절제될 수밖에 없었다. 편지를 써서 전하는 데 많은 시간과 노력이 들기 때문이었다. 이러한 절제된 모습은 자신이 거주하던 남포 일대의 양반들을 대하는 태도에서 두드러지게 나타난다. 그것은 그들을 향품鄕品, 향반鄕班, 향족배鄕族輩 등으로 멸시하여 부르던 태도와 무관하지 않은 것으로 보인다. 교졸돌입사건校卒突入事件으로 곤경에 처했을 때 그가 아들에게 쓴 편지에 그의 입장이 잘 나타나 있다.(6812)

조병덕 정도의 학문적 명성이라면 지방의 유림들이 유통儒通을 돌려서 그의 억울함을 밝히고 호소할 만했지만, 그런 움직임은 없었다. 게다가 그는 노론의 중심이라고 할 수 있는 화양동서원, 황강서원과도 교류가 없었다.

남포 일대에서 조병덕이 왕래한 것은 용곡龍谷의 조진학趙鎭鶴과 방축芳築의 이李 노인 두 사람뿐이었다. 만나 대화할 만한 사람이 없는 곳("만나서 이야기할 만한 사람이 가까이에 없는 것도 또한 나의 곤궁한 운명이다"(6125, 18600712))에서 두 사람은 훌륭한 대화 상대였다. 때로 울적하거나 심심하면 "이럴 때 용곡 종씨와 방축 노인은 왜 오지 않느냐?"고 하며 편지를 보내 불러오기도 했다. 용곡에 사는 조진학은 조병덕의 수제자라 할 수 있는 인물이었다. 남포 부근에는 제자라고 부를 만한 사람이 드문 데다가 전국 각지에서 이따금 와서 한동안 머물다 가는 제자들이 있었지만, 그만큼 가까이 살면서 자주 만날 수 있는 인물은 없었다. 조진학은 '소학당'의 훈장 노릇도 한 것으로 보인다.

용곡 종씨가 돌아갔다. 마음을 달랠 것이 없지만, 아이들의 글 읽는 소

리를 들으면 죽어도 여한이 없을 것 같다. 이 말을 그(조진학)에게 전해라.(6442)

동시에 조진학은 조병덕의 막내아들 조장준의 스승이기도 했고, 조병덕 사후에 그는 조병덕의 묘지墓誌를 짓기도 했다. 조병덕은 조진학과 많은 편지를 주고받았는데, 그의 문집에는 조진학에게 보낸 편지가 16통이나 실려 있다.(『숙재집』 권17)

노봉老峯 민공閔公(민정중閔鼎重)의 백씨 대사헌공(민시중閔蓍重)이 곶감 반 접을 우옹尤翁(송시열)께 보냈습니다. 우옹은 다음과 같이 답했습니다. "율곡栗谷 선생께서 굴비 몇 마리를 편지와 함께 봉투에 넣어 푸성귀뿐인 귀봉龜峯(송익필宋翼弼)의 밥상에 보냈다는 말을 전에 듣고, 물건이 보잘것없을수록 정은 두터운, 후세 사람이 미칠 수 없는 선현의 멋에 늘 감탄했습니다. 지금 공서公瑞에게서 그 멋을 직접 보게 될 줄은 꿈에도 생각하지 못했습니다." 이런 일은 그 전에 이미 퇴계退溪도 한 적이 있었습니다. 『퇴계집退溪集』에 있는 조사경趙士敬, 이인중李仁仲, 금문원琴聞遠 등에게 보낸 편지에 "선물 온 건어乾魚가 있어 부끄럽지만 감히 보내니, 식사를 담백하게 하는 계율을 한 번 깨뜨리시는 것은 어떠한지요?"라고 했습니다. 제가 감히 여러 선생의 일을 본받아, 건어 선물이 왔기에 큰 것 한 마리 작은 것 다섯 마리를 보내니, 받기 바랍니다.(『숙재집』 권17 「여조진학與趙鎭鶴」)

이웃 홍산현鴻山縣에도 윤필현尹弼鉉이 있어 조병덕과 자주 왕래했다. 그는 홍산현 좌촌左村에 녹간서당鹿澗書堂을 세워 학생들을 가르치고 있었는데, 조병덕의 넷째 아들 장준壯俊이 가서 머물며 배우기도 했다. 조병덕은 윤필현과도 많은 편지를 주고받으며 학문과 시국에 관한 의견을 나누었다.

그러나 조병덕에게 가장 중요한 왕래망은 서울이었다. 1858년 '교졸돌입사건' 때 그는 사건의 자초지종을 알리는 편지를 서울의 조두순에게 보냈는데, 그 별지에 아들 조장희에게 다음과 같이 썼다.

> 이 편지는 반드시 답장을 받아서 보내라. 답장을 받은 후 이 편지를 베껴서 정동貞洞 참판參判 숙주叔主, 신申 보은報恩, 승지承旨 이면우李勉愚, 김金 영유永柔, 청송靑松 형제, 정랑正郞 오경선吳敬善, 사과司果 박제근朴齊近, 참판參判 김공익金公翼 등에게 보내라. 전후 문서를 모두 알게 해야 된다.(6093, 18580516)

여기에 오른 사람들은 조병덕과 가까운 사이였고, 동시에 영향력을 행사하여 도와줄 수 있는 사람들이었다. 정동 참판 숙주는 조두순의 아우 조규순趙奎淳인 것으로 보인다. 신 보은은 신응조申應朝를 가리키는데, 조병덕과 동문수학했다. 이면우는 조병덕의 스승 뻘인 이봉수李鳳秀의 아들로 역시 동문수학한 인물이다. 김영유는 영유永柔 현감을 지낸 김대균金大均으로 조병덕과 동문이며, 자가 공익公翼인 세균世均의 형이다. 청송 형제는 조병덕의 삼종제三從弟 병화秉和와 병목秉穆을 말하는데, 양양부사와 청송부사를 지냈다. 오경선은 스승 오희상吳熙常의 손자로 동문이다. 박제근은 조병덕의 스승 홍직필의 스승 박윤원朴胤源의 증손자인데, 조병덕은 박제근의 부탁으로 박윤원의 시장諡狀을 써주기도 했다. 모두 10명 가운데 4명이 친척이고 6명이 동문이다. 이렇게 조병덕의 서울 왕래망은 친척과 동문으로 제한되어 있었다.

친척 중에서 조병덕에게 가장 비중이 큰 인물은 조병덕이 '교합장校閤丈'(조두순이 교동校洞에 살았고, 벼슬이 높아 합하閤下라는 호칭을 붙였고, 아저씨뻘이 되므로 장丈이라는 존칭을 붙였다. 교동, 합하, 장 세 단어를 줄여 만든 말이다)이라고 칭한 조두순이었다. 조두순은 일찍 출세의 길을 달려 정승 반열에 오르고 노론의 종장宗匠으로서 추앙받고 있었다. '교졸돌입사건'에서 보듯이 그는 조병덕의 든든한 정치적, 사회적 배경이었다. 조병덕이 막내아들 장준의 결혼비용을 마련하지 못했을 때도 그의 도움을 받을 생각을 했다. 두 사람은 이따금 편지를 주고받았는데, 다음 편지를 보면 그 편지들의 내용을 미루어 짐작할 수 있다.

> 송구스럽게도 드릴 말씀은, 사는 곳이 벽촌이라 혼자 귀머거리와 봉사가 되어 비록 지난 저보邸報조차 빌려 보기 어려운 것이 본래 형편입니다. 지난번 강상江上에서 안주安州 임익상任翼常과 이야기할 때, 전에 연석筵席에서 올리신 주문奏文이 훌륭하다고 더없이 칭찬하는 것을 들었습니다. 그런데 제가 얻어 보지 못했습니다. 아랫사람을 시켜 베껴 보내주시면 천만 다행이겠습니다. 이 일에 관련된 전후 허다한 상소문도 옮겨 적지 못한 것이 많은지라, 조보에 실린 숙주叔主의 글도 전혀 몰랐던 것입니다. 의리에 관계된 일 중에 이보다 더 중요한 일이 어디 있겠습니까? 부끄러울 뿐입니다. 새로 간행된 『양현전심록兩賢傳心錄』은 아직 보지 못했으니, 서적이 몹시 귀한 가운데 또 고민 하나가 더 생겼습니다.

어찌하면 좋을지 모르겠습니다.(쪽지)

조두순에게 편지를 보내는 것이 조병덕은 늘 조심스러웠다. 그는 편지를 보내기 전에 눈에 거슬리는 내용이 없는지 상세히 살펴보고, 봉투에도 자신의 이름은 쓰지 말고 봉함하는 곳에 '근봉謹封' 두 자만 쓰라고 아들에게 지시했다. 그리고 문안편지라도 다른 사람 눈에 띄지 않게 하라고 했다.("교동校洞 편지 써 보내는데, 편지 속의 말에 혹 눈에 거슬리는 것이 있느냐? 상세히 헤아려 살펴봐라. 겉봉투도 단지 속 봉투처럼 '근봉謹封' 두 자만 봉하는 곳에 써라.……교동 편지는 비록 문안 편지라도, 남의 눈에 띄게 할 필요는 없다."(6483)) 산림의 학자로서 당대의 고관에게 편지를 보내는 것이 남의 눈에 어떻게 비칠지 몰라, 노출되는 것을 꺼렸을 것이다. 그러나 겉으로는 자존심과 체면을 지키면서도, 조병덕은 조두순을 의지하고 도움을 받지 않을 수 없었다.

서울에 사는 당내堂內의 자제들도 조병덕에게는 뺄 수 없는 중요한 왕래망이었다. 조병덕의 본가는 삼계리에서 은진현恩津縣 유산鍮山으로 이사 가 있었으며, 그의 아버지 조최순趙最淳을 비롯한 형 조병헌趙秉憲의 가족이 살고 있었다. 형의 집은 동시에 서울 사동寺洞에도 있었다. 사동 집은 평양 서윤庶尹으로 있던 형이 1844년 갑자기 죽은 이후에도 그대로 유지되다가 1858년쯤에 안동安洞으로 옮겼다. 그 집은 장조카 조봉희와 그 동생 조인희가 서울에 있을 때 기거하는 곳이었고, 조병덕의 아들 조장희가 상경하면 머무는 곳이기도 했다. 사촌 형들이 귀향하고 나면 조장희 혼자서 그 집을 지키기도 했다. 앞에서 살펴본 바 있지만, 조병덕이 서울과 서신왕래를 할 때 조카들이 서울 관변의 소식들을 베껴 그에게 보낸 곳도, 조병덕이 보낸 편지 뭉치를 장희가 일일이 봉투를 만들어 넣고 주소를 써서 부친 곳도 바로 사동 집이었다.

조병덕의 5대조 조규빈 이하의 종손인 조기희趙夔熙는 풍계楓溪에 살고 있었다. 조기희는 다섯 살에 어머니를 일곱 살에 아버지를 잃고, 종조부 조최순의 집에 와서 자랐다. 조기희에게 아들이 없자, 조병덕은 자신의 봉사손奉祀孫 조예술趙禮述을 그 밑으로 양자 보내는 것을 허락하기도 했다. 그리고 조병덕의 형 병헌의 셋째 아들로 일찍 죽은 조병덕의 동생 병우秉愚의 양자가 된 조용희趙龍熙는 사동寺洞에 살았으며, 조병덕의 막내 삼촌 조이순은 재동에 살았다. 인편이 생겨 서울에 편지를 쓸 때, 조병덕은 사동, 안동, 풍계 그리고 재동을 거의 빠뜨리지 않았다. 또 일찍 죽은 첫째부인 광산 김씨의 친정이 정동貞洞에 있었는데, 장인 김재선金在宣의 생전에는 이따금 편지를 주고받았다.

집안의 자제 중에는 지방 수령이 되어 나가는 자가 종종 있었는데, 그럴 때면 지방과의 왕래망이 자연스럽게 형성되었다. 수령이 된 자 중에는 막내 삼촌의 아들 조병로趙秉老가 당내堂內에서 가장 높은 벼슬을 지냈는데, 그는 공주, 합천, 광주廣州, 홍주, 부평, 충주 등의 지방관을 거쳐 호조참판까지 올랐다. 재종 아우들인 조병화趙秉和는 양양부사, 조병목趙秉穆은 청송부사를 지냈다. 조카 조봉희는 옥천군수, 산청현감, 남원부사를 지냈고, 조용희는 진천, 김제, 고부 등지의 수령을 지냈다. 그리고 서종조카 조겸희趙謙熙는 공주 중군中軍을 지냈다. 이들은 모두 문과를 통과하지 못하고 대부분 수령에 머물렀다. 이러한 자제배로부터도 수수收受를 내용으로 하는 편지와 함께 이따금 시국에 관한 정보를 얻기도 했다.("어제저녁 원업遠業이 와서, 남원과 평시령의 편지를 보고 서양 오랑캐가 이미 물

러가고 서울이 수습되었음을 알았다. 여기 그 편지 보낸다."(6703))

일찍이 조병덕은 매산 홍직필을 찾아가 인사하고, 매산의 명으로 노주 오희상에게 가서 배웠다. 노주 문하에서 조병덕과 가장 친했던 인물은 홍직필의 아들 홍일순이었다. 조병덕은 홍일순을 노주 문하의 가장 뛰어난 제자로 존경했고, 홍일순도 조병덕에게 아버지 홍직필의 묘지墓誌와 행장行狀을 부탁하며 조병덕이 매산의 수제자임을 인정했다. 한번은 홍일순이 편지를 보내어 급히 보고 싶다고 하자, 조병덕은 소를 팔아 노자를 마련하여 간 적이 있었다. 홍일순 외에 노주 문하에서 조병덕과 친했던 사람으로는 또 유신환兪莘煥과 조중식趙中植을 꼽을 수 있다.(6270, 18591107)

오희상 문하에서의 홍일순처럼 홍직필 문하에서 조병덕과 가까웠던 인물은 신응조였다. 특히 홍일순 사후에 조병덕은 신응조를 가장 절친한 친구로 생각하고 있었다.

> 서울 편지 중에, 신 대감은 진실로 나와 절친한 벗이다. 이 세상에서 제일 친한 사람이라고 할 수 있다. 내 동문 중에 견줄 사람이 없다. 그의 편지를 보니 마음이 상쾌하다.(6328, 18650721)

곤경에 처할 때나 시국 문제에 관하여 두 사람은 솔직하게 서로 의견을 주고받았다.

> 3월 26일, 4월 5일, 4월 12일 손수 쓰신 편지 세 통을 차례로 받으니, 위로와 고마움이 갈수록 더욱 생생합니다. 5월 더위에 수위壽闈(장수하는

부모님)의 여러 안부는 어떠하며, 어른 모시는 영감의 건강은 어떠한지요? 궁금함과 걱정스러움을 감당하지 못하겠습니다. 전후의 회답은 식견이 높고 필력도 높아 공경하고 찬탄하느라 군소리 한마디 할 겨를이 없습니다. 그러나 이것도 단지 방 안의 이야기일 뿐입니다. 대서특필하여 한 시대를 명백히 깨우치지 못하는 것이 몹시 아쉽습니다. 근자에 경주 한운성韓運聖 노인과 홍산 친구 윤필현尹弼鉉의 편지를 보았는데, 모두 청나라 오랑캐가 장차 망하고 사교邪敎가 창궐할 것이라는 내용이 있었습니다. 두 사람은 모두 더러움에 휩쓸리는 지금 세상의 무리들과는 달라, 존경하고 받들 만합니다. 저는 한 노인과는 동문이라 그의 학문이 더불어 도를 추구할 만함을 깊이 알며, 윤우尹友 또한 저와 친밀한 관계라, 저도 모르는 사이에 그들 이야기를 이렇게 씁니다. 홍원洪原 박생朴生이 돌아가며 한양에 들른다기에 몇 자 써 올리는데, 현기증이 심하여 무슨 말을 하는지 몰라 이만 줄입니다.

돌아가신 스승 오吳 문원공文元公(오희상)께서 늘 "나라를 위하여 한번 죽을 마음이 있다."고 하셨으며, 또 "선비는 마땅히 공자를 위하여 죽을 수 있는 도를 지녀야 한다."고 저에게 말씀하셨습니다. 명나라 태조 때에는 맹자를 위하여 죽으려는 사람도 있었습니다. 지금 저 같은 무리는 살아서 세상에 도움이 없고 죽어서도 세상에 이름이 없어 부끄러우니, 나라를 위하여 한 번 죽고 선성先聖(공자)을 위하여 한 번 죽으면 또한 어찌 큰 다행이 아니겠습니까? 노형께서 저를 잘 가르치어 오랑캐와 짐승의 영역에 빠지지 않게 하시면, 은혜를 입음이 클 것입니다. 지나가는 실없는 소리로 여기지 마시기를 천 번 만 번 바랍니다. 조시중趙時仲은 요즘 어떻습니까? 편지를 부치려 했으나 병후에 몸이 부대껴서 아직 쓰지 못했습니다. 서울 사우士友들에게 하지 않으면 안 되는 편지가 많으나, 집 아이가 시골에 돌아온 후 부칠 인편이 없습니다. 후일 형께 부탁할 터이니, 미리 양해해 주시겠습니까?

『우계집牛溪集』 신간 한 부를 죽기 전에 구하면 다행이겠지만, 몹시 어려워 걱정입니다.

'안분당安分堂' 석 자를 휘호하여주시기 바랍니다. 천한 자식 장희가 진사가 되어 성균관에 입학하고 임금께서 음악까지 내리셨으니, 제게는 과분한 복이 아닙니까? 옛사람이 이른바 '덕 없이 부귀를 얻음'에 가깝지 않습니까? 천하만사에는 모두 승제의복乘除倚伏(흥과 망, 화와 복이 서로 교차하는 것)이 있어 그 이치가 매우 밝으니, '영광이 아니고 두려움'이란 말이 정말 딱 들어맞는 말입니다. 갑자기 감기가 들어 기력이 또 한 단계 떨어져 회복하기 어렵습니다. 정신이 없어 앞뒤를 잊어버리고 일곱 번 엎어지고 여덟 번 자빠져서 사람 꼴이 아닙니다. 무슨 수가 있겠습니까?

1861년 5월 5일 복제服弟 병덕 올림(6262, 18610505)

아무에게나 쉽게 할 수 없는 사연을 쓰고 있는 것을 보면 두 사람은 서로 편한 사이였음을 알 수 있다. 신응조는 조병덕의 행장과 묘갈명, 그리고 「소학실기小學室記」를 지었다.(『숙재속집』 권5)

매산 홍직필 문하의 동문 중에 신응조처럼 문과를 거쳐 높은 관직에 오른 인물로는 이면우李勉愚와 심승택沈承澤이 있는데, 그들과 편지를 주고받으며 시국 문제를 논하기도 하고, 선사先師들의 글 중에서 천주교의 해악을 언급한 것을 뽑아서 보내주기도 했다.(『숙재집』 권10 「답한문오答韓

文五」) 이러한 노력은 영향력 있는 고관들에게 경각심을 일깨워줌으로써 전통적 유교사회를 유지하는 데 목적이 있었다.

홍직필이 강학講學을 하며 머문 곳은 '노강露江(노량진 부근)'이었다. 거기서 멀지 않은 동작진 부근의 화장사華藏寺에서 홍직필 문하의 동문들이 간혹 모임을 갖기도 했다. 그리고 홍직필 사후 거기서 홍직필의 문집 『매산집』을 편집했는데, 조병덕도 그 작업에 참여하여 몇 달을 머문 적이 있었다.(『숙재집』 권20 「화장산방강록발華藏山房講錄跋」) 노강이나 화장사를 출입할 때 조병덕이 들른 곳이 과천果川 명덕리明德里에 있는 동문 이면재의 집이었다. 이면재는 조병덕의 차남 장희의 스승이자 장인이기도 해서, 장희가 이면재의 집에서 오랫동안 기거한 적도 있었다. 과천은 남포에서 서울로 가는 길목이라 서울 출입이 잦았던 장희에게는 아주 편리하게 이용할 수 있는 곳이기도 했다. 또 조병덕의 장남 명희明熙의 장인으로 안주安州 목사를 지낸 임익상任翼常도 조병덕과 동문이었다.

임헌회任憲晦도 조병덕과 동문이었다. 그가 살았던 아산 신양新陽은 삼계리와 과히 멀지 않아, 조병덕과 자주 편지를 주고받았다. 편지 내용은 학문적인 것이 주를 이루었지만, 시사時事에 관한 것도 있었다. 그는 태평천국*의 난에 대하여 조병덕에게 다음과 같이 언급했다.

---

* 홍수전洪秀全 등이 조직한 농민군이 청조淸朝에 반항하여 1851년 중국 광서성廣西省에서 무장봉기하여 세운 나라다. 1853년 천경天京(지금의 남경南京)에 도읍을 정하고 10여 년간 존속하다가, 1864년 천경이 상군湘軍에 함락됨으로써 막을 내렸다.
당시 풍문으로 태평천국의 입국立國 소식을 들은 조선의 지식인들은 크게 환영했다. 그들이 환영한 것은 오직 한족漢族(중화)이 만주족(이적夷狄)에 대항하여 나라를 세웠다는데 있었다. 그리고 태평천국이 청나라를 무찌르기를 바랐다. 송시열宋時烈의 존중화양이적尊中華攘夷狄(중화를 높이고 이적을 물리

북보北報는 상세한 것은 얻지 못했지만 대략 들으니, 남방에 도읍을 세운 것이 분명히 황명皇明의 후손이라 합니다. '천운天運은 순환하여 가면 돌아오지 않음이 없다.'고 한 것은 정말 그러합니다. 뜻있는 선비는 솥 씻을 생각이 더욱 간절하나, ("누가 물고기를 삶겠소? 내가 그를 위하여 솥을 씻으리다. 누가 서쪽으로 돌아가겠소? 내가 그를 위하여 좋은 음악을 들려주리다."(『시경詩經 회풍檜風』「비풍匪風」), 원래 주나라가 망해가는 것을 슬퍼하며 다시 부흥하기를 바라는 염원을 담은 노래인데, 여기서는 명나라의 부흥을 염원하는 의미를 담았다) 우옹尤翁(송시열)에게 알릴 길이 없어 서운합니다. 옛날 우옹이 민閔 여양驪陽에게 보낸 편지에 이르기를, "여러 공公의 뜻은 단지 팔짱만 끼고 주시하며 흉추凶醜(청나라)가 자멸하기를 기다릴 뿐입니까? 저들이 만약 연산燕山(북경)을 잃고 우리나라를 빼앗을 계략을 세우면, 장차 어떻게 합니까? (청淸이 한족漢族에게 다시 북경을 빼앗기고 도망 와 조선을 빼앗을 계략을 세우면 어떻게 하겠느냐는 말이다) 제 뜻은 반드시 급급히 변란에 대응하는 계책을 세워 주자朱子의 설을 스승으로 삼는 것입니다."라고 했습니다. 오늘날 이것을 걱정하는 자가 있는지 모르겠습니다.(『고산선생속집』 권1 「답조유문答趙孺文」)

그러나 두 사람 사이는 스승 홍직필의 행장行狀을 짓는 문제로 소원해진다. 홍직필이 작고하고 4년이 지난 1856년 그의 아들 홍일순이 아버지의 「가장家狀」을 조병덕에게 주며 묘지명과 행장을 지어주기를 청

침) 사상을 철저히 고수한 그들로서는 사건을 객관적으로 인식할 능력이 없었다. 태평천국의 본질과는 전혀 관계가 없는 엉뚱한 해석을 하고 있다.

했다. 그러다 홍일순이 1859년 작고하고 나서 홍일순의 아들 홍득노洪得老에게서 여러 번 독촉을 받았으나, 조병덕은 행장을 쉽사리 완성하지 못했다. 서너 가지 문제를 행장에 어떻게 쓸 것인지 결정하지 못했기 때문이었다. 그렇게 14년이 지난 1869년, 홍득노의 부탁으로 임헌회가 완성한 홍직필의 행장을 보았다는 이야기를, 조병덕은 자기 문하에 있다가 임헌회의 문하를 출입하던 나시종羅時鍾에게서 들었다. 아버지 홍일순이 자신에게 부탁한 행장을 한마디 상의도 없이 다시 임헌회에게 부탁한 홍득노와, 그 부탁을 받고 자신에게 한마디 말도 없이 행장을 지어준 임헌회에 대한 섭섭한 마음을 조병덕은 억누를 수가 없었다. 선생의 행장을 짓는 것은 영광스럽기도 하고 상징적인 의미도 있었다. 더구나 조병덕과 임헌회는 학문과 명성에서 서로 경쟁관계였기 때문에 조병덕의 섭섭함은 더욱 컸을 것이다. (홍직필 행장 문제는 임현희가 조병덕에게 보낸 편지의 별지 사본(7649, 18690725)과 조병덕이 신응조에게 보낸 긴 편지(『숙재집』권6 「여신유안與申幼安」)에서 자세히 알 수 있다.)

그리고 예산에는 동문 김상무金商懋가 살고 있었다. 그는 추사秋史 김정희의 양자로 조병덕의 셋째 아들 성희聖熙의 장인이었다. 그리고 익산에는 소휘면蘇輝冕이 있었는데, 그는 조병덕, 임헌회와 함께 홍직필 문하의 대표적 학자로 평가되는 인물이었다.

지금까지 서울과 기호지방에 산재했던 조병덕의 왕래망을 살펴보았다. 그런데 그의 왕래망은 거기에 그치지 않고 전국에 퍼져 있었다. 기호지방 외의 조병덕의 왕래망은 안의와 경주를 중심으로 한 경상도 지역, 홍원洪原을 중심으로 한 함경도 지역 등으로 크게 나누어볼 수 있다.

안의의 전병순田秉淳, 전시순田蓍淳 형제는 조병덕과 함께 홍직필 문하에서 수학했다. 그 인연이 홍직필 사후에도 계속 이어져 서신을 주고받기도 하고 안의에서 직접 삼계리에 찾아오기도 했다. 전병순 형제를 통하여 같은 집안의 의령에 산 전봉규田鳳奎와 안의의 전상묵田相默도 조병덕과 사제관계를 맺게 되었는데, 그들은 삼계리에 오랫동안 머물며 강학講學을 하기도 했다.

경주의 한운성도 홍직필의 주요 제자 중 한 사람이었다. 그것은 그가 홍직필의 문집 『매산집』 간행을 주도한 것으로도 알 수 있다. 그는 조병덕보다 나이가 많았기 때문에 조병덕이 '한장韓丈'이라고 부르기도 했는데, 그의 사후에 조병덕이 그의 제자에게 보낸 편지를 보면 서로 가까운 사이였음을 알 수 있다.

> 우리 당黨은 불행합니다. 입헌처사立軒處士 한장韓丈께서 갑자기 돌아가시어, 놀라움과 슬픔으로 흐르는 눈물을 감당할 수 없습니다. 입헌立軒과 저는 한 집안과 같았고 정은 골육과 같았으며, 마음과 마음은 서로 비춘 것처럼 환하게 알았고, 일마다 서로 상의했으니, 동문의 의리뿐만이 아니었습니다.(『숙재집』 권11 「답조경여答趙經汝」)

한운성의 제자가 경주 부근에 적지 않았는데, 그들도 조병덕에게 왕래하였다.

그러나 무엇보다도 조병덕의 영향을 가장 많이 받고 수적으로도 제자가 가장 많은 곳은 홍원洪原과 북청北靑이었다. 조병덕은 그들을 '북유北儒'라고 부르며 극진히 대했다. 북유들은 직접 삼계리에 와서 강학講學에 참석하기도 하고 편지도 주고받는 등 조병덕과 끊임없이 관계를 유지했다. 다음 편지는 북유에게 보낸 것이다.

> 천여 리를 멀다 않고 걸어서 궁벽한 시골을 내방하신 것은, 어디 그런 역량이 있고 어디 그런 풍의風義(풍격과 의리)가 있겠습니까? 다만 방문의 상대가 변변치 못하여 부끄러울 뿐입니다. 뜻밖에 정월 25일 쓰신 편지를 홍원의 박군이 가져와서 읽으니, 마치 다시 마주 앉아 이야기하는 것 같습니다. 그 기쁨과 고마움을 어찌 감당할 수 있겠습니까? 5월 더위에 학문하느라 건강은 어떠신지 모르겠습니다. 명리名利(명성과 이익)가 하늘에 넘치고 정학正學은 땅에 떨어져, 돌아가신 노주선생께서 이른바 '우주 사이의 양기陽氣'【독서종자를 말함】는 어디에도 볼 수 없습니다. 노주선생께서 보시면 반드시 통곡하며 눈물을 흘리실 것입니다. 그러나 북청과 홍원 같은 곳에서 학문에 뜻을 둔 사람들이 끊임없이 출현하여 실처럼 이어져 끊이지 않으니, 얼마나 다행한 일입니까? 바로 양기의 회복이 점점 북방에서 일어나서 그런 것이 아니겠습니까?(『숙재집』 권15 「답문재현答文載顯」)

홍원과 북청에서 학문의 열의가 다른 지방보다 높은 것은 장주원張周院의 공이라고 조병덕은 말했다. 장주원은 조병덕보다 14살 아래였는데, 조병덕과 노주, 매산 두 문하에서 함께 공부했다. 아쉽게도 그는 스물두 살에 요절하고 말았으나, 홍원과 북청에 유학儒學의 씨앗을 뿌려놓았다.(『숙재집』 권19 (「둔암실기서遯巖實記序」) 장주원의 뒤를 이은 북유北儒는 홍리우洪理禹와 박원길朴元吉이었다. 그들도 홍직필 문하에서 조병덕과 인연을 맺었는데, 조병덕은 박원길에게 보낸 편지에서 다음과 같이 그들을 격려했다.

> 귀향貴鄕의 책 읽는 소리에 대한 소문이 자자하여 들을 만합니다. 사문斯文 홍문표洪文杓와 서로 장단점을 보완하여, 우리 매산梅山 노선생老先生의 유업을 닦고 후생後生을 격려하며 옛날 규범을 한결같이 본받아 게으르지 않고 더욱 힘써서 한 지방을 모두 추로지향鄒魯之鄕(鄒는 맹자의 고향이고 魯는 공자의 고향으로, 유학이 번성한 고장을 말한다)이 되게 하면, 우리 선생의 도가 땅에 떨어지지 않기를 바랄 수 있을 것입니다. 그리고 우리의 도가 북으로 갔다고 말할 수 있을 것입니다. 어찌 아름답지 않습니까?(『숙재집』 권11 「답박원길答朴元吉」)

조병덕 사후 30여 년이 지난 1902년 12월 조병덕의 문집 『숙재집』이 홍원洪原에서 간행되었다. 이 문집을 간행한 사람은 박인화朴寅和였다. 그는 26권이나 되는 많은 분량의 문집을 103질이나 간행하고 그 경비를 혼자서 부담했다. 그리고 도화담에 있는 조병덕 묘소의 비갈碑碣을 세우는 경비를 부담하겠다고 했다. 또 그들은 홍원洪原에 조병덕의 사당을 짓고 향사享祀하겠다는 뜻을 밝히기도 했다. 1903년 2월 24일 북유北儒 박인화가 삼계리에 보낸 편지는 다음과 같다.

> 도화담桃花潭 묘소의 비갈碑碣도 이어서 해야 할 일입니다. 만약 한다면 경비가 얼마나 듭니까? 석재는 거기서 나는 것이니, 상석, 비석, 구립석具笠石, 부석趺石 등에 드는 돈과 공임을 계산하여 상세히 알려주십시오. 노선생老先生 제사를 모시는 일은 작년 이후로 인출 작업 때문에 병

행할 수 없었으나, 내년에는 실행할 계획입니다. 단지 저와 동지 몇 사람만 모여 모실 뿐, 정성이 별로 없는 사람들은 참여하게 하고 싶지 않습니다. 재물과 건물은 이미 깨끗한 곳에 준비해두었습니다. 이 일은 세속적인 잡다한 사람들과 더불어 할 일은 더욱 아닙니다. 헤아리시기 바랍니다. (박인화가 삼계리 조병덕 후손에게 보낸 긴 편지가 조병덕의 후손 조원창이 소장하고 있다. 이 편지는 간행한 『숙재집』 10질을 보내면서 부친 것이다. 홍원의 사당은 건립되어 제사를 지내는 것으로 들었다고 조원창은 말했다.)

조병덕 사후 30년이 지났지만 도화담 묘소에 참배하러 오는 북유北儒가 있었고, 삼계리 후손과 북유 사이에 서신 왕래가 이어졌다. 생전에 도화담 묘소를 한 번 참배하는 것이 박인화의 소원이었다.

함경도 지방에 학문의 열의가 이렇게 높았던 데에는 조병덕이 밝히지는 않았지만, 보다 더 깊은 연원이 있었다. 조병덕의 스승 노주 오희상은 「속근사록서續近思錄序」에 다음과 같이 썼다.

> 내가 일찍이 관북關北의 많은 학자로부터 들었는데, 고故 참봉 봉암鳳巖 한공韓公(한몽린韓夢麟)이 은거하며 학문을 가르쳐 북유北儒의 우뚝한 으뜸이 되었으며, 지금도 학자들이 모두 한결같이 그를 받든다고 한다. 그 깊은 학문과 넓은 식견이 반드시 사람들을 크게 능가한 것을 알았다. 지난번 공의 손자 국선國禩이 공이 편집한 『속근사록續近思錄』 3편을 가지고 천리 길을 찾아와서 나에게 서문序文을 부탁했다.(『노주집老洲集』 권15 「속근사록서續近思錄序」)

관북의 대표적인 학자로 『속근사록』을 지은 한몽린韓夢麟을 꼽고 있다. 또 한몽린은 학암鶴庵 최신崔愼(1642~1708)에게 배웠고, 학암은 송시열의 제자라고 오희상은 밝혔다. 많은 북유들이 조병덕 문하에 출입한 것도 그 연원은 송시열에서 비롯되었던 것이다.

함경도는 다른 지방이 안정 기조를 유지한 1720~1830년에도 경제적 성장이 계속되었다.(이영훈 2002) 게다가 19세기에 홍원과 북청은 어물 유통의 중심으로 성장했다. 19세기 전반에 홍원은 물산이 풍부하여 함경도에서도 보기 드문 풍요한 지역으로 주목되었으며, 어염의 이익이 풍성한 북어北魚 선상船商 활동의 중심이었다. 그리고 북청은 북어 생산의 중심지였다.(고승희 2002) 이처럼 함경도의 유학열儒學熱이 활발하여, 많은 서당이 설립되었다. ("20세기 초에 조사된 인구 당 서당의 밀도는 이들 두 도(함경도, 평안도)에서 가장 높다."(이영훈 2002)) 조병덕의 문집 『숙재집』을 간행할 수 있었던 것도 모두 이러한 경제적 성장의 뒷받침에 의한 것이었다.

지금까지 살펴본 바와 같이 조병덕은 전국적인 왕래망을 가지고 있었다. 그리고 각지의 친지, 동문, 제자들과 적극적으로 서신 교류를 했으며, 제자들은 직접 찾아와 강학을 하며 머물다 가기도 했다. 그러면 조병덕은 왜 이렇게 왕래망을 통한 통신에 적극적이었을까?

그는 그야말로 격변기에 살았다. 날로 성행하는 천주교와 심심찮게 들리는 이양선의 소문을 들었다. 그리고 코앞에서 일어난 병인양요를 직접 피부로 느끼기도 했다. 그러나 그보다 더 위기의식을 느낀 것은 아전과 평민 등 하층민의 동태로부터 감지되는 명분과 기강의 해이였다. 그가 지고의 가치로 삼고 있던 삼강오륜이 땅에 떨어지고 기강은 허물어져, 급기야 민란까지 일어났던 것이다. 그는 다음과 같이 말한다.

> 성인의 도는 점점 쇠퇴하고 유술儒術(유학)은 실행되지 않으며, 명리名利는 하늘에 넘치고 이단의 말이 길을 막는다. 부모를 버리고 임금을 외면하는 논의가 제멋대로 유행하여 거리낌이 없다. 그러므로 근래 여러 고을에서 백성이 수령을 쫓아내기를 마치 노복 쫓아내듯이 한다. 이것이 무엇 때문이냐? 국가가 유지되는 것은 명분名分이고 기강紀綱이다. 그러나 지금은 명분이 무엇인지, 기강이 무엇인지 모른다. 이것은 그 까닭이 오직 사대부士大夫가 명절名節을 모르고 염치를 모르는 데서 비롯되었다. 분서갱유 후에 다투어 관리를 살해한 것에 견주어도 조금도 다름이 없다.(『숙재집』 권11 「답김여진答金汝振」)

이러한 현실을 타개하고 치유하는 길은 성인의 도를 확충하는 것이라고 그는 생각했다. 전국 방방곡곡에 더불어 도를 추구할 만한 사람들을 규합하여 왕래망을 구축하고 독서종자를 뿌려 유학을 공부하는 학자를 늘림으로써, 땅에 떨어진 삼강오륜을 회복하고 전국 각 지방을 '추로지향鄒魯之鄕'으로 만들 수 있다고 보았다. 그래야만 명분과 기강을 세워 국가를 유지할 수 있다고 믿었던 것이다.

多侍 偎姑安否 目疾衰甫乎
但男子所可愼護 去惜目爲然
書來 知汝之病差可喜 古
不可不知耳
語云 之病加於小愈 須念此

6장

변괴 가득한 세상

밤사이 가내 무사하냐? 나는 체기가 있다. 체기에다 설사기까지 있는 것 같아 괴롭다. 오늘 새벽에도 일어나 『중용』의 의문 나던 곳의 뜻을 이해하니, 재미가 많다. 세변의 무궁함은 될 대로 내버려두고 이 한 가지 일을 즐기는 것으로 내 인생을 마감하기에 충분하다. 생전의 즐거움에 싫증 나지 않는 것은 단지 이것뿐이다. 12일 가서 삼학사서원과 청한자(김시습) 영정을 삼가 알현하고, 그 길로 좌촌에 가서 하룻밤 자고 돌아올 계획이다.

조병덕의 편지에 일관되게 흐르는 사연은 세변 즉 세상의 변괴다. 그의 눈에 들어오는 사회의 모습은 모두 변괴였고, 정상적인 모습은 없었다. 그는 '세변이 무궁하다.'고 말했다.

조병덕은 노론 화족華族의 후손이었다. 그의 조상은 11세 조존성으로부터 17세 그의 증조부 조창규에 이르는 7대 동안 화려한 지위를 누렸다. 그러나 그의 조부 조진대, 부 조최순, 조병덕 3대가 과거에 합격하지 못했기 때문에, 조최순은 서울 생활을 버티지 못하고 낙향하여 살게 되었고, 조병덕에 이르면 경제적으로도 몰락한 모습을 보여주고 있다. 벼슬자리가 없이는 물가가 높은 서울에서 살 수 없어 낙남落南했고, 낙남해서는 농사를 지었으나 농업을 경영해 본 경험이 없어 수익을 올리지 못했다. 게다가 양반으로서의 예의를 지키고 체면을 유지하기 위한 쓰임새는 줄이지 못했다. 결국 토지를 팔아 씀으로써 조병덕은 경제적 몰락의 길을 걷게 되었다.

가문의 몰락을 조병덕은 '교졸돌입사건'과 '화산사'에서 뼈저리게 느꼈다. 교졸돌입사건 때 그는 다음과 같이 말했다.

> 무자戊子(1828), 기축己丑(1829)년 사이에 삼계 우치牛峙 행랑에 도적놈 몇 명이 있었는데, 진영鎭營에서 관자關子를 내어 그들을 잡아갈 때 현감이 아버지에게 편지를 하고 또 사인士人 한 명을 시켜 먼저 들어가서 그 연유를 상세히 고하게 한 후, 우리 집 허락을 기다려 잡아갔다. 진교鎭校는 감히 대문 안에 들어오지도 못했다. 지금 현감은 미리 통기하지도 않고 몰래 관가의 장교로 하여금 진영의 교졸들과 함께 바로 중문中門 안으로 들어가게 했으니, 이러한 행위는 정말 천만 뜻밖이다.(7328)

불과 30년 사이에 일어난 큰 변화를 그는 경험으로 생생하게 말하고 있다. 삼대에 문과급제를 배출하지 못하면 몰락한다고 일반적으로 말해왔는데, 조병덕이 그 사례를 구체적으로 보여주고 있다. 경제적인 쪼들림과 벼슬아치의 멸시가 몰락의 구체적인 모습이었다.

동시에 조병덕가는 분열된 모습도 보여주었다. 서울에서 백여 명의 식솔들이 함께 생활했고, 삼계리에 낙남한 후에도 어른만 21명인 대가족이 노비 80여 명을 거느리고 살았는데, 이제 뿔뿔이 흩어진 자제들은 조병덕의 아버지 제삿날에도 아무도 오지 않게 되었다. 상포上浦에 있는 장조카 집에서 아버지 제사를 지내고 돌아온 조병덕은 말한다.

> 며칠 동안 너와 처자 별일 없느냐? 나는 그제 상포上浦에 갔다가 어제 오후 돌아왔다. 이실李室은 한 달쯤 몹시 앓다가, 지금은 의원 고효직高孝直의 약을 먹고 효험을 보아 조금 낫다고 한다. 새벽에 예전에 제사 지내던 마루에서 곡을 하니, 애통스럽기 그지없다. 오직 나 하나뿐이다. 아버지의 아들과 손자가 비록 많지 않지만, 이다지 쓸쓸한 것을 어찌 용납한단 말이냐? 더욱 마음이 아프다. 더욱 마음이 아프다.(6831, 18640212)

조병덕은 며느리 봉양을 따뜻하게 받아본 적이 없었다. 그에게는 며느리가 넷이 있었다. 큰며느리는 지참금을 두둑이 가져와, 조병덕도 그 돈을 융통해 쓰고 싶어 하는 것을 보면, 돈놀이를 한 것으로 보인다. 고부간 갈등이 심하여 시어머니를 쫓아낼 정도로 그녀는 억센 여자였다. 둘째 며느리는 남편이 첩을 여럿 거느린 탓에 첩에게 안살림의 주권을 빼앗기고 치여 살았다. 셋째 며느리는 맏며느리에게 버림받는 시부모를 정성껏 모실 정도로 착했으나 지병이 있었다. 게다가 무능한 남편을 만나 약 한 첩도 쓰지 못하는 형편이 되자, 조병덕이 친정으로 보내버렸다. 그는 셋째 며느리에게 늘 연민과 미안함을 갖고 있었다. 넷째는 양자 가서 조병덕의 노년에 결혼했기 때문에 넷째 며느리에 관한 언급은 거의 없다. 며느리 복이 없는 자신의 신세를 그는 다음과 같이 한탄한다.

> 기준의 처가 약을 토한 것은 토한 것이 아니고 일부러 토한 것이다. 그 위인이 몹시 근심스럽고 몹시 민망스럽지만, 나는 모르는 바이다. 소위 며느리란 것들이 그렇지 않은 것이 없으니, 이 어찌 세변世變이 아니냐? 내 가운家運과 내 신수身數가 아님이 없다. 네 형수, 네 처, 네 제수 중에 인륜의 도를 아는 자가 하나도 없는 것은, 모두 내가 자식 교육을 잘못했기 때문이 아님이 없다. 천하에 어찌 그런 괴상한 일이 있느냐? 너와 마주 앉아야 다 말할 수 있다. 다만 높이 날아 멀리 달아나 집에 있고 싶지 않을 뿐이다. 나아羅雅의 약을 다려낸 후 땅에 버리는데, 무슨 그런 일이 있느냐? 제가 이미 약을 먹지 않으려 하는 것을 소 만 마리의 힘으로도 돌이키기 어려우니, 편작扁鵲인들 무슨 소용이 있겠느냐? 내버려 둘 뿐이다.(7795, 18610216)

이러한 모습은 조병덕의 당내堂內(동성동본의 유복친有服親. 8촌 이내, 곧 한 고조부 밑의 일가)로 범위를 약간 넓혀보아도 확인할 수 있다. 1850년대 후반부터 조병덕이 계장契長이 되어 적극적으로 육성한 종계가 조병덕과 운명을 함께 했던 것이다. 조병덕이 죽기 3개월 전의 일기에는 다음과 같이 쓰고 있다.

종계가 이루어지지 않았다. 한 사람도 오지 않았고, 한 푼도 들어온 돈이 없다.(「일기」 기사년(1869) 10월 10일)

이러한 자신의 가家와 당堂의 모습을 조병덕은 '세상의 변고世變'라고 했다. 이 변고는 19세기 기호지방 양반가의 보편적 모습이라고 말하기는 어렵지만, 적어도 조병덕을 통하여 살펴본 19세기 조선사회는 더 이상 유교적 도덕이 실현되는 가부장적 사회가 아니었음을 알 수 있다.

조병덕은 곳곳에서 강한 신분의식을 드러내고 있다. 그의 신분의식은 그가 사용한 호칭을 통하여 엿볼 수 있다. 신분이 가장 높은 사람들을 사대부士大夫 그다음을 사부士夫라 부르고, 학문을 하는 사람을 사자士子라고 했다. 학문이 아닌 과거공부를 하는 양반을 반명班名이라 부르고, 남포와 그 인근의 토착 양반들을 향족鄕族, 또는 향품鄕品이라 불렀다. 그리고 행실이 단정하지 못한 양반이나 서얼을 지칭할 때는 이름 앞에 '소위所謂'라는 접두어를 붙였다. 농사일을 하며 평범하게 사는 상민常民을 평민平民이라고 한 반면, 양반을 능멸하거나 투전이나 잡기를 하는 상민을 그는 상놈常漢이라고 불렀다. 양반, 서얼, 평민, 노비 등으로 신분이 구분되는 것은 사람이 어떻게 할 수 없는 분수分數의 영역에 속한다고 그는 생각했다. 거기에다 그는 도덕적인 잣대를 더하여 사람을 평가했음을 알 수 있다. 그는 분수를 잘 타고난 도덕적인 양반이 사회를 지탱하는 기둥이 되어야 한다고 생각했다. 다시 말하면, 신분차별이 사회를 유지하는 장치라고 생각했던 것이다.

조병덕의 강한 신분차별에 서동생들은 자신들을 차별하지 말아달라고 요구하기도 했다. 그리고 서얼들을 종계에 가입시키지 않다가, 그들의 압력으로 하는 수 없이 허통하기도 했다. 이렇게 흔들리는 신분제에 대하여 그는 다음과 같이 말했다.

> 옥천沃川 형제는 어찌 진사進士의 서녀庶女로 하여금 전혀 적서를 구별하지 않게 하느냐? 이것이 비록 작은 일이지만 의리와 크게 관계가 있다. 가법家法이 선조를 따라야 한다는 것도 바로 이런 것을 말하는 것이다. 장래의 무궁한 우환도 여기서 생길 것이다. 이런 이야기를 들을 때마다 나도 모르게 한심해진다. 너희들은 무엇 때문에 이렇게 쉽게 가법을 바꾸느냐? 가법이 바뀌면 인사人事가 변하고, 변괴가 층층이 나온다. 그다음에는 어떻게 하려고 하느냐?(6467)

장조카 형제가 장희의 서녀, 즉 자신의 친손녀에게 적서차별을 하지 않는 것을 보고 개탄하고 있다. 신분 앞에는 혈육도 무시하는 냉정한 모습을 보여준다. 이러한 모습은 그에게 가장 가까운 사람의 하나인 서동생 병응秉應에 대한 태도에서도 보인다.

> 네 종형 형제가 응제應弟(병응)에게 늘 쓰는 편지에 쓰는 말이 지나치게 공손하다. 내가 우리 집안에서 보지 못한 것일 뿐만이 아니다. 노론과 소론의 조선 양반가에는 없는 일이다. 지금은 과거와 달리 새로운 예가 있어 그러는 것이냐? 조종조祖宗朝의 금과옥조와 양반가의 전래 가법에 없는 것이다. 이러다가는 무슨 일이 일어날지 모르겠다.(6123, 18570824)

장조카 형제가 자신의 서동생, 즉 서삼촌에게 쓰는 말이 지나치게 공손하다고 지적하고 있다.

그러나 장조카 형제의 태도에서 보듯이 신분차별은 현실에서 힘을 잃어가고 있었다.

> 죽목동竹木洞 득순得淳의 아들 선달先達 병오秉五가 달산達山에 와 여러 날 머물며, 선달·한량배·무뢰배 등을 모으고, 창부倡夫로 하여금 창가하게 하고, 날마다 술을 내어 성대한 연회를 하고, 남포 경내의 잡류는 모두 투전의 짝이 되며, 삼계에 사는 상놈도 몇이나 되는지 알 수 없다고 하니, 그것을 누가 금지하겠느냐? 그 밖에도 평민을 잡아와서 백주에 겁탈할 계획을 하는데, 위장衛將은 막지 않을 뿐 아니라 도리어 나쁜 짓을 교사하며, 소위 백성오白聲五도 그중에 뛰어든 지 오래되었다. 임사윤任士胤도 제집에 가다가 위장에게 붙잡혀 며칠 머물며 노름을 하고 술을 먹었다고 한다. 그래서 어제 해거름에 임사윤과 홍산 그의 집에 편지를 써서 보냈다. 위장 내외는 지금 무량사無量寺에 가고 없다고 한다. 병희의 처가 와서 '열흘가량이나 사랑에 술과 음식을 대는 것은 사람으로서 감당할 수 없는 일'이라고 하고, 내게 이르는 것을 병응과 병희는 도리어 싫어할 것'이라고 한다. 내 힘으로는 금지할 수 없으니, 삼계三溪가 장차 어떤 지경에 이를지 모르겠다. 사람들은 모두 '내가 가르친 것들'이라고 하니, 이것을 어떻게 하면 좋으냐?(6086)

서동생들이 주동이 되어 선달, 한량배, 무뢰배, 잡류, 상놈 등을 모아 악행을 저지르며 노는데도, 조병덕은 제지하지 못하고 있다. 그리고 돈놀이를 하며 전답을 사 모으는 상민들도 있었다.

> 우현牛峴 앞 서너 마지기 수전水田(무논)을 흥록興祿을 시켜 팔려고 하는데, 지금까지 근 수십일 동안 도무지 응하는 사람이 없다. 대개 그 동네는 전토田土가 아주 귀해서, 예전부터 파는 땅이 나오면 놓칠까 봐 밤에라도 나와서 샀다. 그런데 지금은 좌우로 관망만 하고 있다. 아마 세갑世甲, 업동業同 같은 놈들은 모두 양반이 돈을 빌려달라고 할까 보아, 돈이 있는 티를 내지 않으려는 것일 게다. 동산東山, 내기內基, 우치牛峙의 땅을 살 만한 자들도 모두 땅을 산다는 말을 하지 않으니, 세상에 어찌 이런 일이 있느냐. 형편상 하는 수 없이 농우農牛를 내다 팔려고 하지만 소값도 너무 헐하여 20냥도 채 안 되니, 시급히 쓸 돈과 노자를 어떻게 해결해야 하느냐?(6208, 18481023)

세갑과 업동 같은 부유한 상민의 돈을 조병덕은 빌려 쓰기도 했다. 아무리 양반과 상민의 신분이 다르다고 해도, 돈이 있고 없고의 차이도 현실적으로 무시할 수 없었을 것이다. 임술민란 후 그는 아들에게 말한다.

> 아무리 생각해봐도, 네가 영수永秀의 노奴를 잡아둔 것은 관가에 크게 인심을 잃은 것이며 시골에 크게 인심을 잃은 것이다. 너의 잘못이 늘 이러하니, 몹시 걱정이다. 이제부터 반드시 가슴 속에서 '양반' 두 자를 지우고, 오직 의리와 시비만 따지고 밝혀라. 최근에 난민이 변란을 일으킨 것을 어찌하여 거울로 삼아 경계하지 않느냐? 스스로 반성할 것이

> 아님이 없다. 어찌 남을 탓하겠느냐?(7667)

양반이라는 명색만으로는 더 이상 신분이 낮은 사람들을 억압할 수 없는 상황을 조병덕은 말하고 있다. 점점 허물어져가는 기존 질서를 끝까지 유지해보려고 안간힘을 쓰던 조병덕도, 대세의 변화에는 어쩔 수 없었을 것이다. 이것 또한 그에게는 '세상의 변괴'였다.

조병덕은 노년에 큰 사건 셋을 겪었다. 교졸돌입사건, 화산사, 조장희정배 등이 그것들이다. 이 사건들을 해결하기 위하여 그는 서울의 영향력 있는 지인들에게 사건의 진상을 알리며 그들의 도움을 기대했다. 특히 감영, 고을과의 갈등으로 발전한 교졸돌입사건의 경우, 보통 조병덕 정도의 학식과 덕망이라면 내포 일대의 향교와 서원에 통문을 돌려 유림의 여론을 조성함으로써 사건의 해결을 시도해볼 만한데도, 그는 그러한 생각은 전혀 하지 않고 있다. 그는 말한다.

> 남포에 어찌 사론士論이 있겠느냐? 향교와 서원 출입자는 모두 나하고 대립되어서 이 일을 걱정하지 않을 것이다. 하물며 향족鄕族 무리가 어찌 감히 마음이라도 먹겠느냐? 마침 부여 수천秀川 황黃 진사가 와서 만났는데, 당초에 이런 일이 있었는지도 모르더라. 또 화양동서원華陽洞書院, 황강서원黃江書院과도 서로 간여하지 않으니, 통문通文을 하지 말라고 할 필요도 없다고 했다. 유통儒通이라는 말은 들을 때마다 말리라고 극구 말했다.(6812)

그는 지방의 유림과 전혀 왕래가 없었다. 그 대신 그는 중앙의 정치력을 동원하여 사건을 해결했다. 그는 철저히 중앙지향적이었다.

교졸돌입사건 당시 충청감사 김응근은 김수항의 후손이었고, 남포현감 민병호閔秉鎬는 민정중閔鼎重의 후손이었다. 그들은 조병덕과 함께 대표적인 노론 가문의 후손들이었다. 안동 김씨가 권력을 독점하기 전, 노론의 단합이 공고하던 시절이었다면 애초에 아무런 문제가 되지 않을 일이었다. 그런데 김응근과 민병호는 조병덕을 무시해버렸다. 더욱이 남포현감 민병호는 조병덕의 항의 편지를 고의로 받지 않고, 관가의 하인을 보내어 조병덕을 개유開諭하게까지 했다. 조병덕과 그들 사이에 같은 노론이라는 동류의식은 전혀 찾아볼 수 없다. '노론'이라는 당색은 이미 의미가 없어졌음을 알 수 있다. 노론 세력이 공유하던 권력을 장동 김씨 일족이 세도정치를 통하여 독점했기 때문이었을 것이다. 이것 또한 조병덕에게는 변괴였다.

일찌감치 과거를 포기한 조병덕은 농사를 지어 생계를 해결할 수밖에 없는 처지였다. 그러나 그는 경제생활에서 현실감이나 긴장감을 보여주지 않고 있다. 무기력했을 뿐이다.

> 서울은 순전히 호전胡錢(청나라 돈)만 사용한다. 상평통보常平通寶를 보지 못했다. 이 부근은 그렇지 않다. 나는 반드시 호전을 쓰고 싶지 않기 때문에 일일이 가려낸다. 몹시 낭패스럽지만, 또한 어떻게 하겠느냐?(7575, 18690402)

돈에 쪼들려 편지마다 돈타령을 하면서도 오랑캐의 돈을 쓰기 싫어서 가려낸다는 말을 하고 있다. 쓰는 돈에까지 춘추대의春秋大義를 적용하고 있는 것이다. 이러고서 농장인들 경영할 수 있었겠는가? 농지는 줄어들고 지출은 늘어났다. 그는 그 부족분을 선물膳物과 증여贈與로 메울 수밖에 없었다. 수령으로 나가는 자제배는 예목전禮木錢, 제수전祭需錢, 요전料錢을 비롯한 각종 명목전을 종계와 조병덕에게 바쳐야만 했다. 수령의 가렴주구를 비난하면서도 그는 자제배가 보내주는 선물과 증여를 당연하게 생각하고 있었다.

> 종약宗約(종계의 약조) 중에 예목전禮木錢은 수령이 된 후 50일을 넘기지 않는다고 한 것은 감역監役이 직접 쓴 것이다. 겸희謙熙(조겸희는 조병덕의 백부 조의순의 서자 조병각의 아들로, 무과를 거쳐 공주 중군이 되었다)는 50일을 넘겼으되, 지난번 계모임에서 이자와 함께 바쳤다. 그런데 남원南原은 이 문제에 대하여 소식도 없으니, 어찌 겸희와 다른가?(7030)

수령으로 부임하는 자제배는 예목전禮木錢을 종계에 바치도록 종계의 약조에 규정한 것으로 보아, 이러한 각종 명목전을 바치는 것은 조병덕가에만 국한되지 않는 보편적 관례였던 것으로 보인다.

조병덕은 지필묵, 육촉, 부채, 책력 등의 일용품을 누구 못지않게 많이 사용했다. 이 일용품들의 조달 방법을 살펴보자. 종이는 사서 쓰기도 했으나, 주로 선물로 받았다. 붓은 선물로 받거나, 필공筆工이 와서 공임工賃을 받고 메었다. 조병덕이 쓴 진묵眞墨은 시장에서 구할 수 없어 선물에 의존했다. 육촉은 시장에서 산 적이 없고, 선물로 받거나 주로 만들어 썼다. 부채는 전적으로 선물에 의존했다. 책력은 선물로 받았고, 시장에서 사기도 했다. 단, 시장에서 파는 책력은 선물보다 질이 떨어졌다.

19세기 양반 유학자의 일용품은 대부분 선물에 의하여 조달되고 있었음을 볼 수 있다. 시장에서 구입한 것은 단 두 가지 종이와 역인데, 그것도 선물에 비하면 질이 떨어지는 것이었다. 이것은 무엇을 의미하는가? 그것은 실생활에서 시장경제가 차지하는 비중이 지극히 미미했음을 의미한다. 선물, 이른바 '도덕경제'가 시장경제의 발달을 강력히 억제하고 있었던 것이다.

조선시대 양반의 삶은 공公과 사私로 구분되어 있었다. 학문, 벼슬살이, 사회생활은 공에 속했고, 가정생활은 사에 속했다. 그들의 공은 훤히 드러나 있었던 반면, 사는 철저히 가려져 있었다. 그들은 말과 행동에 늘 공을 앞세웠기에, 평소의 말과 행동은 모두 공에 속하는 것이었다. 게다가 그들은 감정까지도 공과 사로 구분하고 있었다. 혹 사적인 감정이 드러날 경우, 반드시 '사적인'이라는 수식어를 앞에 붙였다. 가령 아버지가 돌아가시면 '사적으로' 슬펐고, 아들이 과거에 합격하면 '사적으로' 기뻤다. 조병덕 편지의 내용은 사적인 영역에서도 가장 내밀內密한 부분에 속한다. 그가 편지 끝에 이따금 '남의 눈에 띄게 하지 마라', '지승으로 만들어라', '태워라'라고 쓴 것은, 남이 보아서는 안 되는 사적인 내용이었기 때문이다.

조선 양반의 내밀한 편지가 양적으로나 질적으로 조병덕의 편지만큼 발견된 예는 없다. 이 편지의 내용은 어떠한 자료에서도 쉽게 찾아볼 수 없는 것들이다. 조병덕의 문집이 있지만, 거기에는 집안의 갈등이나 빚에 쪼들리는 이야기는 없다. 편집과정에 사적인 부분은 모두 삭제되어버렸기 때문이다. 덕분에 문집은 모두 학문적이고 사교적이며, 고매하고 점잖은 내용으로만 이루어져 있다. 조병덕의 편지가 남아 있지 않았다면, 19세기 양반가에서 며느리가 시어머니를 쫓아내는 이야기를 어디서 들으며, 19세기 조선의 대표적인 유학자가 밤낮 빚 걱정에 시달리는 모습을 어찌 상상이라도 할 수 있었겠는가?

조병덕의 편지를 통하여 살펴 본 19세기 조선사회의 모습이 결코 19세기 전체 조선사회의 모습을 반영한다고는 할 수 없다. 이 책은 19세기 기호지방의 한 사례일 뿐이다. 특히 영남지방은 많이 달랐을 것으로 보인다.

노론이 득세한 가운데 중앙 진출이 막히자, 영남 남인은 지역에 고립되고 말았다. 지역 내의 결속이 강화되어 몇몇 대표적 양반가들이 혼맥과 학맥으로 결속하여 지역사회를 유지했다. 조병덕을 통하여 보았듯이 지역의 결속력이 약했던 내포지역은 영남사회의 모습과 달랐던 것이다.

조병덕의 눈을 통하여 본 19세기 조선 사회가 암울하고 변괴로 가득한 사회였다고 해서, 그것을 부정적인 시각으로 볼 필요는 없다. 조병덕이 그토록 지키려고 애쓴 '유교적 도덕이 실현되는 가부장적 사회'는 더 이상 연명할 힘도 존재할 필연성도 없었다. 역사의 흐름은 이미 새로운 사회를 준비하고 있었다. 만약 조병덕의 반대편에 서서 19세기 조선 사회를 바라본다면, 조병덕이 '세상의 변괴'라고 한 갖가지 모습은 바로 새로운 사회를 모색하는 새로운 움직임이었다. 그리고 그 몸짓은 그 전 세대와는 비교가 될 수 없을 정도로 다양했음을 조병덕의 편지는 말해주고 있다. 바로 거기에 조병덕 편지의 가치가 있는 것이다.

편지선

非因當將任中一條付書不能 [illegible]

[illegible]

庚申七月十日

편지지를 바람개비처럼 돌리며 쓴 편지

이 편지의 글씨는 줄이 네 방향이다. 처음에 어중간한 곳에서 昨자로 시작하여 여백이 다하자, 종이를 시계 반대 방향으로 90도 돌려 已자로 시작하고, 또 같은 방식으로 屬자로 시작하고, 다음에 死자로 시작하여 여백이 다하자 뒷면으로 이어진다.

예의를 갖추어야 하는 어려운 사람에게 보내는 편지는 미리 전체 내용을 구상하여 종이와 내용을 맞추겠지만, 편한 사람에게 쓰는 편지 특히 아들에게 쓰는 것은 그렇게 하지 않았다. 쓰다 보면 할 말이 자꾸 떠오르기 마련이어서 자연스레 이런 양식이 생기게 되었다. 한두 번 돌리며 쓴 편지가 17세기부터 보이기 시작하는데, 19세기에 오면 보다시피 이렇게 심해졌다. 이것을 보고 조선시대 지식인의 무계획성을 엿볼 수 있는 한 단면이라고 비판하는 사람도 있다.

昨因篁城任中一便付書 不致喬沈則幸矣 其前洞内錦商松京人便所付 或傳覽 而今又聞李子明謂有笠峴可付便 兹付數字耳 未委長霖汝兄弟妻子俱無他恙否 爲念不已 齋洞及陜川宅大房諸節何如 而楓溪參奉家亦無事否 禮述凡百近果何如 生凉後與起俊同來可也 此説前已累言之 今不更煩 諒之也 南原初九日專人 送二十兩錢 是昨年之例也 吾所請生干 謂送二斗 而化爲烏有先生 其下隷人心 可知 而南原謂 任怨革弊 可以有辭於京中諸公云矣 又往錦山 留七八日 治送喪行云 而汝長兄亦欲往舒川驛村會下云 彼雖死 而勝於吾之回甲矣 炎凉世態 自如是也耶 吾則幸而不塡溝壑 而自失舊林李老人後 無與接談者 此亦窮命所累 惟願早早屬纊善還造化舊物而已 更無他世念也 篤信好學守死善道八字 雖晝夜誦念 而有愧於心者 多矣 士生衰末 無一事可樂 三淵先生眞先獲語也 徐孺子 躬自耕稼 非其力不食 常所願學 而不能者也 老洲先生每稱孺子事而曰 是何等高風 每從卷裡緬仰歎賞 而恨吾之未能也 世之許多熙穰炎劫 摠是皆有分外之願欲也 苟使人人各存得自食其力之義 何患乎民風世道之不與三古並

也 淵翁云 世間萬事 盡屬虛僞 惟春日野田叱牛躬耕者 差强人意 學者務實 當如此 老洲先生又每擧此以敎之曰 余誠有味乎斯言也 又曰 今世眞士夫當於朝耕夜讀人中求之 吾之定居於鄕者 專爲此也 而汝兄弟無一箇知我心者 不讀書不安分 惟學世之利往利來者樣子 而畢竟有命存焉 不可容一毫人力 則無益徒取辱也 固窮安分四字 貼在額上 死則死生則生 可也 而儒選一事 爲吾大累 所以被前監司前本官之侵辱恐喝者也 又若不居三溪 則必免此患 而自反多愧者 此也 夫誰怨尤也 汝輩又能體我心 而從事於聖門文行忠信四敎 則吾雖死 亦無恨矣 而四箇兒都是厭讀書喜趨俗也 爲之奈何 千思萬量 千技百巧都無益也 惟自反自責而已矣 連三月霖雨 百穀俱病 所謂旱田已判大無 水田亦將無禾 無衣無食 民將盡劉 奈何奈何 汝之勸我促我以弔慰者 吾未免趁卽書送 而更思之 吾之事 可謂大段可咲者也 校洞大臣 則前未嘗相慰以服制 而今旣有往復 則不得不慰問 錦山之夭也 而至若李鍾愚 則此台曾所親知者 而其內又我老洲先生之孫女也 而委送訃書 則不可無慰問 而其子則不知 故不唁 此則或可也 而亦係太汲汲矣 洪鍾序則爲其查頓 向我說出惡言 而蔑視我 則全不念前日之情者也 況初不傳訃 而我何以急急弔問耶 雖以汝言爲之 而思之又思 疎忽妄擧之大者 悔之莫及 此豈非見侮之大者耶 在前監役使我弔問於南秉哲者 又是大失着也 悔之莫及 而今又因汝而做錯 可嘆可嘆 前監司侮辱時 監役之僞造呈單草 送于金相興根者 非士子之事也 又其後僞造黃尹許書者 皆未免畏禍 而亦是大失錯也 此後則必勿如是 日後雖有金應根閔秉鎬千百輩 更來侮辱甚於年前 而只當自反自修而已 而不可作此等擧措也 宋近洙事 何必向人說不好說也 比之於金

閔 則不啻泰山之於毫末也 何足怒乎 必勿掛口 可也 大抵此是吾之自取也 曉起 火下草草 不一一

庚申七月十四日 父

起俊同覽

監役許不得各書 又續當有便

吾之所憂不在於汝輩之不得科宦 而最可悶者 有在汝輩皆不識仁義爲何物名檢爲何事 則於其親已有物我 將來何樣人耶 夫以沙溪先生之敎 而栗谷落髮之說 出於其子 則他尙何說 然而沙溪 則愼獨齋能繼其業 卓然爲我東名家 而我旣無沙溪之學 而後承又如是 則吾之家事 從可知也 豈非痛嘆者耶 目前假使科宦 無文無行 其能保家耶

어제 황성篁城 임중일任中一 편으로 부친 편지, 중간에 없어지지 않았으면 다행이다. 그 전에 동네 비단장사 개성 사람 편으로 부친 편지는 혹 받아보았으리라 생각한다. 이제 또 이자명李子明이 입현笠峴에 편지 부칠 만한 인편이 있다고 해서 몇 자 써 부친다. 오랜 장마에 너희 형제와 처자 모두 별 탈은 없는지 몰라, 마음을 놓을 수 없다. 재동齋洞과 합천댁 큰방의 여러 안부는 어떠하며, 풍계楓溪 참봉집도 무사하냐? 예술禮述의 모든 안부는 요즘 어떠하냐? 날씨가 서늘해지면 기준起俊과 함께 와야 한다. 이 말은 전에 누누이 설명했기에 다시 번거롭게 설명하지 않으니, 헤아리기 바란다. 남원南原이 9일 전에 전인專人을 시켜 돈 20냥을 보냈는데, 이것은 작년의 예전例錢이다. 내가 청한 생간生干(생강) 두 말을 보내겠다고 하고는 없는 일이 되었으니, 그 아래 아전들의 인심을 알 수 있다.

그리고 남원이 말하기를 "백성의 원망을 들어주고 폐단을 혁파해야 서울에 있는 제공諸公께 말을 할 수 있다."고 했다. 또 "금산錦山에 가서 7, 8일 머물다가 상행喪行을 갖추어 보낸다."고 했는데, 네 장형도 "서천舒川 역촌驛村의 장례식에 가고 싶다."고 하는구나. 그가 비록 죽었어도 내 회갑보다도 낫다. 권세와 이익에 따라 움직이는 세태가 이러한 것인가? 나는 다행히 죽어 골짜기에 버려지지 않았으나, 동림洞林 이李 노인을 잃고 나서 더불어 이야기할 사람이 없으니, 이것 또한 박복한 운명 때문이다. 일찍 죽어 조물주의 옛 물건으로 잘 돌아가기를 바랄 뿐, 세상에 대한 다른 생각은 없다.

"'독신호학수사선도篤信好學守死善道'("성인의 가르침을 굳게 믿고 배우기를 좋아하며, 죽을 각오로 바른 길을 지킨다."(『논어』「태백」) 여덟 자를 밤낮 외며 생각하지만, 마음에 부끄러운 점은 많다. 학자가 말세에 태어나서 즐거운 일은 하나도 없다."고 하신 삼연三淵(김창흡) 선생의 말씀은 정말 내 마음을 먼저 표현한 것이다. 서유자徐孺子(동한 서치)는 몸소 농사를 짓고 자기가 농사지은 것이 아니면 먹지 않았으며, 늘 공부하기를 원했으나 공부할 수 없었다. 노주 선생께서 늘 유자孺子의 일을 칭찬하여, "이런 고상한 풍격風格이 어디 있겠는가? 책에서 보고 늘 멀리 우러러 감탄하고 칭찬하지만, 내가 그렇게 하지 못해서 안타깝다. 세상에 허다한 이익과 권세를 따라 부산하게 오고 가는 것은 모두 분수 밖의 욕심 때문이다. 진실로 사람마다 각각 자기 노동으로 먹고사는 의미를 지켜 실천하게 한다면, 백성의 풍속과 사회의 도덕이 삼고三古와 같지 않다고 어찌 걱정할 필요가 있겠는가?"라고 하셨다. 삼연三淵 선생께서는 "세상만사는 모두 허위다. 오직 봄날 들에서 소를 부리며 직접 밭 가는 일만이 사람의 뜻을 약간 강하게 한다. 학자가 실제적인 일에 힘씀이 이와 같아야 한다."고 하셨다. 이 말씀을 노주 선생께서도 예로 들어 가르치시며 "나는 정말 이 말씀에 맛을 느낀다."고 하셨고, 또 "지금 세상의 참된 사대부는 조경야독朝耕夜讀하는 사람 가운데 구해야 한다."고 하셨다.

내가 고향에 거처를 정한 것은 오직 이것을 위해서였다. 그런데 너희 형제 중 내 마음을 아는 자는 하나도 없고, 독서하지 않아 불안하면 오직 이익만을 쫓아 오고 가는 것을 배우지만, 이익에는 반드시 운명이 존재하여 사람의 힘을 털끝만큼도 용납하지 않으니, 이익은 없고 헛되이 모욕만 당할 뿐이다. '고궁안분固窮安分〔곤궁함을 고수하고 분수에 만족한다.〕' 네 자를 이마에 붙이고 죽으면 죽고 살면 사는 것이 옳다.

그리고 유선儒選 한 가지 일도 나에게 크게 누가 되는 것은, 전 감사와 전 본관이 나를 능욕하고 나에게 공갈했기 때문이다. 또 만약 삼계三溪에 살지 않으면 이런 화는 반드시 면하겠지만, 이 일 때문에 스스로 반성하여 부끄러움이 많다. 누구를 원망하고 누구를 허물하겠느냐? 너희들이 내 마음을 체득하여 성인(공자)의 '문행충신文行忠信' 네 가르침을 힘써 배우면 나는 비록 죽어도 한이 없으련만, 네 아이가 모두 독서는 싫어하고 세속을 따르기를 좋아하니 무슨 수가 있겠느냐. 아무리 생각하고 아무리 기교를 부려보아도 도움이 되지 않는다. 오직 스스로 반성하고 스스로 책망할 뿐이다.

석 달 연이은 장마에 모든 곡식이 병이 들어, 소위 밭농사는 이미 큰 흉년임이 판명되었고 논농사도 수확이 없을 것이다. 옷이 없고 양식이 없어 백성이 모두 죽게 되었지만, 무슨 수가 있겠느냐.

네가 조위弔慰하라고 나에게 권하고 나를 재촉하여 내가 하는 수 없이 진즉 편지를 써서 보냈으나, 다시 생각하니 나의 일이 대단히 가소롭다고 할 수 있다. 교동校洞 대신은 전에 서로 위문한 적이 없으나, 복제服制 때문에 지금은 이미 왕복했으니 금산錦山의 요절에 위문하지 않을 수 없다. 이종우李鍾愚 대감은 전부터 직접 아는 자이며 그 부인이 또 내 노주老洲 선생의 손녀다. 그래서 직접 부고를 보내면 위문을 하지 않을 수 없으나, 그 아들은 모르므로 위문하지 않아도 괜찮은데 너무 급급했던 것 같다. 홍종서洪鍾序는 그 사돈 때문에 나에게 악담을 하고 나를 멸시했으니, 전날의 정을 전혀 생각하지 않는 사람이다. 게다가 당초에 부고도 전하지 않았는데, 내가 무엇 때문에 급급히 조문을 했어야 하느냐? 네 말을 듣고 조문은 했다만, 생각하고 생각해봐도 크게 엉성하고 경망한 거동이어서 후회막급이다. 이것이 어찌 크게 모욕당하는 것이 아니겠느냐. 전에 감역監役이 나에게 남병철南秉哲이란 자에게 조문하게 했는데, 그것도 큰 실착이었다. 후회막급이다. 이제 또 너 때문에 주책을 저지르니 한탄스럽다.

전에 감사가 나를 모욕할 때 감역이 정단초呈單草를 위조하여 김흥근金興根에게 보낸 것은 사자士子가 할 일이 아니다. 그 후에 황윤黃尹에게 보낸 편지를 위조한 것도 모두 무서운 화를 면할 수 없으며, 큰 실착이다. 이 다음에는 절대로 그러지 마라. 후에 김응근金應根과 민병호閔秉鎬의 수많은 무리가 다시 와서 모욕함이 연전보다 심해도 스스로 반성하고 스스로 닦을 뿐, 그런 행동거지를 해서는 안 된다. 송근수宋近洙의 일에 대하여 하필이면 좋지 않은 이야기를 남에게 하느냐? 김응근과 민병호에 비하면 태산에 털끝만큼도 되지 않는다. 어찌 분노할 일이겠느냐?

입에 올리지 않는 것이 좋다. 대저 이것은 내가 자초한 일이다.

새벽에 일어나 불 밑에서 대충 쓰고 이만 줄인다.

1860년 7월 14일 아버지. 기준起俊이도 함께 봐라.

감역에게는 따로 편지 못 썼다. 또 연이어 인편이 있을 것이다.

나의 걱정은 너희들이 과거에 급제하지 못하여 벼슬을 얻지 못하는 데 있지 않다. 인의仁義가 무엇인지 명예와 법도가 무엇인지, 너희들이 모두 모르는 것이 가장 걱정스럽다. 부모에 대하여 벌써 남과 나로 구분하니, 장차 어떤 인간이 되겠느냐? 사계沙溪(김장생) 선생의 가르침으로도 그 아들의 입에서 율곡栗谷이 머리를 깎았다는 말이 나오는데, 다른 사람에 있어서는 무슨 말 할 필요가 있겠느냐? 그런데 사계의 경우는 신독재愼獨齋(김집)가 그 학문을 이어 조선의 두드러진 명가가 되었으나, 나는 이미 사계만 한 학문도 없고 자식들이 또한 이러하니 내 집의 앞날은 이것으로도 알 수 있다. 어찌 통탄할 일이 아니냐. 설령 목전에 과거에 급제하여 벼슬을 한다고 해도, 문장이 없고 행실이 없으면 집안을 보존할 수 있겠느냐?(6126, 18600714)

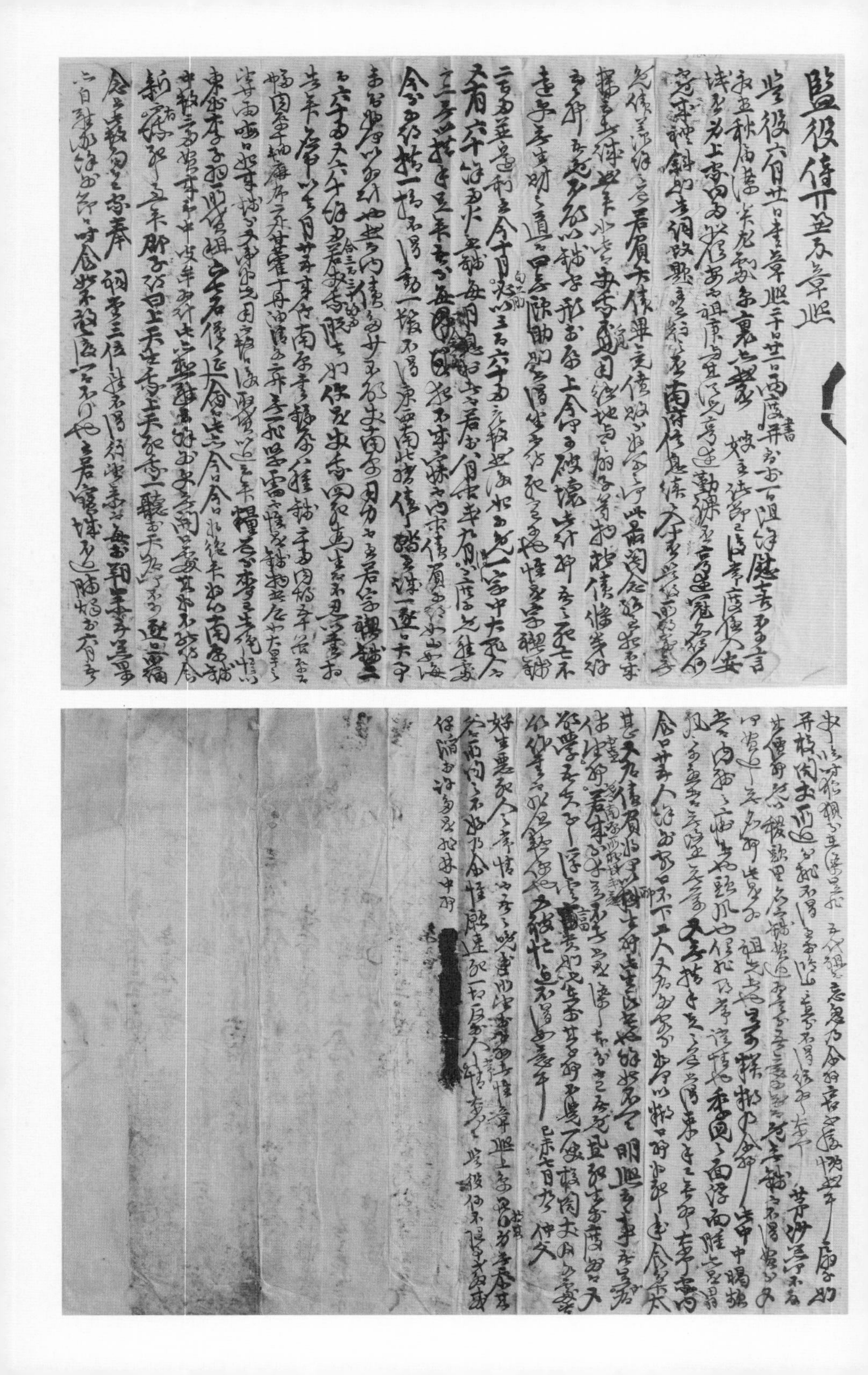

監役侍史 並各草迎

監役六月廿日書草迎 三十日廿一日兩度[illegible]

[illegible]

己未七月九日 仲父

[illegible]

監役侍丌 兼示章煕

監役六月卄一日書 章煕二十日卄二日兩度書 幷到於一日 阻餘慰喜不可言 夏盡秋居 潦炎尤劇 京裏亦然否 嫂主諸節 已復常度 優入安域否 身上家内 兩處俱安 而祖庚與其從兄亨達 勤課否 亨達冠名謂何 而旣成禮斜 則告詞改題主 已行之否 南府信息 續續入聞否 監役所謂 萬無免債羨餘之道 若負大債 畢竟僨敗 則將若之何 此最關念殆至夜不成寐云者 誠然矣 如此而使我覓用紙地與扇子等物 報債條幾許云云耶 吾旣不欲以錢字形於紙上 今何可破壞此計耶 吾之死亡不遠 更無生財之道 而四無顧助 則只得坐而待死而已 可也 惟是宗稧錢二百兩並邊利 至今十月旬前 必以三百六十兩充數 然後始可免一宗中大罪人 而又有六十餘兩火急錢每月息利者 而若於八月間或九月得之 則庶可免難處 而亦無以措手足矣 吾則每一念至夜不成寐而内間債負 可謂如山如海 今則可謂 措一指不得 動一髮不得 東西南北督債之踏至 誠一逐日大事 未知將何以爲計也 然而内債多少 不欲使南原用力 而至若宗稧錢三百六十兩 又六十餘兩 合三百三十餘兩 若使我脫去 則便是使我回死爲生 而不忍以書相告矣 應弟以去月卄五來傳 南原書錄紙八種 錢二十兩 肉燭五十 簡紙百幅 周紙十軸 麻布二疋 甘藿十丹 油淸各二升 無一非緊需 而惟是錢物 苦企如大旱之望甘雨 晦日始來錢 則又衛將先用 而數日後取貸以送云矣 糧道則麥已告絶 惟以東谷李子羽所貸租六七石 僅僅延命 而此亦今日今日將絶矣 將以南原錢中數三兩 買來市中皮牟爲計 此亦極難云 餘外更無開口處 其將不能待食新 而有餓死之慮矣 邵子詩曰 上天生我 上天死我 一聽於天 有何不可 逐日所誦念 只此數句而已 家奉祠

堂三位 雖不得行望參 而每於朔參五器 果亦自難辦 餘外節日時食姑不敢廢一而不行也 至若寶城不送脯燭於六月吾 使之臨時狼狽 則在渠豈非五代祖 而忘忽乃爾耶 竊不勝慨然耳 扇子 則幷校閣丈所送 分排不得 至於鴻山山直 則不得給 爲之奈何 茅沙器 何不示其價耶 旣以稷頭里名下錢貿送爲言 則吾意可知 而旣無錢而不得貿 則又何貿送之無名耶 此是爲祖先者也 豈可糢糊乃爾耶 此中中暍頻苦 而內病之痢患也 頭風也 俱非尋常證情也 季兒之面浮面腫 亦是胃風之可憂者 而無醫無藥 又無措手足之道 只得束手已矣 爲之奈何 家內食口卄五人 餘外客口不下二人 又有外客 則將何以糊口耶 將死之年食貧太甚 又有債負 將何以聊生耶 此生良苦也 餘姑不一一 明熙云云事 吾豈敢有倖望於此世耶 旣有南原所報 故或意若成則 幸矣 不者 只是渠之本分而已 吾旣置死生於度外 而又欲學吾夫子之浮雲富貴 則況在於其子耶 不覺一笑 校閣丈及各處 皆欲作書 而非但轉便也 又被忙迫 不得如意耳

己未七月九日 仲父

好生惡死 人之常情 而吾之晩年所望於子孫者 惟章熙上京 善持其身無忝其父 而所聞之不好乃爾 惟願速死 一切反於人之常情 奈何奈何監役何不隨事敎戒 俾陷於許多是非林中耶

감역監役의 6월 21일 편지와 장희章熙의 20일, 22일 두 편지가 모두 소식이 뜸하던 차에 와서, 위로와 기쁨이 말할 수 없다. 여름이 다하고 가을이 되었어도 폭염이 더욱 극심한데, 서울도 그러하냐? 형수님께서도 평소의 건강을 회복하여 걱정을 건너 안심할 상태에 이르렀느냐? 너와 집안 모두 평안하며, 조경祖庚과 그 종형 형달亨達은 열심히 공부하느냐? 형달의 관명冠名은 뭐라고 했으며, 이미 예사禮斜(예조에서 양자를 허가하여 주는 문서)가 이루어졌으면 사당에 고하고 신주는 고쳤느냐? 남원 소식은 계속 듣느냐? 감역이 이른바 "빚을 면하고 돈을 모을 길이 만무합니다. 큰 빚을 지면 필경 망하고 마니, 장차 어떻게 합니까? 이것이 가장 걱정이라, 밤에 잠이 오지 않습니다."라고 한 것은 정말 그렇다. 그런데도 나에게 종이와 부채 빚 갚을 돈 얼마를 찾아 쓰라고 하느냐? 나는 이미 '돈 전錢자'를 종이에 쓰지 않으려고 결심했는데, 지금 어떻게 그것을 깰 수 있겠느냐? 나는 죽을 날이 멀지 않고 재물이 생길 길이 없는데, 도와주는 사람이 전혀 없으니 앉아서 죽음만을 기다리는 것이 옳다. 오직 이 종계전 200냥과 이자, 합하여 360(260)냥을 올해 10월 10일 전까지 채운 후에야 비로소 한 종중宗中의 큰 죄인이 됨을 면할 수 있다. 또 매월 이자가 붙는 화급전火急錢(이자가 높은 급전) 60냥이 있는데, 그 돈을 8월이나 9월에 구하면 난처함은 면할 수 있으나 손을 쓸 수가 없다. 늘 한 번씩 생각이 날 때마다 밤에 잠을 이루지 못하지만, 안방의 부채는 산 같고 바다 같아서 이제는 손가락 하나 꼼짝할 수 없고 머리카락 하나 꼼짝할 수 없다. 동서남북 혼채婚債(혼례 빚) 독촉은 끊이지 않아, 날마다 치르는 큰일이다. 장차 어찌해야 좋을지 모르겠다. 안방 빚은 남원으로 하여금 힘을 쓰게 하고 싶지 않다. 그러나 나로 하여금 종계전 260냥과 또 60여 냥 합한 330여 냥의 빚을 벗게 해주면, 이것은 나를 기사회생시키는 것인데, 차마 편지로 쓸 수 없다. 응제應弟가 지난달 25일 와서 남원南原의 편지와 녹지錄紙 8종, 돈 20냥, 육촉 50자루, 편지지 100폭, 두루마리 종이 10축, 삼베 2필, 미역 10단, 참기름과 꿀

각 2되 등을 전했다. 어느 하나 긴요하지 않은 것이 없으나, 오직 돈만을 고대하기를 가뭄에 단비 기다리듯 한다. 그믐날에야 비로소 온 돈은 또 위장衛將이 먼저 쓰고 수일 후 빚을 내어 보낸다고 한다.

양식으로 말하면, 보리는 벌써 떨어졌다. 오직 동곡東谷 이자우李子羽에게 꾼 벼 예닐곱 석으로 근근이 연명하는데 이것도 오늘내일 끊어지려 한다. 남원南原이 보낸 돈 중 서너 냥으로 시장에서 피보리[皮牟]를 살 계획이지만, 이것도 몹시 어렵다고 한다. 그밖에 다시는 입을 떼어볼 곳이 없으니, 햇곡을 먹을 때까지 기다리지 못하고 굶어 죽을까 걱정이다. 소자邵子(송宋 소옹邵雍)의 시에 "하늘이 나를 낳고 하늘이 나를 죽이니, 오직 하늘의 말만 들으면 안 되는 일이 어디 있으랴?"고 했는데, 날마다 읊고 생각하는 것은 이 몇 구절뿐이다. 집 사당에 모신 세 분 조상 신위에 망참望參을 행하기는커녕 삭참朔參 다섯 그릇도 마련하기 힘들며, 그밖에 절일의 시식時食도 감히 하나라도 폐하고 행하지 않아서는 안 된다. 보성寶城이 6월 5일(5대조 규빈奎彬의 기일)에 쓸 포脯와 촉燭을 보내지 않아 제사 임박하여 낭패를 보았다. 저에게도 5대조가 되는데 어찌 그리 소홀할 수 있느냐? 분노를 누를 수 없다. 부채는 교합장校閤丈이 보낸 것과 함께 분배했는데, 홍산鴻山 산지기에게는 미치지 않아 주지 못했다. 그것을 어떻게 하면 좋으냐? 모사茅沙 그릇은 왜 그 값을 보내지 않느냐? 이미 직두리稷頭里 명하전名下錢으로 사 보내라고 했으면 내 뜻을 알았을 터인데도, 이미 돈을 보내지 않아 사지 못했으면, 왜 사 보내겠다는 말은 없느냐? 이것은 조상을 위한 것이다. 어찌 그리 흐리멍덩할 수 있느냐? 나는 더위를 먹어 자주 괴로우며, 속병인 설사와 두풍頭風도 모두 심상치 않은 증세다. 막내 아이의 얼굴 붓는 것과 얼굴 부스럼 역시 위풍胃風이라 걱정스러우나, 의원도 없고 약도 없으니 어찌해 볼 도리가 없어 팔짱만 끼고 있을 뿐이다. 무슨 수가 있겠느냐? 집안 식구는 25명이고 그 밖에 객구客口도 최소 2명이며 게다가 외객도 있으니, 무슨 수로 입에 풀칠이라도 하겠느냐? 곧 죽을 나이에 먹는 것이 초라하기 짝이 없고 부채까지 있으니, 장차 무엇을 의지하고 살겠느냐? 인생이 정말 괴롭다. 나머지는 이만 줄인다. 명희明熙 문제로 이러쿵저러쿵하는 일은, 내가 어찌 이 세상에 요행을 바라겠느냐. 이미 남원이 알려준 바가 있는데, 만약 성사되면 다행이다. 그렇지 않으면 단지 그 아이의 본분일 뿐이다. 나는 이미 생사를 개의치 않으며, 또 공자가 부귀를 뜬구름처럼 여긴 것을 배우려 하는데, 하물며 자식에 있어서이겠느냐? 나도 모르게 웃음이 나온다. 교합장과 각처에 모두 편지를 쓰려 했으나, 전편轉便일 뿐만 아니라 바쁘고 쫓겨서 뜻대로 쓰지 못했다.

1859년 7월 9일 중부仲父

삶을 좋아하고 죽음을 싫어하는 것이 인지상정이나, 내가 만년에 자손에 대하여 바라는 것은 오직 장희가 상경하여 몸가짐을 잘하여 아비를 욕되게 하지 않는 것인데, 소문이 그렇게 좋지 않으니 인지상정을 거슬러 오직 빨리 죽고 싶을 뿐이다. 무슨 수가 있겠느냐? 감역은 왜 일에 따라 장희를 가르쳐 경계시키지 않아 허다한 시비의 숲속에 빠지게 하느냐?(6537, 18590709)

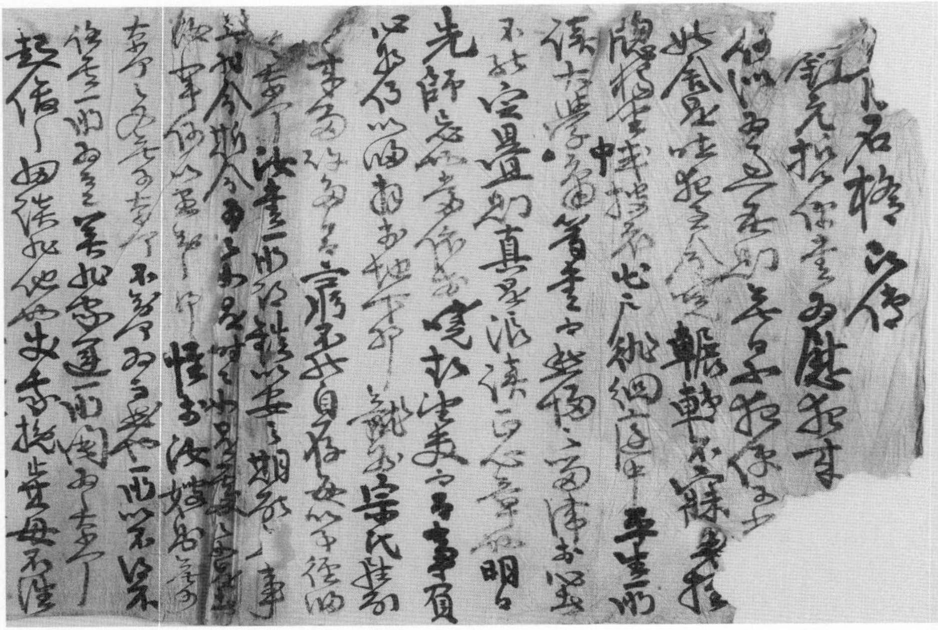

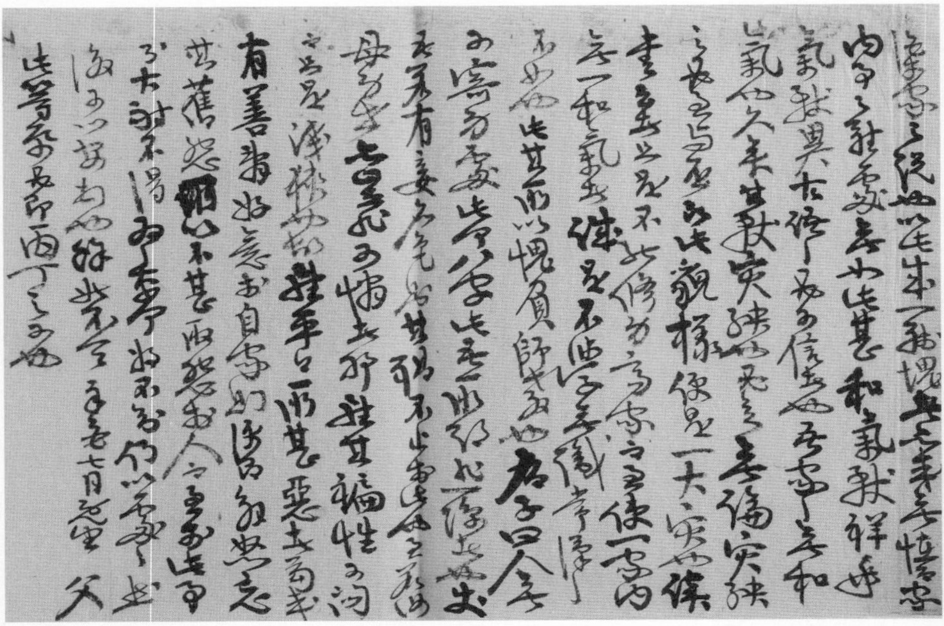

青石橋卽傳

劉元哲便書爲慰 夜來○○○何似 爲慮 吾則無日不夜便 可苦○○姑舍是 昨夜至今曉 輾轉不寐 或推窓獨坐 或披衣出户 徘徊庭中 平生所讀大學中庸等書 而愁惱之留滯於心者 不能定疊 則眞是浪讀正心章也 明日先師忌也 當依前曉起望哭 而百事負心 將何以歸拜於地下耶 龍谷宗氏 雖欲招來 留許多日 而窮不能自存 每以事徑歸 爲之奈何 汝書所謂鎭以安之 期欲無事者 非今斯今 事事如是 時時如是 處處如是者 汝輩何以盡知之耶 惟於汝嫂 則無可奈何之 又無可奈何不知何爲而然也 所以不得不任其所爲而已 莫非家運所關 爲之奈何起俊之細談非他也 使我挽止其母 不往渠家之說也 以此成一病塊者亦或無怪 而家内事事難處 無如此甚 和氣致祥 乖氣致異 古語之必可信者也 吾家之無和氣也 久矣 其致災殃也 必矣 無論災殃之必至與否 卽此貌樣 便是一大災也 讀書云者 只是不能修身齊家 而至使一家内無一和氣者 誠是不學無識常漢之不如也 此其所以愧負師敎也 有子曰 人無可寄身處 此何八字 此吾所謂悲凉者也 使吾若有妾名色 則其禍不止於此也 至若汝母身世 亦豈非可憐者耶 雖其褊性可悶 而只是淺狹也 故雖平日所甚惡者 苟或有善辭好意於自家則便卽解怒忘其舊怨 所以不甚取怨於人 而至於此事 則大耐不得 爲之奈何將不知何以處之然後 可以安頓也 餘姑不一一

辛酉七月旣望 父

此等紙 必卽丙丁之 可也

청석교에 즉시 전한다.

유원철劉元哲 편으로 보낸 편지 보니, 위로가 된다. 밤새 안부는 어떤지 궁금하다. 나는 밤에 변을 보지 않는 날이 없어 괴롭다. 게다가 어젯밤부터 오늘 새벽까지 뒤척이며 잠들지 못하고 혹 창을 열고 우두커니 앉았거나, 혹 옷을 풀어헤치고 문을 나가 뜰을 배회했다. 『대학大學』, 『중용中庸』을 평생 읽고도 마음속 근심과 고뇌를 안정시키지 못하니, 「정심장正心章」을 정말 건성으로 읽은 것이다. 내일은 돌아가신 선생님 제삿날이다. 전에 하던 대로 새벽에 일어나 망곡望哭을 해야 된다. 모든 일이 뜻대로 되지 않으니, 장차 무슨 수로 지하에 돌아가 뵐 수 있겠느냐? 용곡龍谷 종씨를 불러와서 여러 날 머물게 하고 싶지만, 그도 곤궁하여 자립하지 못하고 늘 일 때문에 바삐 돌아가니 무슨 수가 있겠느냐?

네 편지에 이른바 '눌러서 안정시키고 기필코 무사하기를 바란 것'이 어제오늘의 일이 아니다. 일마다 그러하고, 때마다 그러하고, 곳곳에서 그러한 것을, 너희들이 어찌 다 알겠느냐? 오직 네 형수에 대해서는 어찌할 수가 없고도, 또 어찌할 수가 없다. 무엇 때문에 그러는지 모르겠다. 그래서 하는 수 없이 제 하는 대로 내버려둘 뿐이다. 가운家運이 걸린 것이지만 그것을 어찌하겠느냐? 기준의 잔말은 다름이 아니라, 제 어머니가 제집에 오지 않도록 나더러 말리라는 이야기다. 이것 때문에 병 덩어리가 생긴 것은 그만두고라도, 집안일의 어려움이 이보다 심할 수가 없다. '화목한 분위기는 복을 부르고, 사악한 분위기는 재앙을 부른다.[和氣致祥 乖氣致異]'는 한漢 유향劉向의 옛말은 반드시 믿을 만한 것이다. 우리 집에 화기和氣 없어진 지가 오래되었다. 그것이 재앙을 부를 것은 뻔하다. 재앙이 반드시 오든 안 오든, 지금 이 모양이 바로 하나의 큰 재앙이다. 독서했다고 하는 자가 수신제가修身齊家를 못 하여 한 집안에 화기 하나 없게 했으니, 정말 불학무식한 상놈보다 못하다. 이것은 선생님의 가르침을 부끄럽게 저버린 것이다. 유자有子가 '사람이 몸을 의탁할 만한 곳이 없으면, 그것은 무슨 팔자인가?'라고 했는데, 내가 바로 이른바 '팔자가 슬프고 처량한 사람'이다. 나에게 첩 명색이라도 있었으면, 그 화는 여기에 그치지 않았을 것이다. 네 어머니 신세 또한 어찌 가련하지 않으냐? 비록 그 성격이 편협하여 걱정이지만, 단지 얕고 좁을 뿐이다. 평소 몹시 미워하던 사람이라도 자기에게 진실로 좋은 말로 호의를 보이면, 즉시 노여움을 풀고 지난날의 원한을 잊는다. 그래서 다른 사람에게 심한 원망을 듣지 않는다. 그러나 이 일에 이르면 크게 참을 수가 없으니, 무슨 수가 있겠느냐? 어떻게 처리해야만 안돈시킬 수 있을지 모르겠다. 나머지는 이만 줄인다.

1861년 7월 16일 아버지

이 편지는 반드시 즉시 태워야 된다.(6233, 18610716)

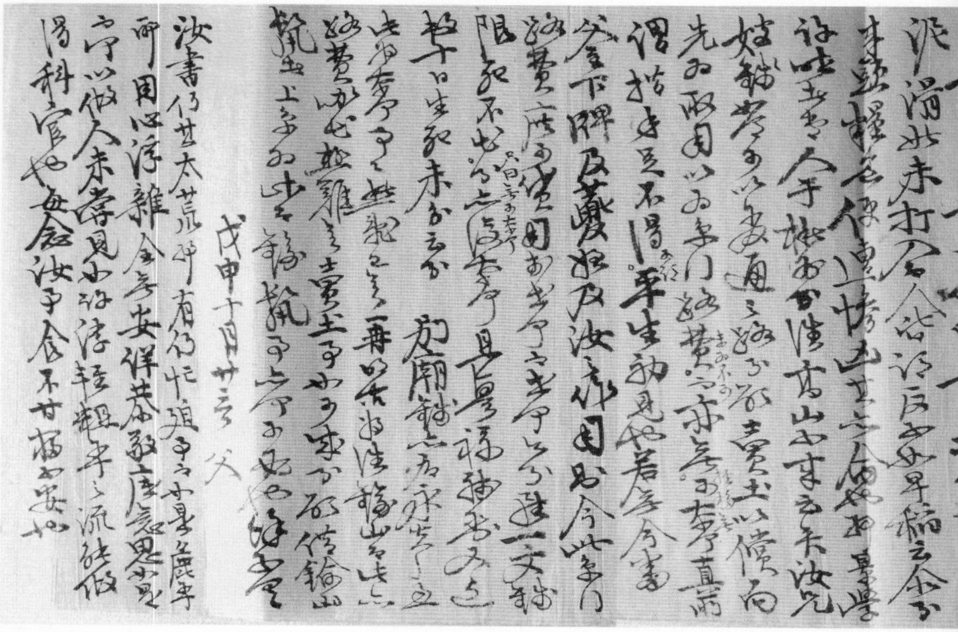

章熙寄

苦企回馬之際 再昨陽卜始來 接得手書 爲慰 但中路喫苦 雖屬已事 憤歎極矣 書出已八日矣 未委客中凡百如何 汝妻之病 今已獲藥效 漸次向差耶 爲慮之極 不知所以爲心 日前因次洞便 付書于果川邑內 俾轉傳于德里 未知趁卽入去否也 季父主患候 旣如是極重 則事當卽地上京 而手無尺銅 雖欲徒步 亦難辦路費一文錢 世豈有如許壅塞底事耶 牛峴前三四斗落水田 雖使興祿斥賣 而于今近數十日 終無應者 盖此洞田土極貴 自前有賣土者 則乘夜來買 惟恐或後 而今則只是左右觀望 盖世甲業同諸漢 皆恐兩班之貸錢 不敢使人知其有錢故也 雖東山內基牛峙 可以買土者 都不欲言買土 世豈有如許事耶 勢不得已 欲斥賣農牛 而牛價太歇 未滿二十兩 則目今時急所用及路費 將何以區處耶 所謂鬣者 春甲病不出門 已十三日 謂以本主若不還退 則無

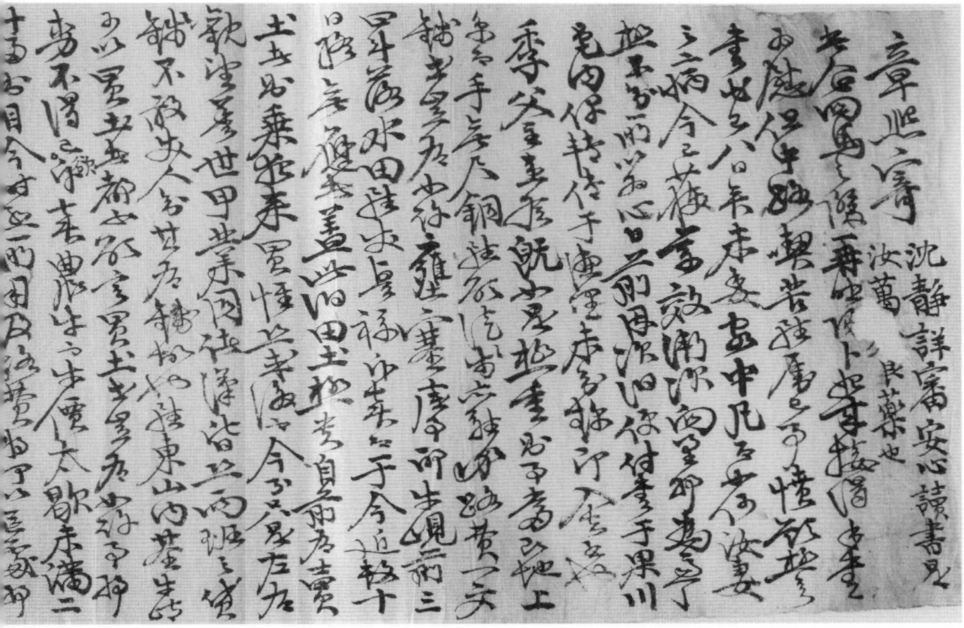

可奈何云 而恐非時月間可以推出其價 此將何以爲之耶 新橋船卜之不入于臭載 眞是奇事 而吾家所作晩稻 以打作場土之泥滑 姑未打入 而人皆謂反不如早稻云爾 則來頭糧道便遭慘凶 其亦命也耶 景學許昨者專人于楸谷 則往高山不來云矣 汝兄嫂錢 如何可以變通之路 則欲賣土以償 而先爲取用 以爲京行路費 未爲不可 而亦無推移 無可奈何 眞所謂措手足不得 可謂平生初見也 若無今番父主下牌及夔姪及汝之作用 則今此京行路費 庶可貸用於世何 而世何今則雖一文錢限死不出 只曰 無可奈何 則亦復奈何 且興祿病臥 又近數十日 生死未分云 則別廟錢 亦有永失之慮 此將奈何 事事愁亂已矣 再明間將往鍮山 而此亦路費辦出極難矣 賣土事如可成 則欲借鍮山鬣者上京爲計 而鍮鬣事 亦何可必也 餘不具

戊申十月卄三日 父

汝書何其太荒耶 有何忙迫事 而如是麤率耶 用心浮雜 全無安詳恭敬底意思 如是而何以做人 未嘗見如許浮輕粗率之流 能做得科宦也 每念汝事 食不甘 寢不安也 沈靜詳審 安心讀書 是汝萬病良藥也

장희 보아라.

돌아오는 말[馬]을 고대하던 차에 그제 양복陽卜이 비로소 와서, 네 편지 받으니 위로가 된다. 다만 중로에 고생을 했다는데, 이왕지사지만 몹시 분하고 개탄스럽다. 편지가 떠난 지 이미 8일이나 되었는데, 객지 안부가 어떤지 모르겠구나. 네 처 병은 이제 약효를 보아 점차 나아가느냐? 걱정이 되어 마음을 안정시킬 수 없구나. 일전에 차동次洞 인편으로 과천 읍내에 편지를 부쳐 덕리德里에 전하게 했는데, 진즉 들어갔는지 모르겠다. 작은아버님 환후가 그렇게 위중하다니 즉시 상경해야 마땅하지만, 손에 동전 한 푼 없으며 도보로 가려 해도 노자 한 푼 마련하기가 힘드니, 세상에 어찌 이렇게 옹색한 일이 있느냐?

우현牛峴 앞 서너 마지기 수전水田을 흥록興祿을 시켜 팔려고 하는데, 지금까지 근 수십일 동안 도무지 응하는 사람이 없다. 대개 그 동네는 전토田土가 아주 귀해서, 예전부터 파는 땅이 나오면 놓칠까 봐 밤에라도 나와서 샀다. 그런데 지금은 좌우로 관망만 하고 있다. 아마 세갑世甲, 업동業同 같은 놈들은 모두 양반이 돈을 빌려달라고 할까 보아, 돈이 있는 티를 내지 않으려는 것일 게다. 동산東山, 내기內基, 우치牛峙의 땅을 살 만한 자들도 모두 땅을 산다는 말을 하지 않으니, 세상에 어찌 이런 일이 있느냐. 형편상 하는 수 없이 농우農牛를 내다 팔려고 하지만 소값도 너무 헐하여 20냥도 채 안 되니, 시급히 쓸 돈과 노자를 어떻게 해결해야 하느냐?

소위 말〔馬〕도, 춘갑春甲이 병이 들어 밖에 안 나온 지 이미 12일이나 되어 본 주인이 만약 환퇴還退(산 것을 도로 무르는 것)해 주지 않으면 어쩔 수가 없다고 하니, 가까운 시일에 그 값을 찾을 수 없을 것 같다. 이것을 장차 어떻게 해야 좋으냐? 신교新橋 뱃짐이 취재臭載(배에 실은 쌀이 상하는 것) 때문에 들어오지 않는 것은 정말 이상한 일이며, 우리 집에서 농사지은 늦벼는 타작마당 흙이 질고 미끄러워 아직 타작해서 넣지 못했는데, 사람들이 모두 올벼보다 못하다고 한다. 앞날의 양식 사정이 처참할 것인데, 그 또한 운명인가? 경학景學에게는 어제 추곡楸谷으로 전인을 보냈더니, 고산高山에 가서 오지 않았다고 하더란다. 네 형수 돈을 변통할 길이 있으면 땅을 팔아 갚기로 하고 먼저 얻어 서울 가는 노자로 써도 안 될 것이 없지만, 변통할 길이 없으니 어쩔 수가 없구나. 정말 이른바 '꼼짝달싹할 수 없는 것'이 평생 처음 보는 일이다. 만약 이번에 아버지의 하패下牌(신분이 낮은 사람에게 쓴 편지)와 기질夔姪과 너의 작용이 없었다면, 이번 서울행의 노자는 세갑에게서 빌려 쓸 수 있었을 터인데, 세갑은 이번에는 한사코 한 푼도 내놓지 않으며 단지 "어쩔 수 없다." 고만 하니, 또한 무슨 수가 있겠느냐? 그리고 홍록은 병들어 누운 지 수십 일이 되어 생사를 모른다고 하니, 별묘전別廟錢(별묘의 제수전) 또한 영원히 잃을 염려가 있다. 이것을 장차 어떻게 하느냐? 모든 일이 근심스럽고 어지러울 뿐이다. 모레쯤 유산鍮山에 갈 것인데, 그 노자도 마련하기가 몹시 어렵다. 땅을 파는 일이 성사되면 유산의 말을 빌려 상경할 계획이나, 유산의 말도 어찌 장담할 수 있겠느냐? 나머지는 이만 줄인다.

1848년 10월 23일 아버지

네 편지는 어찌 그리 거치냐? 무슨 바쁘고 쫓기는 일이 있어, 이렇게 조잡하냐? 마음 씀씀이가 부잡스러워 편안하고 상세하고 공경하는 마음이 이렇게나 전혀 없고서, 어떻게 사람이 되겠느냐? 그렇게 경박하고 졸렬한 무리가 과거에 급제하여 벼슬하는 것을 본 적이 없다. 늘 네 일을 생각할 때마다 밥을 먹어도 달지 않고 잠을 자도 편안하지 않다. 차분하고 조용하며 상세하게 살피며 편안한 마음으로 독서하는 것, 이것이 너에게 더할 나위 없이 좋은 약이다.(6208, 18481023)

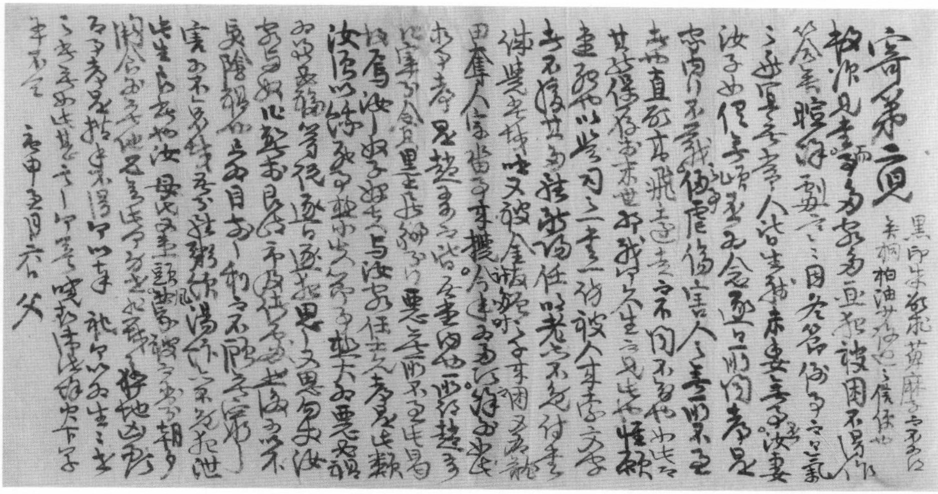

寄第二兒

數次見書 而事多客多 晝夜被困 不得作答矣 暄餘劇寒 寒固冬節例事 而日氣之乖宜無常 人皆生病 未委無事否 汝妻汝子女 俱無頉否爲念 逐日所聞 都是家內行不義之事 侵虐傷害人之無所不至者也 直欲高飛遠走 而不聞不知也 如此而其能保存於末世耶 我何久生而見此也 惟願速死也 以監司之一書一訪 被人來索文字者 不勝其多 雖新陽任明老 亦不免付書 誠覺苦哉 昨又被金友曾之子來困 又有龍田奪人宗畓事 來攪許多時 今年爲兩次 而餘外如此等事 都是趙哥 而皆吾堂內也 所謂趙哥 作宰則貪墨 居鄕則行惡 無所不至 此曷故焉 汝之奴子婢夫與汝客任士允 都是此類 汝須以餓死事極小 失節事極大 爲惡必禍 爲善必福等說 逐日逐夜 思之又思 勿使汝客與奴作弊於良峙市及諸處 然後可以不受陰禍也 只爲目前之利 而不顧無窮之害 可不哀哉 吾則雖粥飮湯飯 亦不免夜泄 此生良苦也 汝母氏又患頭風 蒙被而臥 則朝夕闕食外 無他道矣 此何身世 悲哉悲哉 猝地凶

歉百事 都是措手不得 何以奉祀 何以爲生 生世之苦 無如此甚 言之何益 曉起滯泄餘 火下草率 不一一

庚申至月六日 父

黑印朱 欲求草麻子 而不可得矣 桐柏油少許 送之信便也

둘째 아이 보아라.

수차 편지 보았으나, 일이 많고 객이 많아 주야로 피곤하여 답장 쓰지 못했다. 따뜻하다가 몹시 추운 것은 본래 겨울철에 으레 있는 일이지만, 일기 변화가 무상하여 사람들이 모두 병이 나는데, 무사한지 모르겠다. 네 처와 자녀 모두 탈이 없는지, 마음을 놓을 수 없다. 매일 듣는 것은 모두 집 안에서 옳지 않은 일을 행하고 남을 학대하고 해치느라 못 하는 짓이 없다는 말이구나. 바로 높이 날아 멀리 달아나 듣지 않고 잊어버리고 싶다. 이러고서도 말세에 목숨을 보존할 수 있겠느냐? 내가 무엇 때문에 살아 이 꼴을 보느냐? 오직 속히 죽고 싶다. 감사監司가 한 번은 편지를 보내고 한 번은 방문을 한 후, 와서 글을 써달라고 하는 사람이 얼마나 많은지 모른다. 심지어 신양新陽의 임명로任明老(임헌회)까지도 글을 요구하니, 정말 괴롭다.

어제 또 김우증金友曾의 아들이 와서 곤욕을 치렀다. 또 용전龍田 남의 종답宗畓을 빼앗은 일로 와서 몹시 시끄러웠는데, 이것은 금년에 여러 번째다. 그 밖에도 이러한 일은 모두 조가趙哥가 저지른 짓이며, 그것도 모두 내 당내堂內다. 이른바 조가는 수령이 되면 탐관오리가 되고, 시골에 살면 악행을 저지르느라 못하는 짓이 없다. 이것이 무엇 때문이냐? 네 노자奴子, 비부婢夫 그리고 네 객客 임사윤은 모두 같은 무리다. '굶어 죽는 일은 지극히 사소하고 절조를 잃는 일은 지극히 크며, 악행을 저지르면 반드시 화를 당하고 선행을 하면 반드시 복을 받는다.'는 말들을 너는 반드시 날마다 생각하고 또 생각하여, 반드시 네 객과 네 노가 간치장과 여러 곳에서 폐단을 짓지 않도록 한 연후에야 화를 당하지 않을 수 있다. 단지 목전 이익만을 위하여 무궁한 해를 돌아보지 않으니, 슬프지 않으냐.

나는 죽을 마시거나 국과 밥만 먹어도 밤에 설사하니, 정말 괴롭다. 네 모씨母氏는 또 두풍頭風을 앓아 이 불을 덮고 누웠으니, 조석을 거르는 것밖에는 다른 수가 없다. 이것이 무슨 신세냐? 슬프다. 슬프다. 졸지에 흉년이 들어 모든 일이 손 하나 꼼짝할 수 없는데, 무엇으로 제사를 모시며 무엇으로 생활해야 하느냐? 세상사는 괴로움이 이렇게 심한 사람은 없을 것이다. 말한들 무슨 소용이 있겠느냐? 새벽에 일어나 설사를 하고, 불 아래 대강 몇 자 쓰고 이만 줄인다.

1860년 동짓달 6일 아버지

흑인주黑印朱(먹으로 만든 인주) 만드는 데 드는 비마자萆麻子(아주까리)가 필요한데 구할 수 없다. 동백기름 조금 믿을 만한 인편으로 보내라.

(6386, 18601106)

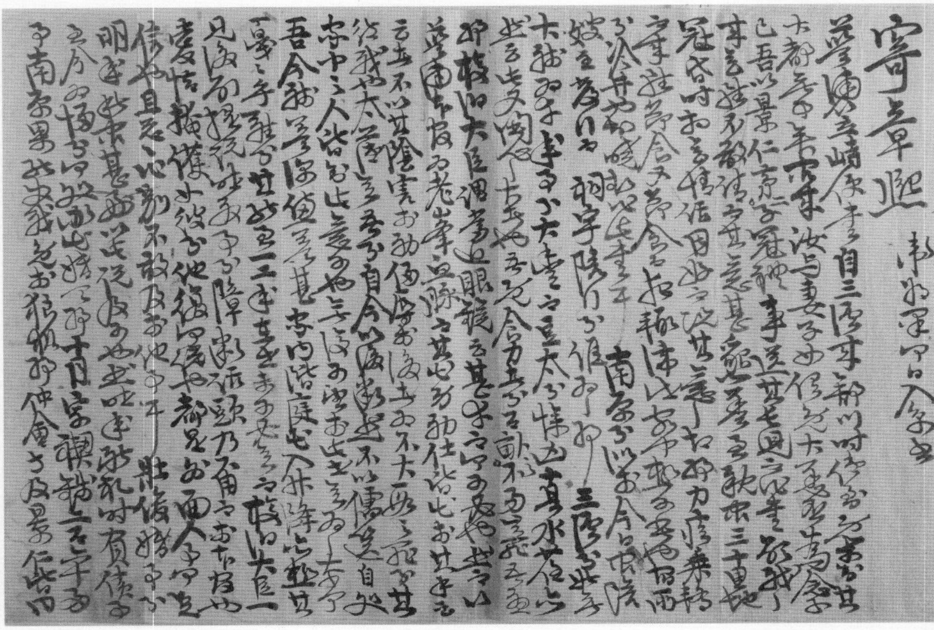

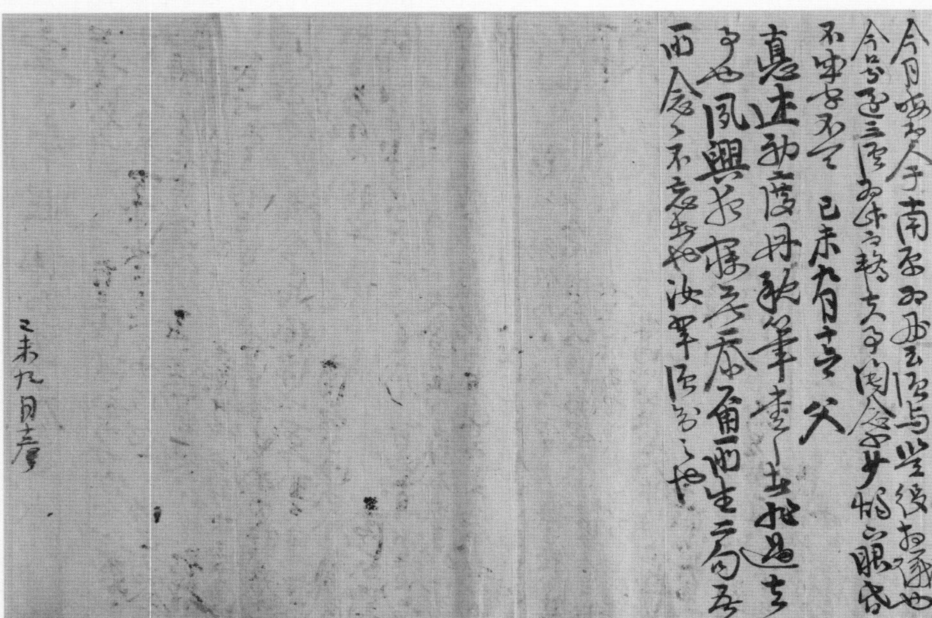

寄章熙

藍浦笠峙便書 自三溪來舒川時傳到 概知其大都無事矣 間來汝與妻子女 俱免大恙否 爲念不已 吾以景仁第二子冠禮事 送其長兒而作書欲我之來會 雖不敢請 而其意甚懇 盖至親間三十里地 冠昏時相會情話 固好 而況其意之切耶 力疾乘轎而來 雖節食又節食 而夜輒滯泄客中極可苦也 宿所則冷井也 故曉起作此書耳 南原則似於今日間陪嫂主發行 而祠宇陪行 則誰爲之耶 三溪則姑無大病爲幸 年事則大豊而豆太則慘凶 眞水荏亦然云 此又關心之大者也 吾旣食力者 則百畝之不易 豈非吾憂耶 校洞大臣 謂當送眼鏡云 甚幸 而何可必也 然而以藍浦本官爲老峯血脈 而其出身初仕 皆出於其手云云者 不以其陰害於初 侵辱於後者 爲不大段之罪 則其待我也 太薄矣 吾則自今以後 斷然不以儒選自處 家中之人 皆知此意 可也 無復可望於此世矣爲之奈何 吾今病益深 憊益甚 家內階庭 出入升降 亦極其戞戞乎難則其能至一二年在世 未可必矣 而校洞大臣一見後 欲提說昨夏事 則障斷話頭乃爾 而於本官也 愛惜掩護如彼 則他復何說也 都是外面人事 何足信也 且悤悤作別 不敢及於他事耳 壯俊婚事 則明年秋間甚好 以此說及可也 然昨年新禮時負債事 至今爲惱 則何處辦出婚具耶十月宗稧錢二百六十兩事 南原果能使我免於狼狽耶 仲會叔及景仁皆曰 今月晦專人于南原爲好云 須與監役想議也 今日則還三溪爲計而轎夫事 關念不少 燭下眼昏 不成字 不一一

己未九月十六日 父

悳述初度冊 親筆書之者 非過去事也 夙興夜寐 無忝爾所生 二句 吾所念念不忘者也 汝輩須知之也

衛將果何日入京否

장희 보아라.

남포 입치笠峙 편 편지가 내가 삼계에서 서천에 올 때 와서, 대략 무사함을 알았다. 그 사이 너와 네 처, 아들, 딸 모두 큰일은 없느냐? 마음을 놓을 수 없다. 나는, 경인景仁의 둘째 아들 관례 때 와주면 좋겠다는 편지를 큰아이를 통하여 보냈기에, 불감청이언정 그 뜻이 매우 간절하고 가까운 친척 사이의 관례에 30리 거리를 가서 정겹게 모여 이야기하는 것도 좋아, 아픈 몸을 무릅쓰고 왔다. 음식을 절제하고 또 절제해도 밤이면 체설滯泄이 나니, 객중에 몹시 괴롭다. 숙소가 냉정冷井이기에 새벽에 일어나 이 편지를 쓴다. 남원南原은 오늘 형수님을 모시고 떠날 것 같으니, 사우祠宇 배행陪行은 누가 하겠느냐. 삼계는 큰 병이 없어 다행이다. 농사는 대풍이지만, 콩과 팥은 비참한 흉작이며 참깨와 들깨도 그렇다고 한다. 이것 또한 관심이 큰 것이다. 내 이미 내 힘으로 먹고사는 사람이니, 농사가 평탄하지 않은 것이 어찌 내 걱정이 아니겠느냐? 교동校洞 대신이 안경을 보낸다고 하여 다행이지만, 어찌 그 말을 꼭 지킨다고 하겠느냐? 그런데 남포 본관사또가 노봉老峯(민정중)의 후손이나 과거에 합격하여 벼슬길에 오른 것이 모두 본인 힘으로 한 것이라고 교동대신이 말한 것은, 본관사또가 처음에 나를 음해하고 후에 나를 욕보인 것을 대단한 죄로 여기지 않는 것이니, 교동대신이 나를 몹시 박대함을 알 수 있다. 이제부터 나는 단연코 유선儒選으로 자처하지 않을 것이니, 식구들은 모두 이 뜻을 알아야 한다. 다시는 이 세상에 가망이 없으니, 무슨 수가 있겠느냐? 나는 이제 병이 더욱 깊고 쇠약이 더욱 심하여

집 계단과 뜰을 오르내리고 출입하는 것도 힘드니, 한두 해 더 사는 것도 장담할 수 없다. 교동대신을 만났을 때 작년 여름 일 이야기를 꺼냈더니, 첫마디부터 막아 끊어버리더라. 그러나 본관에 대하여는 그렇게나 아끼고 보호하니, 내가 달리 무슨 말을 하겠느냐? 인사를 깡그리 외면하니 어찌 믿을 수 있겠느냐? 그러고 나서 바삐 작별하고 다른 일은 말도 꺼내지 못했다. 장준 혼사는 내년 가을이 아주 좋으니, 그렇게 말해라. 그러나 작년 혼례 때 부채로 지금도 골치가 아픈데, 혼례 비용을 어디서 구해낼 수 있겠느냐? 10월 종계전 260냥 문제는, 남원이 과연 나를 위하여 낭패를 면하게 해줄까? 중회仲會 숙淑과 경인은 모두 "이달 말에 남원에 전인을 보내는 것이 좋겠다."고 한다. 반드시 감역과 상의해라. 오늘은 삼계에 돌아갈 생각이나, 가마꾼 문제로 걱정이 적지 않다. 촛불 아래 눈이 어두워 글씨가 되지 않아 이만 줄인다.

1859년 9월 16일 아버지

덕술悳述의 첫 책에 내가 손수 쓴 글은 과거의 일이 아니다. "늦게 자고 일찍 일어나며, 조상을 욕되게 하지 마라."는 두 구절은 내가 생각하고 생각하여 잊지 않는 것이다. 너희들은 반드시 알아라.

위장衛將은 과연 어느 날 서울에 들어갔느냐?(6297, 18590916)

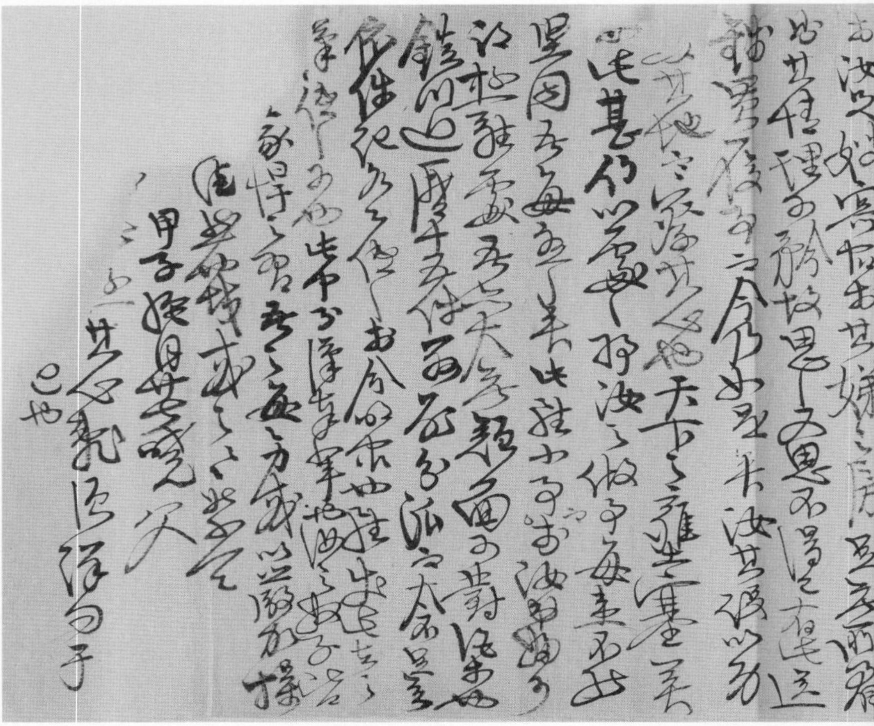

青橋卽傳

◯夜見答書 爲慰 但脚部結核之不解 ◯慮多矣 夜來更如何 汝謂 百憂交攻者 亦坐在憂山上 而不能下矣 達八來自鎭川 僅得百兩錢 吾則猶謂之望外 而汝兄則太不快意 謂以悔其專人 何其料事之不明耶 左道御史出來 將向右道云 而豪强士夫 多被打殺 華陽院有司 亦被捉 捉之之際 必以京捕校云爾 而所聞危懍 湖中兩班敗亡之兆也 莫非時運所關 亦其當者 有以自取也 爲之奈何 衛將與我書 謂嚴飭其弟云 又童豈聽其嫡兄 而懲之者耶 心亂心亂 鎭川所送 四朔料錢十二兩 可報者報 可用者用 則只餘二兩矣 山所往來路費 亦可爲也耶 歲時餠湯肉具味價 只給二兩於汝兄矣 栗谷全書十三冊筆十枝 依

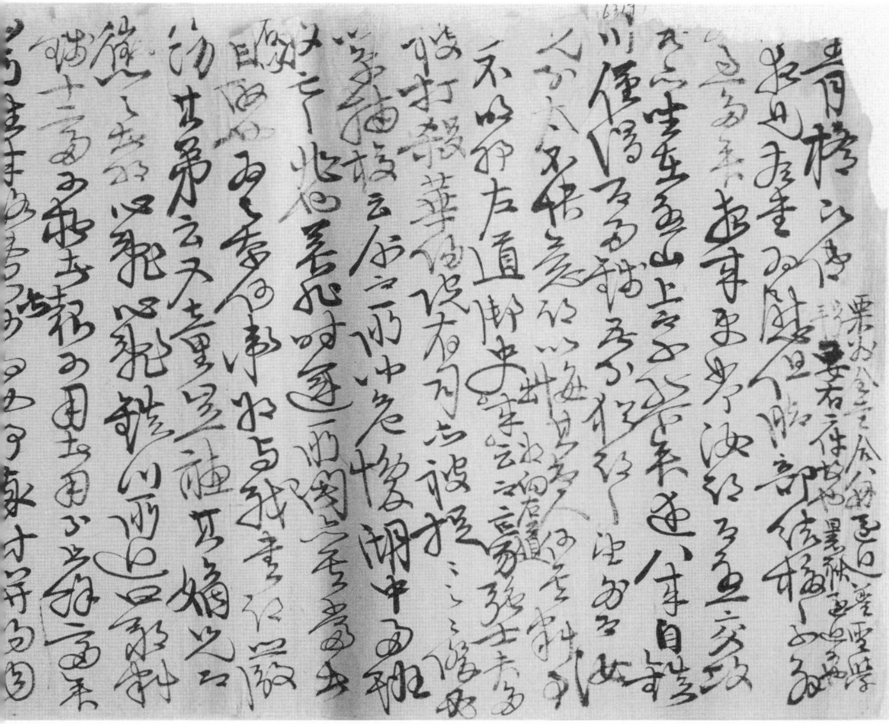

來 而汝之弟嫂泥鞋事 汝何其太疎 而致此狼狽耶 今方寄食於汝兄嫂 寄宿於其娣之房 足無所着 則其情理可矜 故思之又思 不得已有此送 錢買履事 而今乃如是矣 汝其設以身處其地 而察其心也 天下之壅塞 莫如此甚 何以處之耶 汝之做事 每患不能堅固 吾每憂之矣 此雖小 事 而於汝弟婦 可謂極難處 吾亦大無顏面可對渠也 鎭川送曆十五件 玆欲分派 而太不足矣 依件記 各各傳之於今明間也 雖使此去之漢傳 之 可也 此中 則漢奉輩也 汝之奴子 皆有蒙悍之習 吾之每每力戒 以 嚴加操心 豈徒然也哉 戒之戒之 姑不一一

甲子臘月卄七曉 父

○○○○○ 極其心亂 須詳問于○○○○○○○○送也

栗谷全書合八冊 還送 盖聖學輯要有二件故也 裏衲 還送可也

청교에 즉시 전한다.

밤에 답장을 보아 위로가 되었다. 다만 다리 결핵이 풀리지 않는다니, 걱정이 많이 되는데, 밤새 또 어떠하냐? 너도 온갖 걱정이 교대로 공격한다고 하지만, 나 또한 걱정의 산꼭대기에 앉아 내려갈 수 없다. 달팔達八이 진천에서 와서 돈 백 냥을 겨우 얻었다. 나는 오히려 망외라고 생각하지만, 네 형은 몹시 불쾌하여 전인을 보낸 것을 후회하고 있다. 어찌 그리도 사리에 밝지 못한지.

좌도左道(충청북도) 암행어사가 우도右道(충청남도)로 향한다고 한다. 세력 있는 사부士夫(사대부)가 많이 타살되었고, 화양동서원華陽洞書院 유사도 붙잡혔는데, 잡을 때는 반드시 경포교京捕校(포도청의 부장)를 이용한다고 한다. 소문이 험하고 무섭다. 호중湖中(충청도) 양반들이 패망할 징조다. 시운時運이 걸린 바가 아님이 없다. 또한 그것은 당하는 자들이 자초한 것이니, 무슨 수가 있겠느냐. 위장衛將이 내게 보낸 편지에 제 아우를 단단히 조심시키라고 했는데, 우동又童이 어찌 제 적형嫡兄의 말을 듣고 뉘우치고 삼가겠느냐? 몹시 심란하다.

진천이 보낸 넉 달 치 요전料錢 12냥으로 갚을 것 갚고 쓸 곳에 썼더니, 겨우 두 냥 남았다. 산소 왕래할 노자라도 할 수 있을는지? 『율곡전서栗谷全書』 13책과 붓 열 자루는 왔으나, 네 제수 니화泥靴는 어찌 그리도 소홀하여 이런 낭패를 빚느냐? 네 제수가 지금 네 형수에게 기식하고 네 형수의 여동생 방에 기숙하느라 꼼짝달싹 못 하기에 그 정리情理가 딱하여, 생각하고 또 생각하여 부득이 돈을 보내어 신을 사게 했는데, 이제 이렇게 되었구나. 네 자신이 입장을 바꾸어 그 마음을 살펴보아라. 천하에 옹색함이 이보다 심할 수는 없을 것이다. 네가 하는 일이 늘 견고하지 못하여 나는 늘 걱정한다. 이것이 비록 작은 일이지만, 네 제부에게는 몹시 난처한 일이고 나 또한 네 제부를 대할 안면이 없다. 진천이 보낸 역 15건을 분배하려고 하는데, 태부족이다. 건기件記대로 금명간 각각 전해라. 지금 가는 놈을 시켜 전해도 된다. 이곳은 한봉漢奉의 무리가 전한다. 너의 노자奴子는 모두 사나운 습성이 있어, 내가 늘 열심히 타이르고 엄히 꾸짖지만 헛일이다. 조심해라. 조심해라. 이만 줄인다. …지극히 심란하다. 반드시 상세히 물어 …보내라. 『율곡전서栗谷全書』 중 8책을 도로 보낸다. 『성학집요聖學輯要』가 2건 왔기 때문이다. 보에 싸서 도로 보내라.(6319, 18641227)

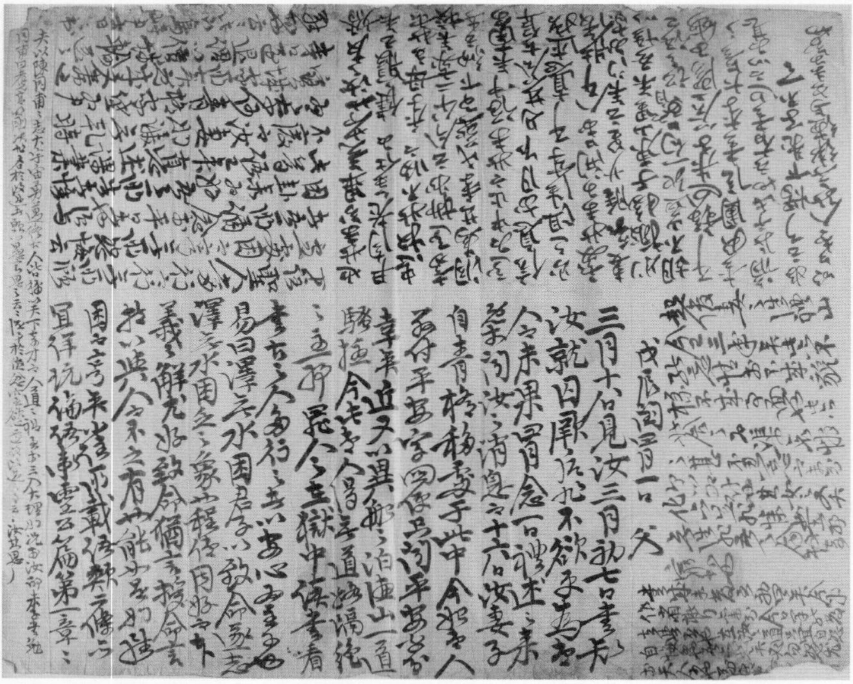

三月十八日 見汝三月初七日書 知汝就囚 厥後非不欲更爲專人 而未果 四月念一日 禮述之來 概聞汝之消息 而十六日 汝妻子自青橋移處于此中 今始專人茲付平安字 回便只聞平安字則幸矣 近又以異船之泊德山 一道騷擾 今此專人 得無道路隔絶之慮耶 罪人之在獄中讀書看書 古之人多行之者 以安心爲主 可也 易曰 澤無水困 君子以致命遂志 澤無水 困乏之象也 程傳固好 而本義之解尤好 致命猶言授命 言持以與人 而不之有也 能如是 則雖困而亨矣 小註所載語類二條 亦宜詳玩 論語衛靈公篇 第一章章下註 聖人當行而行 無所顧慮 處困而亨 無所怨悔云者 吾所誦念於平日者也 須與困卦參爲好 吾之所告者 惟此等語已矣 悳述課業不廢 而汝妻則淚無乾時 爲之奈何 青橋家垈 爲尹寶城家所賣 旣成文券 過幾日還退 謂以價錢輸送之難

故也云云 此卽鳥峙尹士日之弟也 姑未知畢竟如何也 汝之友婿尹周老 篮仕爲健寢云矣 忠牧姑不歸 而季母主秋間當還柳谷云 今八十二歲矣 校洞爲其季氏葬事下鄕云者 還爲中止 而姑未詳聞矣 南原信息前月乍見其答 古阜則近阻往來耳 悳述婚處 姑未可開口於人耳 壯俊妻乳腫 少差云矣 門外家 則搬移于東山里矣 吾惟以胡不遄死一句日爲自訟之語已耳 錄送朱子答廖子晦書及圃隱書 李大興之謫居于此也 吾有書送 而以爲甚好云耳 燭下亂草 不一一 明日專人 能無緯繣與否 未可知也 起俊妻之往禮山 今已三年矣 此亦不能忘情於不成貌樣 不成事面也 此亦姑舍之 爲渠哀憐之甚 不忍忘 而未知何以爲計也 其女之又夭化 亦豈非慘然者耶 無往非吾之命數奇窮 故也

戊辰閏四月一日 父

書成未發 至初四日矣 今將作省楸行 亦未知今日果能發去與否也 在汝之道 只宜自怨自悔可也 吾亦然矣 必勿怨尤於天人 可也 萬事(中缺) 夫以陳同甫之志大宇宙 勇邁終古人皆稱以天下奇才 而人道之禍 至於三入大理 則況於汝耶 朱子書勉同甫曰 老兄高明剛決 非吝於改過者 願以愚言思之云云 從事於懲忿窒慾 遷善改過之事云云 汝其思之

3월 18일, 네 3월 7일 편지를 보고 네가 수감된 줄 알았다. 그 후 다시 전인을 보내려 하다가 못 보냈다. 4월 21일 예술禮述이 와서 네 소식을 대강 들었다. 16일 네 처자는 청교에서 이곳으로 이사했다. 이제 비로소 전인을 보내 안부를 전한다. 돌아오는 전인 편에 평안하다는 소식만 들어도 다행이겠다. 근자에 또 이양선이 덕산德山에 정박하여, 도 전체가 소요 상태다. 이 전인이 가는 도로도 막힐까 걱정이다. 옥중에 갇혀 책을 읽고 글을 보는 사람이 옛날에는 많았다. 그렇게 하며 마음을 편안히 갖도록 해라. 역易에 이르기를 "못에 물이 없는 것이 곤困 괘이니, 군자는 그 상황에서 목숨을 버림으로써 뜻을 이룬다.[澤無水困 君子以致命遂志.]"(『주역』「곤괘困卦 상象」)고 했다. 못에 물이 없어 곤궁한 모습인데도, 정전程傳의 해석이 실로 좋으며 본의本義의 해석은 더욱 좋다. '목숨을 버린다[致命]'는 것은 '목숨을 준다[授命]'는 말과 같다. 집어서 남에게 주고 자기는 가지지 않는다는 말이다. 이럴 수 있으면 비록 곤궁해도 형통하다. 소주小註에 실린 어류語類 두 줄도 상세히 음미해야 하며, 『논어論語』「위령공衛靈公」편 제1장 장하주章下註에 "성인은 실행해야 마땅한 일을 할 때 머뭇거림이 없으며, 곤궁에 처해도 형통하여 원망이나 후회가 없다."고 한 것도 내가 평소 외며 생각하는 것이다. 반드시 곤困 괘와 더불어 참조하는 것이 좋다. 내가 해줄 말은 오직 이런 말뿐이다.

덕술悳述은 학업을 그만두지 않았다. 네 처는 눈물 마를 날이 없으나, 무슨 수가 있겠느냐? 청교 가대家垈(집터)는 윤尹 보성寶城의 집에 팔렸다가, 문건을 작성하고 며칠이 지난 후 도로 물렸다. 돈을 수송하기가 어렵기 때문이라고 한다. 이 사람은 조치鳥峙 윤사일尹士日의 아우다. 결국 어찌 될지 아직 모르겠다. 너의 우서友婿(동서) 윤주로尹周老는 처음 벼슬하여 건릉참봉健陵參奉이 되었다고 한다. 충주 목사는 아직 돌아오지 않았으며, 작은어머니는 가을에 유곡柳谷으로 돌아가신다고 하는데 지금 82세다. 교동校洞(조두순)은 자기 계씨季氏 장사를 위하여 하향한다고 했다가 도로 중지했는데, 상세한 것은 아직 듣지 못했다. 남원南原 소식은, 지난 달 그 답장을 잠깐 봤다. 고부古阜는 근래 왕래가 없다. 덕술

혼처는 아직 사람들에게 말해서는 안 된다. 장준壯俊 처의 유종乳腫은 약간 차도가 있다고 한다. 문밖 집은 동산리東山里로 이사했다. 나는 오직 '어이하여 빨리 죽지 않는가?'라는 한 구절로 자책할 뿐이다. 주자朱子가 요자회寥子晦에게 보낸 답장과 포은圃隱 편지를 써 보낸다. 이李 대흥大興이 여기 귀양 살 때 내가 이 편지들을 써 보냈더니, 아주 좋아하더라. 촛불 아래 쓰기 어려워 이만 줄인다. 내일 전인이 어그러지지 않을지 모르겠다. 기준起俊 처가 예산에 간 지 벌써 3년이 되었다. 이것 또한 꼴이 아니고 체면이 아니라, 마음에서 지울 수 없다. 이 점은 제쳐두고라도, 저를 위하여 슬프고 가련하여 차마 잊을 수 없으며 어찌해야 좋을지 모르겠다. 그 여식이 또 요절한 것 또한 어찌 처참한 일이 아니냐? 어느 것 하나 기이하고 궁박한 내 운명 탓이 아님이 없다.

1868년 윤4월 초하루 아버지

편지 써서 부치지 못하고 초나흘이 되었다. 오늘 성묘 가려고 하는데, 오늘도 과연 부칠 수 있을지 모르겠다. 네 도리는 단지 스스로 원망하고 스스로 후회해야 된다. 나 또한 그렇다. 반드시 하늘과 남을 원망하고 나무라지 마라. 만사 (중결) 진동보陳同甫(남송南宋 진량陳亮)가 뜻이 우주만큼 크고 그 용맹은 예로부터 사람들이 모두 천하의 기재라고 칭찬했지만, 사람의 일로 화를 당하여 대리사大理寺의 감옥에 세 번이나 들어갔다. 하물며 너임에랴. 주자朱子가 동보를 격려하는 편지에 "노형께서 고매하고 지혜로우며 강건하고 과감하시어 허물을 고치는데 인색한 분이 아닙니다. 원컨대 제 말씀을 생각하시어" 운운하고, "분을 누르고 욕망을 막으며 허물을 고치고 선을 행하는 일에 힘쓰시어" 운운했다. 너는 이 말을 생각해라.(6746, 18680401)

조병덕의 연보

· 2. 18. 서울 황화방 취현동에서 태어남.	1800(1세)	· 1. 서얼소통 시행. 6. 28. 정조 사망. 7. 4. 순조 즉위, 대왕대비(영조 계비 정순왕후) 수렴청정.
	1801	· 1. 내사노비 혁파. 9. 황사영 백서사건 일어남.
	1802	· 10. 김조순의 딸, 순조비가 됨.
· 아버지를 따라 사랑에서 거처함.	1803(4세)	· 12. 순조의 친정이 시작됨.
	1804	· 평양과 강원도에서 큰 불이 남. 서울에 홍수, 강원도 홍수, 평안도 우박.
	1805	· 1. 삼남지방과 영동지방의 대동포를 돈으로 대신 징수.
· 아버지에게 『십구사략』을 배움. 가을, 회덕 법천 외가에 가서 외할머니 숙인 이씨의 양육을 받음. 외할아버지 율수재 송후연의 『독서요결』을 읽음.	1806(7세)	· 5. 전라도에 큰 흉년이 듦.
· 『소학』의 중요성을 깨달음.	1807(8세)	· 1. 주전소에서 화폐 주조. 2. 서해에서 해일 일어남.
	1808	· 1. 함경도 북청에서 부사 김치정 등이 주도하여 민란을 일으킴. 단천 향민 김형대 등이 주동하여 민란을 일으킴.

	1809	· 6. 경강상인과 미곡상인들의 농간으로 쌀값 폭등.
	1810	· 1. 통신사를 에도 대신 대마도로 보내기로 결정.
· 아버지 조최순이 선영이 있는 남포현 심전면 삼계리로 이사.	1811(12세)	· 2. 곡산부민 박대성 등 수백 명이 민란을 일으킴. 12. 18. 홍경래 등이 지휘하는 난군, 가산군수를 살해.
	1812	· 4. 관군 9천여 명을 동원하여 홍경래 농민군 격파. 6. 평안·황해도의 양반을 관리로 등용하여 민심 회유.
· 외가에서 삼계리 본가에 돌아옴.	1813(14세)	· 11. 제주도에서 토호 양제해 등이 주도하여 민란을 일으킴.
· 과거공부 시작.	1814(15세)	· 5. 경기·충청·경상·강원도의 기민 80여만 명에게 구호곡 8만여 섬을 분배. 서울에서 양곡 고갈로 폭동 일어나고 도적이 횡행.
	1815	· 2. 충청·강원도에서 천주교 탄압(을해교난).
· 2. 관례를 올림. 9. 사계 김장생의 후손 현감 김재선의 딸 광산 김씨와 결혼.	1816(17세)	· 7. 영국 군함 알세스트호와 리라호, 충청도 마량진에 옴.
	1817	· 6. 삼남에 큰 홍수. 9. 우의정 남공철, 과거제도의 폐해를 논함.
	1818	· 2. 유랑민 490여 호 강계 폐4군의 수절동에서 화전민으로 정착. 9. 경상도 유생들 상소하여 채제공의 신원을 요구.
· 12. 4. 어머니 상을 당함. 과거공부 포기, 『소학』으로 학문 시작.	1819(20세)	· 9. 농민들, 양전을 요구하였으나 관료·지주의 방해로 실시하지 못함.

	1820	· 8. 선혜청 관리들이 50여 만 냥의 세금을 착복.
	1821	· 7. 전국 홍수. 8. 평양 지방 괴질 유행.
	1822	· 1. 임동진, 상소하여 계방의 폐단을 논함. 4. 한성에 모여든 기민이 전염병으로 많이 죽음.
	1823	· 11. 비변사, 서얼허통절목을 제정. 왜관무역에 은의 사용을 금함.
· 7. 15. 장남 명희 출생.	1824(25세)	· 3. 정하상, 북경에 가서 교황에게 사제 파견을 요청.
· 가을, 매산 홍직필을 찾아감. 외할머니 상을 당함. 양육받은 은혜에 대한 보답으로 심상기년의 예를 행함.	1825(26세)	· 5. 무신이 가마 타는 것을 금함.
· 매산의 지시로 노주 오희상을 찾아가서 배움. 노주가 '숙괄肅括'(엄숙하고 법도가 있음)이라는 서재의 당호를 지어줌.	1826(27세)	· 5. 청주 성문에 홍경래가 살아있다는 괘서가 붙음. 죄인 김치규·이창곤을 처형.
· 10. 6. 차남 장희 출생.	1827(28세)	· 2. 효명세자 대리청정. 곡성에서 교난(천주교 박해)이 일어나 전라·경상 각지에 파급(정해교난). 야간통행 금지.
· 서울에서 삼계리로 이사(어머니 삼년상을 난 후 1822년이나 1823년에 상경했던 것으로 보임).	1828(29세)	· 7. 호서·영남에 수재.
· 두 선생을 배알하기 위하여 상경. 부인 김씨는 친정아버지의 임지 부여로 돌아감.	1829(30세)	· 1. 청, 외국과의 통상금지. 8. 한성의 상인 김수온 등이 연안 강령포에서 조운선을 습격, 1만 7,300냥을 탈취. 9. 한강 하류에 수적이 출몰.

· 가족들 다시 서울에 모여 삼.	1830(31세)	· 2. 선정비 세우는 것을 금지. 5. 6. 효명세자 사망. 왕권이 다시 순조로 넘어감.
	1831	· 2. 과거제도 폐해를 신칙함. 5. 청, 영국 상인의 광동 무역을 단속하고 아편수입을 엄금.
· 2. 현강(마포 서강)에 가서 매산을 배알함. 2. 22. 노주를 배알하고 사흘을 묵고 돌아옴. 아버지를 뵈러 시골에 왔다가 상경하지 못하고 가족들을 불러 내림.	1832(33세)	· 2. 한성에 도적이 횡행. 8. 충청도에 홍수.
· 10. 스승 오희상의 부음을 듣고 이튿날 달려감. 심상기년의 예를 행함.	1833(34세)	· 3. 한성에 쌀값이 폭등하여 한성 도시빈민의 쌀 폭동이 일어남. 4. 황해도 재령지방의 소작인들이 소작료 납부를 거부.
· 1. 26. 부인 광산 김씨 상을 당함.	1834(35세)	· 6. 경상·충청·경기도에 흉년이 들어 기민이 172만 5천여 명에 이름. 11. 13. 순조 사망. 11. 18. 왕세손 즉위(헌종). 대왕대비(순조비 순원왕후 김씨) 수렴청정함.
· 형 병헌이 논산에 집을 마련하고 아버지를 모셔감.	1836(37세)	· 1. 13. 프랑스 신부 모방, 의주를 거쳐 밀입국. 1. 25. 한성에 도착. 9. 삼남지방에서 군포를 화폐로 징수.
· 3. 이명신의 딸 덕수 이씨를 아내로 맞음.	1837(38세)	· 2. 김조근의 딸, 왕비가 됨(헌종비 효현왕후 김씨).
	1838	· 1. 양반들이 공무를 빙자하여 평민을 토색하는 것을 금함. 7. 가난으로 자기 고향을 떠나

		는 유랑민이 급속히 증가.
· 입헌 한운성이 내방함.	1839(40세)	· 9. 오가작통법을 시행하여 천주교를 탄압. 11. 헌종, 척사윤음 내림.
· 3.16. 삼남 성희 출생.	1841(42세)	· 12. 전국에 전염병 만연.
	1842	· 8. 청, 영국과 남경조약을 맺음. 11. 모리간상배의 농우 도살을 통제.
· 문인들과 향음주례를 행함. 인산 소휘면이 와서 강장을 함.	1843(44세)	· 3. 서양목의 수입으로 은목전·모자전이 파산에 직면. 11. 화양서원 유생, 송시열을 비난한 전라감사를 추방케 함.
· 10. 아버지 조최순에게 장작랑의 벼슬을 내림. 10.27. 형 조병헌 상을 당함.	1844(45세)	· 6. 청 기영, 마카오에서 미국과 통상조약을 맺음.
· 3. 은진현 유산에서 아버지를 모시고 지내다가, 삼계리로 돌아와 가족들과 함께 지냄. 9. 조장희 결혼.	1845(46세)	· 10. 김대건, 상해에서 최초의 신부가 되어 국내에 밀입국. 청, 상해에 최초의 영국 조계 성립.
· 소휘면이 내방함.	1846(47세)	· 7.26. 김대건, 새남터에서 순교.
· 4. 사우들과 도해각(부여 창렬사)에서 향음주례를 행함. 9.19. 장남 명희의 첫 아들 예술 출생.	1847(48세)	· 1. 서양 직물의 수입증가로 국내 백목전 상인의 경영난이 심각해짐. 6. 프랑스 군함 글로아르호, 지난해 세실소장이 준 국서에 대한 해답을 받으러 오다 고군산 열도 해안에서 좌초됨.
· 2.16. 사남 충희 출생.	1848(49세)	· 6. 이양선이 함경도 앞바다에 나타남. 12. 이양선, 경상·전라·황해·강원·함경도 등 5도에 나타남.
· 6. 6. 헌종 승하. 제자들과 북쪽을 향하여 망곡을 함.	1849(50세)	· 3. 이양선 출몰로 백성들의 민심이 동요됨. 6. 헌종 승하. 철종 즉위.

· 중암 김평묵 내방.	1851(52세)	· 4. 경기·충청·경상 3도의 유생 서류소통을 요청. 9. 김문근의 딸을 철종의 비로 삼음(명순왕후 김씨). 김씨 세도 정치 재개됨. 10. 황해도민 채희재가 주동이 되어 민란을 일으키다 처형됨.
· 6. 유일을 천거하라는 임금의 명에 따라 홍직필이 조병덕을 천거하였으나 부임하지 않음.	1852(53세)	· 2월 흉년이 들어 유랑민이 많음. 4. 오위장의 임명을 엄정히 하고, 진장의 매관매직을 금함.
· 9. 다시 사헌부장령 벼슬을 내리며 유지를 내려 불렀으나 사양함. 10. 역마를 타고 상경하라는 임금의 명이 있었으나, 상소를 올려 사양함.	1853(54세)	· 1. 6. 경상감사 홍열모, 부산 앞바다 이양선에 관한 장계 올림. 6. 미국사절 페리 제독, 일본 포하에 내항.
· 2. 10. 아버지 상을 당함. 7. 홍직필의 대상에 가서 참석함.	1854(55세)	· 4. 러시아 배, 함경도 덕원·영흥 해안에서 백성들을 살상.
	1855	· 영국 군함 흐네트호, 독도를 측량. 영국 군함 실비아호, 부산에 도착. 프랑스 군함 비르지니호, 동해안을 측량.
· 4. 사헌부장령 벼슬이 내려옴. 6. 홍일순 죽음. 즉시 가서 조문함. 7. 인릉천봉 만장제술관에 임명되었으나 사양함. 12. 사헌부집의 벼슬이 내려옴.	1856(57세)	· 7. 프랑스 군함, 충청도 장고도에서 가축을 약탈, 연해의 방수를 엄하게 함. 8. 이양선, 풍천에서 가축을 약탈.
	1857	· 1. 서류출신의 문과 급제자를 승문원에 등용. 6. 충청도에 수해 심함.
· 2. 이조참의 벼슬이 내려옴. 4. 20. 교졸돌입사건 발생. 5. 22. 교졸돌입사건 해결. 셋째	1858(59세)	· 7. 연강의 선세를 금함. 화양서원의 복주촌을 철폐. 8. 한성에 도둑이 횡행.

성희 결혼.		
· 정월 이조참의 벼슬이 내려옴. 9. 동문들과 「매산선생연보」 완성.	1859(60세)	· 4. 서원의 신설을 금함. 11. 일본, 서양국가에 대해 개국하였음을 조선에 통고하여 옴. 12. 영국 배 2척이 동래 신초량에 옴.
	1860	· 윤3. 영국 상선, 동래에 나타나 말 수출을 요구. 4. 최제우, 동학을 창시.
· 1. 2. 장남 명희, 광릉참봉 벼슬을 받고 사은숙배. 정월 임금이 특별히 유지를 내려 정중히 불렀으나, 사양하는 상소를 올림. 차남 장희 응제진사시에 합격.	1861(62세)	· 7. 위표징채의 폐를 엄금. 9. 러시아함대, 원산에 와서 통상을 요구.
· 7. 집 짓는 일 시작. 8. 조장희의 아들 숙술 출생. 예술, 덕술에 이어 조병덕에게는 세 번째 손자.	1862(63세)	· 2. 진주민란이 일어남. 4. 익산·개령·함평 등지에서도 민란이 일어남. 전국 각지에 마적이 성행.
· 정월 유지를 내려 불렀으나 사양함. 10. 14. 둘째 부인 덕수 이씨 상을 당함. 12. 9. 부인을 홍씨가 농막 뒤 언덕에 장사 지냄. 홍씨가에서 곧 투장 사실을 알게 되어 '화산사'가 벌어짐. 12. 철종대왕이 승하하자, 고을의 곡반에 들어가 북쪽을 바라보고 곡함.	1863(64세)	· 윤12. 8. 철종 사망. 12. 13. 대왕대비(익종비) 조씨의 전교로 흥선군 이하응의 둘째 아들 명복 즉위(고종). 12. 흥선군 이하응, 대원군이 되어 정권을 장악. 안동 김씨의 세도 정치 타파. 대왕대비(익종비), 수렴청정을 행함.
· 9. 형조참의 벼슬을 내렸다가 바로 교체함.	1864(65세)	· 1. 18. 서류를 허통하여 인재를 고루 등용토록 함. 2. 27. 사대부 집에서 평민에게 사사로이 전곡을 거두어들이는 폐를 엄금토록 함.
· 정월 임금이 하사한 『선원보	1865(66세)	· 7. 26. 충청도 유생 김건수 등

략』 1책을 받음.		833명, 만동묘철폐반대상소 올림.
· 3. 근재 박윤원 시장 완성.	1866(67세)	· 2. 27. 토호의 무단을 엄금하는 교서를 내림. 8.3. 척사륜음 반포.
· 4. 암행어사에게 토호로 체포된 조장희의 원지정배 결정.	1867(68세)	· 9. 27. 호서의 각 군포목을 돈으로 대납케 함.
· 9. 조장희 석방.	1868(69세)	
	1869	· 3. 23. 전라도 광양에 민란 발생. 민회행 등 70여 명, 광양성 점령. 8. 고성현민, 난을 일으켜 호적을 작간한 현감 등을 처형. 10. 3. 납세에 불응하는 경재, 토호의 폐단을 금지시킴.
· 2. 22. 삼계리에서 죽음. 상례, 장례, 제례를 모두 검소하게 하고 명정과 신주에 모두 '징사숙재'라고 쓰라는 유언을 남김.(벼슬을 주며 불러도 나가지 않은 사람을 '징사'라고 함.)	1870(71세)	· 1. 6. 전년도의 재해로 호서, 호남 지방의 부세를 반감해줌. 10. 8. 전영의정 조두순 사망.
· 자헌대부 이조판서에 추증됨.	1874	
· 문경공이라는 시호를 내림.	1875	

자료

⊙ 조병덕 편지

현담문고에 소장되어 있는 고문서 중 문서번호 6053~7896 사이의 1,843점은 조병덕과 관련이 있는 문서다. 그 가운데 문서번호 7843~7896 사이의 54점은 조병덕의 가족, 친구, 제자 등이 쓴 편지다. 그 나머지 1,789점은 조병덕이 직접 쓴 것인데, 그중에서 1,406점은 편지고 256점은 편지의 별지別紙다. 1,789점 중에서 편지와 별지를 제외한 127점은 논문, 제문, 상소문, 제題, 서序, 일기日記, 봉장封章, 초록抄錄 등 다양한 형식의 글들이다. 편지와 별지를 합한 1,662점의 대부분은 조병덕이 그의 아들 조장희에게 보낸 것이다.

⊙ 『숙재집肅齋集』 26권 13책 (1902년 12월, 함경도 홍원洪原 간행)

조병덕은 저술을 꺼려 글을 지어 달라고 하면, "나하고 『소학』이나 『가례家禮』를 논하는 것은 좋다. 저술은 저술가가 할 일이지 내가 간여할 일이 아니다."라고 했다. 이 문집에도 저술은 많지 않고 편지가 주를 이룬다. 이 문집은 함경도 홍원에서 제자 박인화朴寅和가 출판했는데, 다음 편지는 문집을 출판한 후 박인화가 1903년 2월 24일 조병덕의 아들에게 쓴 것이다.

문집 인출 작업은 작년 9월 27일 시작하여 12월 14일 마쳤습니다. 불과 80여 일 만에 한 질이 26권 1,030장이나 되는 문집을 103질이나 인출했습니다. 아주 큰 작업인데도 이렇게 신속했던 것은 실로 신명이 도운 것입니다. 그만한 다행이 어디 있겠습니까? 게다가 작년 가을 농사가 흉년이라 쌀 한 되에 너덧 냥이나 하는데, 만약 올 봄까지 일이 늘어졌으면 어찌해볼 수가 없었을 것입니다. 작년 정초에 동계同契 친구 강건姜鍵의 꿈에 어떤 사람이 서울에서 와서 편지 한 통을 주기에 펴보니, '숙재선생의 신주를 마침내 깨끗한 곳에 봉안했는데, 홍리우洪理禹가 가져가려하기에 강우姜友가 호통을 쳐 물리쳤다.'는 사연이었다고 합니다. 이 꿈은 정말 기이합니다. 그 후에 과연 문집을 모셔와 즉시 간행했으며 또 작업을 아무런 어려움 없이 빨리 마쳤으니, 이 꿈이 그 징조였나요? 다소간 경비는 인화寅和가 혼자 부담하고, 다른 사람에게는 조금도 귀찮게 하지 않았습니다.

⊙『숙재속집肅齋續集』 6권 3책 미간본未刊本

권1~4는 「언행록言行錄」인데, 조병덕이 제자들에게 강의한 것을 제자들이 기록한 것이다. 내용은 모두 성리학이다. 조병덕의 학문을 연구하는 데 필요한 자료다. 권5는 조병덕의 「시장諡狀」, 「행장行狀」, 「묘갈명墓碣銘」, 「소학실기小學室記」 등 조병덕의 전기적인 기록이고, 권6은 조병덕 사후에 친구들이 조병덕에게 바친 제문이다. 이하 자료들은 모두 조병덕의 현손 조창원이 소장하고 있다.

⊙『숙재선생연보肅齋先生年譜』 미간본未刊本

1947년 조병덕의 손자 중두重斗가 쓴 발문에 의하면 중두의 부탁으로 조병덕의 제자 조진학趙鎭鶴의 아들 송암松庵이 작성한 것이다. 아버지에게 들은 것을 후에 기억을 되살려 쓴 것인데, 참고만 할 수 있을 뿐이다. 가령 「연보」에는 조병덕이 10살 때 외할아버지 율수재 聿修齋에게 『소학』을 배웠다고 했는데, 조병덕이 10살 때는 율수재는 이미 죽은 뒤다.

⊙ 조병덕 편지 11통

필자가 수집한 것이다.

⊙『판서부군가장초判書府君家狀草』

조최순趙最淳 초草, 홍직필洪直弼 감정鑑正

조병덕의 아버지 조최순이 쓴 조병덕의 고조부 조영진趙榮進의 「가장」을 조병덕의 스승 홍직필이 교정한 것이다. 조병덕의 조상을 살피는 데 도움이 된다.

⊙ 준호구準戶口 2점

병오년(1846) 호적-호주 조최순趙最淳 남포현 심전면 삼계리

기묘년(1879) 호적-호주 조장희趙章熙 남포현 심전면 동산리

필요한 곳에 쓰기 위하여 관아에 있는 호적대장을 베껴 발급받은 것이다. 요즘의 주민등록등본에 해당된다. 조최순의 호적은 조병덕이 베낀 것으로 보이며, 조장희의 준호구에는 관인이 찍혀 있다. 주소, 가족의 규

모, 노비의 수를 아는 데 참고가 된다.

⊙ 박인화朴寅和 편지(1903.4.15.)

조병덕의 함경도 홍원 제자 박인화가 『숙재집』 출판을 마무리한 후 조병덕의 아들 조장희에게 쓴 편지들이다. 2월부터 인편을 기다리며 써 모은 편지를 4월 15일 인편을 만나 부친 것으로 보인다. 북유北儒, 즉 함경도 유학자들이 조병덕을 얼마나 존경했는지를 알 수 있다.

⊙ 『숙재선생유고肅齋先生遺稿』(김기면金基勉)

북유 중의 한 사람인 김기면이 받은 조병덕의 편지를 정서한 것이다. 모두 11통이 실려 있다. 주로 학문적 질문에 대한 답변이다. 병인양요 다음해에 쓴 편지는, "작년 가을 이래 세상은 상전桑田이 벽해碧海로 바뀌었는데, 지금 편지를 받으니 이것은 이 세상 소식이 아닙니다. 고마움과 위로됨을 어찌 감당할 수 있겠습니까,"라고 했다. 길이 먼데도 불구하고 북유와의 교신은 꾸준히 이어졌다.

참고문헌

◈『고산선생속집鼓山先生續集』
◈『고종실록高宗實錄』
◈『노주집老洲集』
◈『돈간재집敦艮齋集』
◈『매산집梅山集』
◈『송자대전宋子大全』
◈『숙재선생연보肅齋先生年譜』
◈『숙재선생유고肅齋先生遺稿』
◈『숙재집肅齋集』
◈『숙재속집肅齋續集』
◈『양주조씨족보楊州趙氏族譜』
◈「일기日記」
◈『철종실록哲宗實錄』
◈「판서부군가장초判書府君家狀草」
◈『현종실록顯宗實錄』
◈『회암집晦庵集』
◈ 고승희,「19세기 함경도 商業都會의 성장」,『조선시대사학보』21, 2002.
◈ 박정규,「조선왕조시대의 전근대적 신문에 관한 연구」, 서울대 박사학위논문, 1982.
◈ 백미자,「보령지역 시장의 형성과 변화」, 공주대학교 석사학위논문, 2000.
◈ 이영훈,「18세기 전반 농장경영의 일양상一樣相」,『조선시대사학보』1, 1997.
◈ 이영훈,「조선 후기 이래 소농사회의 전개와 의의」,『역사와 현실』45, 2002.

찾아보기

㉠

가계도 37, 38

가계생활 28

『가례』 192, 330

가사 119

가역 161

「가장」 257

가족 6, 7, 12, 56, 164, 225, 251, 325, 326, 330, 332

각혈 64

간치(간재) 104, 105, 108, 176, 192

간치장 92, 105, 109, 119, 175, 178, 186, 214, 240

갈장 192

감결 180, 181, 185

감사 139, 142, 176, 179~186, 188, 189, 275, 287, 288, 306, 326, 327

감역 29, 37, 40, 67, 83~86, 101, 104, 108, 121, 128, 131, 139, 146, 166, 276, 288, 289, 292, 293, 295, 311

감영 61, 72, 142, 176~178, 180~183, 185, 186, 222, 224, 274

감천 22

강요통 26

강학 77, 80, 102, 256, 259, 263

강화 35, 218, 224, 225

개유 179, 181~183, 275

건강 63, 94, 155, 176, 254, 260, 292

건기 61, 137, 138, 315

건저위 사건 38

『격몽요결』 53

경모 223

경상도 84, 160, 258, 321

경저리 230, 234, 235

경제생활 32, 135, 137, 163, 165, 275

경포교 204, 205, 314

경학 18, 46~48, 53, 102, 233, 303

계장 64, 269

고묘문 64

고사궁산 91, 184

곰거리 121

공자 28, 46, 47, 52, 122, 123, 254, 261, 287, 295

과거 18, 27, 28, 36, 39, 42~44, 48~50, 56, 65, 66, 80, 85, 105, 122, 123, 152, 153, 157, 159, 160, 163, 170, 178, 180, 214, 226, 234, 270, 275, 277, 289, 304, 310, 321, 325

과천 105, 115, 214, 240, 256, 302

관가 144, 178, 180, 182, 187, 211, 273, 275

관례 44, 114, 122, 150, 155, 310, 321
관편 127, 233
관혼상제 28, 150
광산 김씨 40, 56, 252, 321 325
광주 84, 86, 176, 234, 235, 252
괴산공파 38, 41
교부 148, 240
교졸 175, 177~182, 185, 186
교졸돌입사건 16, 32, 174, 188, 198, 214, 247, 249, 250, 274, 275, 327
교합장 151, 152, 250, 294, 295
궁행실천 219
권폄 192, 193
궤연 150
근봉 251
『근사록』 45, 52
근수예법 184, 187
「근재시장」 244, 245
「근재선생시장」 243
글종자 77, 124
금장자 191, 193, 201
기준 37, 40, 68, 71, 73, 74, 83, 85, 124, 150~152, 209, 226, 269, 285, 289, 298, 319
기호지방 258, 270, 278
김군소 67, 76
김돌석 137
김문경 106
김문근 99
김병수 198, 205
김상무 71, 258
김석이 30, 67, 68, 72, 139, 240, 241
김성열 106, 141
김수항 51, 184, 186, 189, 275
김시중 191, 192, 201
김씨 회의 185
김영달 175~177, 181, 185, 186
김영유 249
김우증 67, 68, 109, 161, 306
김원행 46, 184
김은경 80, 206
김응근 184, 186, 187, 189, 275, 288
김장생 40, 56, 289
김재선 159, 252, 321
김제일 149
김창협 31, 46
김천만 175, 185
김철 236
김태로 138
김흥근 184, 185, 288

ⓛ

남선 26, 147, 149
남원 37, 40, 65, 66, 84, 101, 110, 115, 141, 143, 166, 167, 201, 234, 252, 276, 285, 293~295, 310, 311, 318
남포 18, 91, 96, 99, 106, 139, 176, 181, 183, 185 187, 189, 219, 223, 227, 247, 256, 270, 272, 274, 275, 310, 321, 332

납촉 142
낭속 105, 106, 109, 110, 125, 175, 179, 181, 182, 186, 203
내포 93, 96, 125, 175, 198, 219, 274, 278
내포조가 93, 110
노론 15, 18, 19, 32, 36, 41, 43, 46, 47, 163, 187, 189, 205, 228, 247, 250, 271, 275, 278
노론 4대신 38, 41, 43
노비 7, 28, 55, 109, 114, 174, 176, 203, 239~241, 243, 268, 270, 320, 333
노속 105, 106, 109, 110, 125, 203
노자 49, 59, 70, 109, 119, 121, 144, 148, 151, 167, 181, 229, 241~245, 253, 273, 302, 303, 306, 314, 315
녹간서당 81, 249,
녹봉 55, 163
녹지 166, 293
농노 156, 157, 159
농막 191, 193, 194, 197, 198, 328
농사 28, 57, 58, 98, 151, 155~160, 163, 165, 168, 170, 275, 286, 287, 310, 331
『농암집』 45, 144
눈병 24, 233
눌재 박상 235

ㄷ

당나귀 147, 148, 161
대원군 19, 35, 205~207, 214, 224, 328,
대원군 집권기 19, 32
『대학』 47, 123, 209, 225, 298
『대학장구』 47, 225
덕수 이씨 40, 69, 191, 194, 227, 325
덕술 73, 124, 139, 209, 311, 318, 328
도해각 80, 81, 326
도화담 92, 261, 262
독서 22, 52. 53, 57, 69, 77, 87, 91, 94, 101, 114, 144, 162, 163, 168~170, 197, 200, 287, 299, 304
『독서요결』 44, 320
독서종자 49, 260, 264
동가식서가숙 82
동산리 81, 91, 111, 112, 319, 332
동서객 82
동작진 256
동춘당 송준길 44, 83, 208, 209,
두루마리 종이 166, 293
들기름 143, 144

ㅁ

마량진 105, 175, 321
마량진장 179
만장 192, 193
말 59, 147, 148, 161, 203, 302, 303 328
『매산집』 256, 259, 334
맹자 30, 47, 116, 123, 163, 169, 208, 254, 261
면례 154, 158, 200

명목전 228, 276
명하전 167~170, 228, 294
모댁사환 175, 176
모씨 22, 307
목질 64
「묘갈명」 255, 331
무뢰배 28, 96, 98, 106, 272
문방구 28, 137
물가 55, 223, 229
미산면 18, 80, 91
미역 135, 166, 293
민병호 187, 189, 275, 288
민정중 187, 248, 275, 310
민진후 38
밀정 124, 236
밀초 143

ㅂ
박원길 260
박이휴 84, 234, 235
박인화 261, 262, 330, 333
반명 49, 270
방축 노인 247
백성오 72, 96, 106, 157, 272
백자형 68, 161
백중습 27, 81, 138
백철 22, 60
별지 115, 128, 139, 141, 197, 243, 249, 258, 330
병인양요 33, 35, 223~226, 241, 263, 333
보령 18, 80, 91~93, 105, 334
보성 66, 72, 141, 143, 294, 318
보장 179, 180, 183
본관 72, 181, 227, 287, 310, 311
봉성리 92
봉투 20, 82, 128, 129, 130, 139, 244, 248, 251, 252
부고 67, 223, 288
부설 224
부여 58, 80, 92, 93, 146, 183, 188, 223, 274, 324, 326
부재 33
부채 28, 135, 137, 140~142, 149, 165, 170, 211, 228, 276, 294
부평 218, 224, 225, 252,
북유 259~263, 333
북청 160, 259, 260, 263, 320
불량배 106
붓 86, 145, 146, 276, 314
비갈 261
비감 179~183
비기력불식 164, 170
비부 28, 83, 109, 157, 159, 177, 181, 241, 306
비인 92, 101, 102

ㅅ
사동 62, 251, 252

『사마방목』 83, 124
사서삼경 11, 47, 48, 50, 52, 53
사패지 92
산림 41, 110, 184, 185, 251
산송 94, 194, 201
삼강오륜 263, 264
삼강오상 48, 50, 53
삼계리 15, 18, 19, 27, 32, 41, 55, 56, 58, 60, 88~96, 98, 99, 102, 105, 111, 125~129, 152, 158, 168, 173, 211, 223, 226, 238, 243, 251, 256, 259, 261, 262, 268, 321, 324, 326, 329, 332
삼계하인 175, 176
삼베 166, 293
삼연 57, 70, 195, 286
삼학사 80, 228, 229
상놈 28, 69, 96, 98, 175, 184, 190, 195, 212, 270, 272, 299
상민 160, 200, 204, 205, 213, 241, 242, 270, 273
상소문 44, 48, 49, 73, 220, 223, 250, 330
상인 9, 10, 12, 105, 163, 321, 324, 325, 326
상채 131, 196, 200
상포 101, 132, 175, 222, 223, 268
상하 55, 212
서식 129
서신왕래 217, 233, 234, 247, 251
서얼 28, 241, 270
서적 4, 28, 225, 229, 250
『서주집』 228
석고대죄 210~212
석고애걸 195, 197~200
선달 28, 96, 98, 232, 236, 272
선물 31, 134, 135, 137, 138, 140~143, 149, 161, 165~167, 169, 170, 211, 228, 248, 276, 277
「선비숙부인은진송씨행록」 39, 155
설사 61~63, 143, 267, 294, 307
『성리대전』 45
『성학집요』 45, 53
세갑 144, 160, 273, 302, 303
세도정치기 19, 32
세변 35, 98, 102, 125, 178, 179, 267, 269
세전 156, 160, 239, 241~244
소삼계 72
소요사태 223
『소학』 44, 45, 51~53, 79, 123, 132, 184, 187, 320, 321, 330, 332
소학당 175, 247
소학실 50, 53, 77, 160, 184, 187, 247
「소학실기」 255, 331
소휘면 46
『속근사록』 263
「속근사록서」 262
속수 160, 170
솔노 56
솔비 56
송금돌 240~242
송래희 148
송시열 38, 51, 248, 256, 257, 263, 326

『송자대전』 164, 240, 241, 334
송후연 39, 44, 55
쇠기름 128, 142, 144
수교 186
수리 186
수전 155, 156, 158, 273, 302
수형리 186
숙술 124, 328
『숙재선생연보』 332, 334
『숙재선생유고』 333, 334
『숙재속집』 46, 220, 221, 255, 331, 334
『숙재집』 31, 155, 163, 192, 248, 255, 256, 258~264, 330, 333, 334
시권 43, 49
시기 221
시모 221, 222
「시장」 243, 331
신검 201
신응조 46, 81, 82, 129, 142, 211, 212, 220, 221, 229, 249, 253, 255, 258
신참판 142
『심경』 45
『십구사략』 43, 320

ⓞ
아단문고 4, 11
아전 28, 79, 84, 112, 114, 124, 130, 139, 174, 176, 177, 183, 203, 222, 285
악소배 115, 122, 214
안동 251, 252
안동 김씨 98, 189, 275, 328
안신입명 91, 184
암행어사 124, 175, 185, 203~206, 236, 314, 329
양반 6, 12, 18, 33, 49, 50, 66, 93, 96, 105, 109, 110, 125, 136, 141, 147, 169, 176, 178, 179, 204, 205, 210, 212, 213, 229, 242, 247, 270, 271, 273, 274, 277, 278, 302, 314, 321, 325
양주 18
양주 조씨 37, 38, 92, 93, 179, 186, 187
『양주조씨족보』 38, 334
억강부약 109, 175, 205, 212, 213
언찰 128, 242
「언행록」 331
업동 132, 160, 240, 242, 273, 302
역도 105
역서 135, 137~139, 141
연당 81, 111
영폄 192, 193, 199
예목전 167~170, 228, 276
예산 29, 73, 258, 319
예학 41, 46, 48
오위장 40, 327
오천손 175, 176, 179, 181, 185
오희상 18, 45~47, 249, 253, 254, 262, 263, 324, 325
옥천 176, 271
왕래망 17, 33, 133, 216, 217, 246, 249~252,

258, 263, 264
외감 64
요전 84, 137, 145, 167~170, 228, 276, 314
용곡 71, 80, 81, 95, 129, 137, 138, 143, 226, 247, 298
용담 141, 164
용이 56
우계 45~46
운현궁 124, 206
원업 149, 240, 241, 252
원지정배 203, 329
월궁 128
위기지학 56, 184
위장 37, 40, 84, 96, 106, 131, 205, 206, 226, 272, 294, 311, 314
유곡 191, 193, 201, 318
유산 56, 60, 90, 92, 93, 95, 112, 127, 146, 155, 157, 158 164, 169, 251, 303, 326
유선 28, 131, 245, 287, 310
유신환 46, 253
유통 183, 247, 274
유학 260, 261, 264
육촉 22, 63, 128, 137, 142~144, 149, 165, 166, 170, 228, 276, 293
윤필현 81, 248, 249, 254
은진 송씨 39
음식 22, 28, 63, 79, 82, 96, 155, 228, 272, 310
응제진사시 123, 328
의송 176
이면우 195, 249, 255
이면재 105, 115, 256
이백견 137, 138
이봉수 46, 249
이산 200, 203
이성종 236
이양선 29, 207, 263, 317, 326, 327
이유행 137, 138
이인도 105
이자명 161, 285
이자우 65, 137, 138, 140, 161, 294
이질 64
이통 64
이항복 38
인천 105, 218, 224, 225
인편 60~62, 73, 79, 81, 86, 90, 95, 118, 127~129, 132, 148, 165, 185, 222, 233~237, 239, 245, 252, 255, 285, 289, 302, 307, 333
일상사 219
일용품 276, 277
임사윤 51, 52, 96, 104, 106, 108, 109, 226, 272, 306
임사행 138, 147, 161, 226
임술민란 98, 222, 273
임익상 69, 250, 256
임피 40, 118
임헌회 46, 187, 256, 258, 306

ⓩ
자식기력 58, 60
잡류 28, 96, 98, 122, 272
잡류배 125
장노 177, 178, 190, 194, 195, 199, 200
장례비 152, 153, 166
장수복 175, 185
장시 101, 102, 105, 176, 238, 239
장인 55, 58, 59, 94, 105, 115, 116, 121, 159, 214, 252, 256, 258
저보 230, 250
적첩 119
전긍임리 187
전문 218, 224
전병순 258, 259
전상묵 259
전시순 258
전유 182
전인 17, 22, 29, 33, 80, 81, 118, 126~128, 131, 133, 139, 149, 152, 166, 176, 185, 207, 228, 232~234, 236~245, 285, 303, 311, 314, 317~319
전전 224
전편 86, 234~236, 295
정소 108, 177
정의 176, 177
정헌공 43
제수 157~159, 168, 237~239
제수전 140, 167, 168, 228, 239, 243, 276, 303
제위답 150
『제중신편』 225
조경모독 16, 91, 162, 164, 170, 187, 219
조계원 37, 38
조귀희 37, 40, 55
조규빈 37, 38, 41, 55, 93, 252
조규순 249
조기희 39, 138, 252
조두순 41, 65, 74, 123, 128, 142, 151, 152, 178, 183~185, 187, 193, 197, 198, 214, 249~251, 318, 329
조명희 37, 39, 40, 112, 153, 175
조병로 40, 42
조병목 252
조병오 98
조병우 37, 40
조병위 40
조병은 37, 55
조병응 37, 40, 98, 132, 175
조병화 252
조병희 98
조보 205, 221, 223, 230, 250
조봉희 37, 40, 55, 99, 111, 115, 141, 166, 167, 251, 252
조상 18, 38, 39, 50, 56, 65, 83, 93, 96, 115, 158, 184, 294, 311, 332
조영진 37, 38, 55, 93, 332
조예술 252
조용희 37, 40, 50, 55, 138, 153, 167, 252
조의순 37, 39, 276

조이순 39, 40, 252
조인희 37, 40, 55, 99, 251
조장준 248
조장희 6, 7, 15, 16, 19, 27, 37, 40, 42, 55, 80, 89, 92, 95, 104~106, 109~112, 115, 119, 121, 124, 125, 127~129, 131, 132, 142, 153, 158~160, 172, 188, 191, 196~201, 203, 204, 206, 207, 210, 213, 214, 223, 249, 251, 326, 328~330, 332, 333
조장희정배 16, 32, 202, 214, 274
조존성 38, 92, 93
조중식 253
조중엽 39
조진대 37, 38, 40, 55, 93, 188
조진학 52, 95, 138, 247, 248, 332
조창규 37, 38, 55, 93
조창원 38, 92, 93, 331
조최순 39, 41, 55, 56, 64, 92, 127, 158, 251, 252, 321, 326, 332
조충희 37, 40,
조치 50, 92, 146, 318
조태채 38, 41, 43
조태휘 37, 38, 140
조하망 228
조후순 39, 40
조희석 37, 38
종계 28, 64, 150, 168, 269, 270, 276
종계전 66, 144, 150, 158, 166, 293, 311
종하 129
주산 92, 105
『주역』 26, 27, 47, 208, 210, 318
주자 46, 51~53, 164, 165, 192, 200, 209, 257, 319
『주자대전』 53, 165
『주자서절요』 165
『주자어류』 212
주희 47, 52, 165
준호구 332
중대사 81, 82, 133
『중용』 47, 196, 199, 267
증여 134, 161, 165~167, 169, 170, 135, 161, 276
지대 158
지석 84, 93, 191, 193
지승 133, 277
지필묵 29, 144~146, 149, 165, 170, 276
지호 22
진사 26, 62, 70, 79, 80, 85, 124, 163, 183, 194, 198, 214, 224, 255, 271, 274
진영 177, 178, 180
진천 50, 137, 138, 153, 167, 252, 314, 315

ⓩ

차동 22, 72, 140, 302
참기름 166, 293
참먹 146
참봉 70, 80, 128, 242, 262,
창부 96, 272
채전 156

천급 64
천주교 19, 221, 255, 263, 321, 324, 325
첩 28, 69, 115, 119, 268, 299
청교 29, 49, 51, 63, 70, 73, 105, 111, 199, 207, 209, 226, 314, 317, 318
청산 26, 27
청석교 15, 19, 32, 88, 89, 92, 104, 105, 110, 111, 119, 125~130, 203, 214, 238, 298
청송 20, 129, 249
청지기 28, 148, 149
체설 61~63, 72, 80, 81, 119, 145, 310
체증 62, 63, 143
축문 28, 64
취현동 18, 55, 320
치표 191, 192

ⓔ

탄묵 146
토장 61
토호 6, 29, 28,109~112, 124, 125, 142, 173, 175, 203~207, 213, 214, 321, 328, 329
토호질 16, 29, 32, 202, 213, 214
투장 16, 152, 190, 194, 196, 200, 328
투전 98, 270, 272

ⓟ

판교 84, 101, 102
『판서부군가장초』 332, 334
편지지 166, 226, 283, 293
평민 96, 98, 160, 203, 211, 263, 270, 272, 325, 328
평산 207, 243
평시령 194~196, 252
포시 179, 181~183
풍계 71, 240, 252, 285
풍양 조씨 98
필역 160

ⓗ

하속배 109, 119
학암 최신 263
한량배 96, 98, 272
한운성 132, 254, 259, 325
한장 259
함경도 77, 160, 258, 262, 263, 320, 326, 327, 330, 333, 334
해수 80
「행장」 46, 331
향교 96, 274
향반 93, 247
향인 105, 110
향족 93, 96, 109, 270, 274
향족배 247
향품 198, 270
현감 80, 93, 115, 138, 139, 143, 153, 167, 176, 179, 181~183, 186, 187, 189, 211, 212, 224, 227, 249, 252, 275, 321, 329

현담문고 4, 328
협담 64
형살 121
호리병 15, 19, 32, 89~91
호인 80
혼례비 152, 166
혼인 39, 66, 228
홍남원 191, 193
홍득노 150, 258
홍리우 260
홍사빈 195
홍산 50, 72, 80, 81, 92, 96, 106, 115, 130, 146, 155, 156, 158, 159, 222, 224, 236, 248, 249, 254, 272, 294
홍업 104, 108, 149, 240, 241
홍연산 190, 195
홍원 160, 254, 258~263, 330, 333
홍일순 46, 81, 84, 150, 160, 239, 253, 257, 258, 327
홍직필 18, 45, 46, 239, 249, 253, 255~260, 324, 327, 332
홍진주 199
희제 71, 72, 106
화급전 66, 293
화산 152, 173, 191, 193~196, 198~201, 203
화산사 16, 32, 190, 194, 198, 200, 201, 214, 274, 328
화산투장 196
화상찬 54, 86, 87
화양동서원 183, 204, 205, 247, 274, 314
화장사 256
화족 18, 42
화증 64
황단추배 229
황성 138, 147, 285
황해도 207, 243, 325, 327
황화방 18, 55, 320
휘릉령 227, 228
휴량승 63